수능특강
Light
영어

교재 내용 문의
교재 및 강의 내용 문의는
EBS*i* 사이트(www.ebsi.co.kr)의 학습 Q&A 서비스를
활용하시기 바랍니다.

교재 정오표 공지
발행 이후 발견된 정오 사항을
EBS*i* 사이트 정오표 코너에서 알려 드립니다.
교재 → 교재 자료실 → 교재 정오표

교재 정정 신청
공지된 정오 내용 외에 발견된 정오 사항이 있다면
EBS*i* 사이트를 통해 알려 주세요.
교재 → 교재 정정 신청

수능특강
Light

영어

이 책의 차례

Part Ⅱ 주제·소재편

Part Ⅲ 테스트편

이 책의 구성과 특징

본 교재는 대학수학능력시험을 준비하는 고1, 2 예비 수험생들이 〈EBS 수능특강〉을 학습하기 전 도약 단계로서 수능 영어시험의 출제 경향과 유형에 미리 대비할 수 있도록 다양한 소재와 적절한 수준의 지문으로 종합적 독해 학습이 가능하도록 하였다. 기본적으로 〈EBS 수능특강〉의 체제를 따르되 학생들이 보다 가볍고 부담 없는 분량으로 학습할 수 있도록 구성하였다.

Gateway

출제 유형을 중심으로 구성된 유형편과 다양한 주제나 소재의 글을 중심으로 구성된 주제 · 소재편의 Gateway를 통해, 해당 유형 및 주제 · 소재에 부합하는 수능과 학력 · 모의평가 기출 문항을 제시하여 수능의 각 유형 및 다양한 주제 · 소재별 문항에 대비하는 능력을 높이고자 하였다.

Solving Strategies

Part I 유형편의 Gateway를 통해 소개된 기출 문항의 답을 도출해 가는 과정을 단계별로 제시함으로써 학습자의 유형별 문제 해결 능력을 신장하고자 하였다.

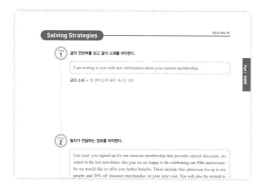

Academic Vocabulary by Topic

Part II 주제 · 소재편에 소개된 주제 및 소재와 관련하여 읽기 지문에서 주로 다루어지는 필수 어휘와 예문을 소개하였다.

Exercises

각 강에서 다루어지는 문제 유형이나 주제·소재에 적합한 다양한 종류의 지문을 활용하여 읽기 문제를 제시하였다.

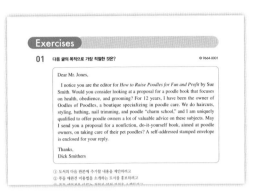

Test

실전에 대비하여 자신의 읽기 능력을 스스로 진단해 볼 수 있도록 1회분의 테스트를 최신 수능 체제에 맞추어 구성하였다. 이 테스트를 통해 지금까지 학습한 내용을 총정리하고 실력을 점검하는 기회로 활용하도록 하였다.

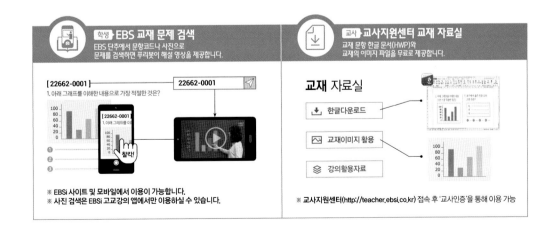

PART

I

수능특강 Light 영어

유형편

01 글의 목적 파악

Gateway 다음 글의 목적으로 가장 적절한 것은?

Dear Ms. Larson,

I am writing to you with new information about your current membership. Last year, you signed up for our museum membership that provides special discounts. As stated in the last newsletter, this year we are happy to be celebrating our 50th anniversary. So we would like to offer you further benefits. These include free admission for up to ten people and 20% off museum merchandise on your next visit. You will also be invited to all new exhibition openings this year at discounted prices. We hope you enjoy these offers. For any questions, please feel free to contact us.

Best regards,
Stella Harrison

① 박물관 개관 50주년 기념행사 취소를 공지하려고
② 작년에 가입한 박물관 멤버십의 갱신을 요청하려고
③ 박물관 멤버십 회원을 위한 추가 혜택을 알려 주려고
④ 박물관 기념품점에서 새로 판매할 상품을 홍보하려고
⑤ 박물관 전시 프로그램에서 변경된 내용을 안내하려고

Words & Phrases in Use

- **current** 현재의
- **discount** 할인
- **anniversary** 기념일
- **exhibition** 전시(회)
- **membership** 멤버십, 회원 자격
- **newsletter** 소식지, 뉴스레터
- **admission** 입장(료)
- **opening** 개막(식)
- **sign up for** ~에 가입하다, ~을 신청하다
- **celebrate** 기념하다
- **merchandise** 상품

Solving Strategies

Step 1 글의 전반부를 읽고 글의 소재를 파악한다.

> I am writing to you with new information about your current membership.

글의 소재 ▶ 현 멤버십에 대한 새로운 정보

Step 2 필자가 전달하는 정보를 파악한다.

> Last year, you signed up for our museum membership that provides special discounts. As stated in the last newsletter, this year we are happy to be celebrating our 50th anniversary. So we would like to offer you further benefits. These include free admission for up to ten people and 20% off museum merchandise on your next visit. You will also be invited to all new exhibition openings this year at discounted prices.

필자가 전달하는 정보 ▶ 필자는 박물관 50주년을 맞이하여 기존의 멤버십 혜택에 이어 추가적인 혜택으로 10명까지 무료입장, 박물관 제품의 20% 할인, 모든 새로운 전시회 개막에 대한 할인 가격을 제공한다.

Step 3 필자가 글을 쓴 목적을 직접적으로 보여 주는 어구를 찾는다.

> We hope you enjoy these offers. For any questions, please feel free to contact us.

글의 목적 ▶ 필자는 새로 제공되는 박물관 멤버십 추가 혜택에 대해 알려 주기 위해 이 글을 쓴 것이다.

01 다음 글의 목적으로 가장 적절한 것은? ⊙ 9664-0002

Dear Mr. Jones,

  I notice you are the editor for *How to Raise Poodles for Fun and Profit* by Sue Smith. Would you consider looking at a proposal for a poodle book that focuses on health, obedience, and grooming? For 12 years, I have been the owner of Oodles of Poodles, a boutique specializing in poodle care. We do haircuts, styling, bathing, nail trimming, and poodle "charm school," and I am uniquely qualified to offer poodle owners a lot of valuable advice on these subjects. May I send you a proposal for a nonfiction, do-it-yourself book, aimed at poodle owners, on taking care of their pet poodles? A self-addressed stamped envelope is enclosed for your reply.

Thanks,
Dick Smithers

---

① 도서의 다음 판본에 추가할 내용을 제안하려고
② 푸들 애완견 미용법을 소개하는 도서를 홍보하려고
③ 푸들 애완견을 다루는 전문가 양성 과정을 소개하려고
④ 도서 출판 제안서를 검토해 볼 의향이 있는지 문의하려고
⑤ 도서에 자신의 애완견 매장 소개를 넣어 줄 것을 부탁하려고

Words & Phrases in Use

- **notice** 알다, 의식하다
- **obedience** 복종
- **boutique** 가게
- **subject** 문제, 주제

- **proposal** 제안(서)
- **groom** (특히 머리카락·수염·의복 등을) 다듬다
- **specialize in** ~을 전문으로 하다
- **aim** ~을 목표로 하다

- **focus on** ~에 중점을 두다
- **trim** (끝부분을 잘라 내거나 하여) 다듬다
- **self-addressed** 반신용의

02 다음 글의 목적으로 가장 적절한 것은?

▶ 9664-0003

Dear Mr. Diamond:

  Four months ago I purchased a guitar at your store. I was pleased with the excellent service and am happy with the guitar. At the time of purchase, I agreed to a purchase price of $800, including tax. You were offering an interest-free installment plan, and I signed up to make eight payments of $100 each until the amount was paid in full. I have had some unexpected medical bills and find that it is difficult for me to make the $100 payment for the next four months. Could my payment plan be restructured so that I can make 8 more payments of $50 each? I hope you can help me.

Thank you,
Ken Smith

① 제품 구입 절차를 문의하려고
② 불친절한 직원에 대해 항의하려고
③ 물품 배송 시스템의 개선을 촉구하려고
④ 구입한 제품의 훼손의 심각성을 일깨우려고
⑤ 구입한 물건의 지불 계획 조정을 요청하려고

Words & Phrases in Use

- interest-free installment plan 무이자 할부
- medical bill 의료비, 병원비
- amount 총액
- restructure 재구성하다

03 다음 글의 목적으로 가장 적절한 것은?

22662-0002

Dear D. K. Entertainment,

We've had the pleasure of providing cleaning services to your firm for the last three years. During that time our prices have remained constant. Due to increased costs, however, we must increase our rates. In order to continue giving you the best possible service, we must work with the best employees and we must use the best materials. For these reasons, we will increase our rates by 7%. Still, we think this is a competitive rate for the services you receive. This change will go into effect on March 1. If you have any questions, please give us a call. We look forward to continuing to provide you with the best service possible.

Sincerely,
Kevin Shaw
Service Manager

① 새로운 청소업체를 추천하려고
② 청소업체의 요금 인상을 알리려고
③ 재계약 시 청소비 동결을 약속하려고
④ 청소 업무 직원의 교체를 통보하려고
⑤ 청소업체의 개선된 서비스를 홍보하려고

Words & Phrases in Use

- firm 회사
- competitive 경쟁력 있는
- constant 일정한, 변함없는
- go into effect 시행되다, 효력이 발생하다
- rate 요금

04 다음 글의 목적으로 가장 적절한 것은?

▶ 9664-0005

Dear Ms. Carfax,

We are sorry that the flowers you ordered for your holiday office celebration arrived in an unacceptable condition. Thank you for the dated photograph; it was helpful to us in assessing the problem. It appears that somewhere between our store and yours, the flowers were exposed to the below-zero temperatures we had that week. This would result in the wilted, browned appearance shown in the photograph. We are following up on this matter with our delivery people. It is too late to save your holiday celebration, but we would like to make amends by, first, crediting your charge card for the entire amount of the flowers and, second, offering you complimentary flowers of equal value for your next occasion. We appreciate your business and hope to be of service to you again.

Sincerely,
Lorraine Mortis
Sales Manager of ABC Corp.

* wilted: 시든 ** amends: 보상

① 제품 배송 착오로 인한 재배송 절차에 대해 알리려고
② 발송 전 제품 상태 점검의 중요성에 대해 강조하려고
③ 상품 불량의 원인을 설명하고 보상 방법을 제안하려고
④ 생화 배송 차량에 온도 유지 장치의 설치를 제안하려고
⑤ 주문된 상품을 판매할 수 없는 점에 대해 양해를 구하려고

Words & Phrases in Use

- **celebration** 기념행사
- **expose to** ~에 노출하다
- **entire** 전체의
- **dated** 날짜가 적힌
- **temperature** 온도
- **complimentary** 무료의
- **assess** 사정하다, 평가하다
- **credit** 입금하다
- **appreciate** 감사하다

02 분위기·심경·어조 파악

● 22662-0003

Gateway 다음 글에 드러난 'I'의 심경 변화로 가장 적절한 것은?

| 2021학년도 수능 19번 |

Once again, I had lost the piano contest to my friend. When I learned that Linda had won, I was deeply troubled and unhappy. My body was shaking with uneasiness. My heart beat quickly and my face became reddish. I had to run out of the concert hall to settle down. Sitting on the stairs alone, I recalled what my teacher had said. "Life is about winning, not necessarily about winning against others but winning at being you. And the way to win is to figure out who you are and do your best." He was absolutely right. I had no reason to oppose my friend. Instead, I should focus on myself and my own improvement. I breathed out slowly. My hands were steady now. At last, my mind was at peace.

① upset → calm
② grateful → sorrowful
③ envious → doubtful
④ surprised → disappointed
⑤ bored → relieved

Words & Phrases in Use

- **uneasiness** 불편함, 불안함
- **figure out** ~을 이해하다[알다]
- **steady** 흔들림 없는, 안정된
- **reddish** 빨개진, 붉그스름한
- **absolutely** 정말로, 전적으로
- **recall** 기억해 내다, 생각해 내다
- **oppose** 겨루다, 대항하다

Solving Strategies

Part I 유형편

Step 1   사건의 전체적인 진행 상황을 파악한다.

'I'가 처해 있는 전체적인 상황을 파악한다.

- 'I'는 피아노 경연에서 친구에게 졌다.
  (I had lost the piano contest to my friend.)
- 'I'는 마음을 진정시키기 위해 콘서트홀을 빠져나왔다.
  (I had to run out of the concert hall to settle down.)
- 'I'는 선생님이 하신 말씀을 기억했다.
  (I recalled what my teacher had said.)
- 'I'는 평정심을 찾았다.
  (At last, my mind was at peace.)

➡ 'I'는 피아노 경연에서 또다시 친구에게 져서 마음이 매우 힘들었지만, 선생님의 말씀을 기억하고 생각을 달리하는 상황에 있다.

Step 2   전·후반부로 나누어 등장인물의 심경 변화를 드러내는 표현을 파악한다.

■ 전반부

– I was deeply troubled and unhappy.	→ 매우 힘들고 기분이 좋지 않았다.
– My body was shaking with uneasiness.	→ 불편함으로 몸이 떨리고 있었다.
– My heart beat quickly and my face became reddish.	→ 심장이 빠르게 뛰었고 얼굴이 빨개졌다.

■ 후반부

– I breathed out slowly.	→ 천천히 숨을 내쉬었다.
– My hands were steady now.	→ 나의 손이 흔들림이 없었다.
– At last, my mind was at peace.	→ 마침내 나의 마음이 평화로웠다.

Step 3   상황과 표현을 종합하여 등장인물의 심경 변화를 판단한다.

'I'는 피아노 경연에서 또다시 친구에게 져서 마음이 매우 힘들고 불편했지만, 인생은 누군가와 경쟁하는 것이 아니라 나 자신을 이해하고 최선을 다하는 것이라는 선생님의 말씀을 기억하고 다시 마음을 다스리고 평정심을 찾았다는 내용이다.

▶ 글에 드러난 'I'의 심경은 '속상한(upset)'에서 '차분한(calm)'의 상태로 변화했음을 알 수 있다.

② 감사하는 → 슬퍼하는   ③ 부러워하는 → 의심하는   ④ 놀란 → 실망한   ⑤ 따분한 → 안도하는

01 다음 글에 드러난 Sumbart의 심경으로 가장 적절한 것은? ○ 22662-0004

Sumbart had learned so much in that wonderful place. He had learned much about the business of being a motor mechanic and he learned to treasure the satisfaction of repairing things and making them useful again. Chatree had encouraged him to question why things were so, and not to be satisfied with merely knowing how they worked. Bit by bit, without even noticing it, he began to feel increasingly confident about himself. His grasp of English improved markedly, and so did his status in the village. He knew he had benefited greatly from the esteem in which his master, Chatree, was held. It didn't matter any more that he was small, it didn't matter at all.

① encouraged and proud
② thrilled and surprised
③ satisfied and calm
④ bored and disappointed
⑤ ashamed and embarrassed

Words & Phrases in Use

- **motor mechanic** 자동차 정비사
- **encourage** 권하다, 격려하다
- **grasp** 이해력, 이해
- **markedly** 현저하게, 두드러지게
- **be held in esteem** 존경을 받다
- **at all** 조금도

02 다음 글에 드러난 'I'의 심경 변화로 가장 적절한 것은?

▶ 9664-0008

"Honey, what's the matter?" I asked immediately upon hearing my wife's frantic voice on the phone. She was crying and nearly hysterical. Immediately my heart began to race. Finally my wife blurted out, "It's Kevin!" *Oh no!* I thought. I asked, "Did he fall into the pool?" It was my worst nightmare coming to life. My eighteen-month-old son had drowned in our own backyard. "No," Sandy said. "It's his toe nails." I wasn't sure I'd heard right. "His toe nails?" "Yeah," she said, "they're *purple*!" "Purple?" I was really confused now. "What happened? Did somebody hit him?" "No, he colored them with a magic marker." I couldn't help it. I burst out laughing. Little Kevin had always shown a predisposition toward art, but this creative act really beat them all. "What are you laughing about?" Sandy asked, horrified. "Little boys do things like that," I replied. "That's the funniest thing I've ever heard!"

* frantic: (두려움, 걱정으로) 제정신이 아닌 ** predisposition: 성향

① annoyed → guilty
② angry → regretful
③ bored → surprised
④ worried → relieved
⑤ disappointed → scared

Words & Phrases in Use

- **hysterical** 발작적인
- **blurt out** 내뱉다, 불쑥 말하다
- **nightmare** 아주 끔찍한 일, 악몽
- **drown** 물에 빠져 죽다, 익사하다
- **confused** 혼란스러워하는
- **magic marker** 매직펜
- **burst out** *doing* 갑자기 ~하기 시작하다
- **horrified** 충격받은, 겁에 질린

03 다음 글에 드러난 Chase의 심경 변화로 가장 적절한 것은?　　　　　○ 9664-0009

　　Chase was up early on the appointed day. He fed his rabbits, dogs and cats, and even found time to rake leaves in the backyard. Before Chase and his mother left the house, he filled his jacket pocket with sugar cubes for the golden-maned mare, who he knew would be waiting for him. To Chase, it seemed an eternity before his mother turned the car off the main road and down the lane to the Raker farm. Anxiously, Chase strained his eyes for a glimpse of the mare that he loved so much. As they drew closer to the farm house and barns, he looked, but Lady was nowhere to be seen. Chase's pulse pounded as he looked for the horse trailer. It was not there. Both the trailer and horse were gone. His worst nightmare had become a reality. Someone had surely bought the horse, and he would never see her again.

* golden-maned mare: 금색 갈기의 암말

① bored → excited
② grateful → surprised
③ envious → frustrated
④ unsatisfied → relieved
⑤ expectant → disappointed

Words & Phrases in Use

- **appointed** 약속된
- **eternity** 영원, 오랜 시간
- **strain** (눈을) 크게 뜨다, 긴장시키다
- **pulse** 맥박
- **reality** 현실

- **rake** 갈퀴로 긁어모으다
- **lane** 좁은 길
- **glimpse** 언뜻[힐끗] 봄
- **pound** (심장 등이) 세차게 고동치다

- **sugar cube** 각설탕
- **anxiously** 간절히 바라며
- **barn** 헛간
- **nightmare** 악몽

04 다음 글의 상황에 나타난 분위기로 가장 적절한 것은? ● 9664-0010

The house behind them, standing up gray, was a far more terrible thing than it had been when they faced it. By common consent they hurried a little as they walked fast along among the dead leaves. The wind, too, was at their back now, and flung fluttering things about their legs and against their ears; they were afraid to look round, and yet afraid to go on without glancing behind them. Halfway down the drive, too, they heard a rustling among the trees, a louder rustling than that caused by the wind. Brian stopped still, and Comethup wondered why his heart kept jumping up into his throat and nearly choking him. Then, from among the shadows of the trees, came a little figure all in white — a figure smaller even than Comethup, but very terrible coming in that fashion, and in that hour and in that place.

* fling: 내던지다 ** flutter: 펄럭이다

① calm and cozy
② lively and festive
③ solemn and sacred
④ tense and frightening
⑤ romantic and mysterious

Words & Phrases in Use

- **by common consent** 합의하에, 만장일치로
- **rustling** 바스락거리는 소리
- **choke** 질식시키다
- **glance** 힐끗 보다
- **figure** 형상

03 함축된 의미 파악

○ 22662-0005

Gateway 밑줄 친 an empty inbox가 다음 글에서 의미하는 바로 가장 적절한 것은?

| 2022학년도 6월 모의평가 21번 |

　　The single most important change you can make in your working habits is to switch to creative work first, reactive work second. This means blocking off a large chunk of time every day for creative work on your own priorities, with the phone and e-mail off. I used to be a frustrated writer. Making this switch turned me into a productive writer. Yet there wasn't a single day when I sat down to write an article, blog post, or book chapter without a string of people waiting for me to get back to them. It wasn't easy, and it still isn't, particularly when I get phone messages beginning "I sent you an e-mail *two hours ago*...!" By definition, this approach goes against the grain of others' expectations and the pressures they put on you. It takes willpower to switch off the world, even for an hour. It feels uncomfortable, and sometimes people get upset. But it's better to disappoint a few people over small things, than to abandon your dreams for <u>an empty inbox</u>. Otherwise, you're sacrificing your potential for the illusion of professionalism.

① following an innovative course of action
② attempting to satisfy other people's demands
③ completing challenging work without mistakes
④ removing social ties to maintain a mental balance
⑤ securing enough opportunities for social networking

Words & Phrases in Use

- **switch to** ~로 전환하다
- **chunk** 많은 양, 덩어리
- **article** 기사, 글
- **by definition** 당연히, 분명히
- **abandon** 버리다, 포기하다
- **professionalism** 전문성

- **reactive** 대응적인, 반응적인
- **priority** 우선 사항, 우선권
- **blog post** 블로그 게시글
- **go against the grain of** ~을 거스르다, ~에 맞지 않다
- **sacrifice** 희생하다

- **block off** ~을 차단하다, 막다
- **frustrated** 성공하지 못한, 좌절한
- **a string of** 일련의, 잇단
- **illusion** 환상

Solving Strategies

Step 1 글의 중심 내용을 파악한다.

글의 중심 내용 ▶ 창의적인 일을 대응적인 일보다 우선순위에 두고, 그러한 전환이 쉽지는 않겠지만 창의적인 일을 할 때는 전화기나 이메일을 꺼 놓아 방해받지 않도록 하라는 내용의 글이다.

Step 2 밑줄 친 부분이 글에서 의미하는 바를 파악한다.

> But it's better to disappoint a few people over small things, than to abandon your dreams for an empty inbox. (그러나 빈 수신함을 위해 자신의 꿈을 포기하는 것보다, 사소한 것에 대해 몇 사람을 실망하게 하는 것이 더 낫다.)

▶ 답을 해야 하는 이메일이나 전화 메시지에 모두 답하며 빈 수신함을 유지하다가 자신의 꿈을 이루지 못하는 것보다 몇 사람을 실망하게 하는 것이 더 낫다는 내용이다.

Step 3 선택지 중에서 밑줄 친 부분이 글에서 의미하는 바로 적절한 것을 고른다.

밑줄 친 부분은 답을 기다리는 이메일이나 전화 메시지에 모두 답하여 남아 있는 것이 없는 상태를 표현하는 말이므로, 밑줄 친 부분이 글에서 의미하는 바로 가장 적절한 것은 ② '다른 사람들의 요구를 충족시키려고 하는 것'이다.
① 혁신적인 행동 방침을 따르는 것
③ 도전적인 일을 실수 없이 완수하는 것
④ 정신적 균형을 유지하기 위해 사회적 유대를 제거하는 것
⑤ 소셜 네트워킹을 위한 충분한 기회를 확보하는 것

01 밑줄 친 reading about literature가 다음 글에서 의미하는 바로 가장 적절한 것은? ● 9664-0012

If there is one recent change that stands out in student behaviour, it is the decline in the willingness to read for extended periods of time. The reason is simply the competition reading faces. Until the mid-1980s, the only competition school really had was television. We still lived in a world that supported print literacy. There was still a collective memory about the experiences reading offered and a collective agreement about its value. That consensus is quickly passing away. When a teacher hands out a novel today, the first question in every student's mind is "Is there a movie of this?" If not, the next stop is the Internet where some websites will provide short chapter-by-chapter summaries, commentaries, and analysis free of charge. These sites support themselves with the extensive advertising embedded within the summary articles (a good visual distraction from the boring text summary). Today reading literature means <u>reading about literature</u>.

① continuing reading as many books as possible
② focusing on the original text rather than its translation
③ reading various genres of literary works from various cultures
④ collecting all the related information as well as reading the text
⑤ getting sketchy details about a book instead of actually reading it

---

Words & Phrases in Use

- **stand out** 두드러지다
- **extended** 오랜, 장기간의
- **collective** 집단적인
- **hand out** ~을 나눠 주다
- **analysis** 분석
- **distraction** 기분 전환, 오락

- **decline** 감소
- **competition** 경쟁, 경쟁자
- **agreement** 합의, 동의
- **summary** 요약
- **extensive** (수량 따위가) 엄청난, 큰

- **willingness** 자진해서 하려는 마음
- **literacy** 읽고 쓸 수 있는 능력
- **consensus** 합의, 의견의 일치
- **commentary** 비평
- **embed** 집어넣다

02 밑줄 친 excluded from their company가 다음 글에서 의미하는 바로 가장 적절한 것은?

▶ 9664-0013

It is traditionally accepted that music is an art, that painting is an art, that theater is an art — no less than literature and, for more than a century now, the cinema. Why not cooking? Its essential function of providing nourishment has caused us to forget that, in the hands of a great cook, a meal is capable of touching us as a love song does, of giving us joy, occasionally even of moving us to anger. To the extent that it detaches itself from tradition (which works to assign it to the status of an artisanal trade or craft, based on repetition) and insofar as its purpose is to stir the emotions, cooking — which alone among the arts stimulates all of the senses at once — cannot be excluded from their company.

* artisanal: 장인(匠人)의

① treated as an isolated art form
② done only by professional cooks
③ regarded as something different from art
④ affected by the artistic trends of the time
⑤ free from the way it was traditionally done

Words & Phrases in Use

- traditionally 전통적으로
- no less than ~와 마찬가지로
- provide 제공하다
- occasionally 가끔
- detach 분리하다
- craft 기술
- purpose 목적

- accept 받아들이다
- essential 핵심적인
- nourishment 영양(분)
- to the extent that ~하는 한, ~하면, ~할 정도로
- status 지위
- repetition 반복
- stir (감정을) 불러일으키다

- theater 연극
- function 기능
- capable of ~을 할 수 있는
- trade 일, 업
- insofar as ~하는 한
- stimulate 자극하다

03 밑줄 친 the voice of the timing official이 다음 글에서 의미하는 바로 가장 적절한 것은?

○ 9664-0014

Melatonin helps regulate the *timing* of when sleep occurs by systemically signaling darkness throughout the organism. But melatonin has little influence on the *generation* of sleep itself: a mistaken assumption that many people hold. To make clear this distinction, think of sleep as the Olympic 100-meter race. Melatonin is the voice of the timing official that says "Runners, on your mark," and then fires the starting pistol that triggers the race. That *timing* official (melatonin) governs when the race (sleep) begins, but does not participate in the race. In this analogy, the sprinters themselves are other brain regions and processes that actively *generate* sleep. Melatonin corrals these sleep-generating regions of the brain to the starting line of bedtime. Melatonin simply provides the official instruction to commence the event of sleep, but does not participate in the sleep race itself.

* analogy: 비유   ** corral: (울타리 안에) 넣다, 가두다

① the judge that decides the duration of sleep
② the actual participant during the whole process of sleep
③ the moment when the conscious part of the brain turns off
④ the helper regulating when sleep begins, not generating sleep
⑤ the indispensable signal and trigger for the fair start of the race

---

Words & Phrases in Use

- **regulate** 조절하다
- **distinction** 차이, 구분
- **sprinter** 단거리 주자
- **generation** 생성, 발생
- **trigger** 촉발하다
- **commence** 시작하다
- **assumption** 가정
- **participate in** ~에 참가하다
- **indispensable** 없어서는 안 될, 꼭 필요한

04 밑줄 친 the message from the messenger가 다음 글에서 의미하는 바로 가장 적절한 것은?

○ 22662-0006

We do all kinds of things to avoid bad feelings, and often the cost of these efforts is that we don't get to enjoy life. The alternative is to accept our feelings in order to enjoy life. *Acceptance* doesn't mean you like something, want it, or even enjoy it; it's "taking what is given," acknowledging what is, and having a willingness to let it be as it is. Accepting your feelings involves making space for them so you don't have to fight with them as much. I'm not talking about *tolerating* feelings, I mean *welcoming* or *embracing* them. It's not just tolerating an acquaintance, it's welcoming a friend, a companion. The unhealthy habits we do to avoid our feelings are totally normal; however, if you allow yourself to just feel your feelings, as yucky as they may be, you wouldn't need unhealthy habits. In other words, you're accepting <u>the message from the messenger</u> but not letting the message take over or change your route.

* yucky: 몹시 불쾌한, 싫은

① even bad feelings as they are
② unwanted interference of others
③ ineffective guidance from experts
④ life's challenges as a new journey
⑤ emotional support from your family

Words & Phrases in Use

■ **alternative** 선택할 수 있는 하나, 대안   ■ **tolerate** 참다, 용인하다   ■ **embrace** 포용하다, 수용하다
■ **acquaintance** 아는 사람, 지인   ■ **companion** 동반자   ■ **route** 길, 경로

○ 22662-0007

Gateway 다음 글의 요지로 가장 적절한 것은?

| 2020학년도 6월 모의평가 22번 |

The twenty-first century is the age of information and knowledge. It is a century that is characterized by knowledge as the important resource that gains competitive advantage for companies. To acquire all these knowledge and information, organizations must rely on the data that they store. Data, the basic element, is gathered daily from different input sources. Information is extracted or learned from these sources of data, and this captured information is then transformed into knowledge that is eventually used to trigger actions or decisions. By and large, organizations do not have any problem of not having enough data because most organizations are rich with data. The problem however is that many organizations are poor in information and knowledge. This fact translates into one of the biggest challenges faced by organizations: how to transform raw data into information and eventually into knowledge, which if exploited correctly provides the capabilities to predict customers' behaviour and business trends.

① 고객의 특성은 기업의 데이터 처리 과정에서 주요 고려 사항이다.
② 성공하는 기업은 사실에 기반한 판단을 통해 위기를 극복한다.
③ 기업 경쟁력은 데이터를 정보와 지식으로 변환하는 능력에서 나온다.
④ 지식 정보화 시대에는 기초 데이터 확보의 중요성이 커지고 있다.
⑤ 데이터의 가치는 그것이 가지는 잠재적 수익성에 의해 결정된다.

Words & Phrases in Use

- **characterize** 특징 짓다
- **competitive advantage** 경쟁우위
- **capture** 획득하다
- **by and large** 대체로
- **predict** 예측하다
- **resource** 자원
- **element** 요소
- **transform** 변환하다
- **raw data** 미가공 데이터
- **gain** 가져다주다, 얻게 하다
- **extract** 추출하다
- **trigger** 촉발하다
- **exploit** (최대한 잘) 활용하다

Solving Strategies

Part I 유형편

Step 1 핵심어를 중심으로 글의 전체적인 흐름을 파악한다.

The twenty-first century is the age of information and knowledge. (21세기는 정보와 지식의 시대이다.)

To acquire all these knowledge and information, organizations must rely on the data that they store. (지식과 정보를 얻기 위해 조직은 자신들이 저장하는 데이터에 의존해야 한다.)

The problem however is that many organizations are poor in information and knowledge. (문제는 많은 조직이 데이터는 있지만, 그것을 정보와 지식으로 변환하는 데 있어 잘하지 못한다.)

▶ 이로 미루어 보아, 기업이 가지고 있는 데이터를 정보와 지식으로 변환하는 것이 중요하다는 내용의 글이며 핵심어는 data, information, knowledge이다.

Step 2 글의 요지가 직접적으로 드러나거나 요지를 뒷받침하는 문장을 찾는다.

To acquire all these knowledge and information, organizations must rely on the data that they store.

Information is extracted or learned from these sources of data, and this captured information is then transformed into knowledge that is eventually used to trigger actions or decisions.

This fact translates into one of the biggest challenges faced by organizations: how to transform raw data into information and eventually into knowledge, which if exploited correctly provides the capabilities to predict customers' behaviour and business trends.

글의 요지 ▶ 정보와 지식의 시대에서 기업은 저장하는 데이터에 의존해야 하고 이러한 데이터로부터 정보가 추출되면 그것을 바탕으로 기업의 활동과 결정이 내려지기 때문에 미가공 데이터를 정보와 지식으로 변환하는 능력을 갖추는 것이 기업에게 중요하다.

Step 3 글의 요지를 가장 적절하게 나타낸 선택지를 고른다.

정보와 지식의 시대인 21세기에 기업이 경쟁우위를 갖기 위해서는 자신이 모아 저장한 미가공 데이터를 정보와 지식으로 변환하는 능력이 필수적이라는 내용이므로, 글의 요지로 가장 적절한 것은 ③이다.

Exercises

01 다음 글의 요지로 가장 적절한 것은?

9664-0017

What we used to call multinational firms are increasingly becoming global firms. Among firms, what passes for national identification depends upon history and where their corporate headquarters happen to be located. But the latter is increasingly becoming a matter determined more by local taxation than by economic functionality. The recent fuss about U.S. firms moving their legal headquarters to Bermuda to get lower taxes is but one example. National identification means little when it comes to predicting a firm's behavior. Place of origin or the nationality of the passports held by the top managers makes less and less difference when it comes to making real decisions. Ownership is often not what it seems to be. Nokia is seen as a Finnish company, but more of Nokia's shares are owned by Americans than by Finns.

* fuss: 소동

① 국제 기업을 유치하기 위한 국가 간 경쟁이 심해지고 있다.
② 국제 기업의 소유권 분쟁을 해결하기 위한 기준이 명확하지 않다.
③ 기업이나 기업인의 국적은 기업의 의사 결정에서 덜 중요해지고 있다.
④ 국제 기업의 사업 방향은 최고 경영진이 누구인지에 따라 결정될 수 있다.
⑤ 국제 기업들이 자신들에게 유리한 세제가 시행되는 곳으로 옮겨가고 있다.

Words & Phrases in Use

- **multinational** 다국적의
- **global** 세계적인
- **corporate** 회사의
- **matter** 문제
- **taxation** 과세 제도, 세제
- **when it comes to** ~에 관한 한
- **nationality** 국적
- **Finnish** 핀란드의

- **firm** 기업, 회사
- **pass for** ~으로 통하다
- **headquarters** 본부
- **determine** 결정하다
- **functionality** 기능성
- **predict** 예측하다
- **passport** 여권
- **share** 주식

- **increasingly** 점점 더
- **identification** 신원 확인
- **latter** 후자
- **local** 현지의
- **but** 단지
- **origin** 출신, 기원
- **ownership** 소유권

02   다음 글의 요지로 가장 적절한 것은?

▶ 9664-0018

There is some discomfort in most of us that makes us reluctant to take credit for our accomplishments or to even accept a well-deserved compliment. Try an experiment. Give someone you know a genuine compliment about a quality they have or about something they have done that you truly appreciate. Often their first response is to downplay their contribution or their effort: "Oh, I was just doing my job." "Anyone would have done the same thing." "It was nothing." What is it that makes us uneasy about accepting credit for something wonderful we have done? We feel proud of our accomplishments and our skills, but we don't know how to take credit for them gracefully, without seeming like a braggart or a know-it-all.

* braggart: 허풍쟁이

① 근거 없는 칭찬보다 진심 어린 조언이 더 중요하다.
② 공동의 목표를 위해 자신을 희생할 줄 알아야 한다.
③ 명성을 얻는 것보다 명성을 유지하는 것이 더 어렵다.
④ 자신에 대한 지나친 과신이 때로는 일을 그르칠 수 있다.
⑤ 사람들은 칭찬을 자연스럽게 받아들이지 못하는 경향이 있다.

Words & Phrases in Use

- **discomfort** 불편함
- **accomplishment** 업적
- **compliment** 칭찬
- **appreciate** 감사하다
- **reluctant** 꺼리는
- **well-deserved** 받아 마땅한, 충분한 자격이 있는
- **genuine** 진심에서 우러난
- **downplay** 경시하다
- **credit** 칭찬, 인정
- **quality** 장점

03 다음 글의 요지로 가장 적절한 것은?

● 9664-0019

Gordon Parker, chairman, president, and CEO of Newmont Mining Corporation, has a very deliberate speech pattern. When I asked him about it, he explained, "People listen more carefully if they think you are thinking when you speak." I tend to agree with him. Even though people can hear two to three times faster than we can talk, most of us could stand to slow down when we speak. Hurrying makes our words seem less important and gives the impression that we do not think our ideas deserve more than the briefest amount of airtime. We appear to be rushing to finish so that someone with something more valuable to say can speak. Slow down. Allow for some pauses, some silence. People will listen more closely and have more respect for what they hear.

① 성공적인 의사소통에는 서로 존중하는 태도가 필수적이다.
② 천천히 말하면 듣는 사람이 중요하다고 생각하여 경청한다.
③ 말하는 중간에 자주 멈추면 듣는 사람의 주의 집중을 방해한다.
④ 듣는 사람의 속도에 맞추어 말해야 메시지가 효과적으로 전달된다.
⑤ 대화 상대자를 잘 파악해야 그에게 적합한 대화 주제를 선택할 수 있다.

Words & Phrases in Use

- **deliberate** 신중한
- **could stand to *do*** ~할 필요가 있다
- **impression** 인상
- **deserve** ~의 가치가 있다
- **airtime** (특히 광고의) 방송 시간
- **allow for** ~을 고려하다

04 다음 글에서 필자가 주장하는 바로 가장 적절한 것은?

○ 22662-0008

The nature of the creative professions is such that the professional activities of writers and artists constantly subject them to the danger of persecution for what they have expressed in the form of a work of art. The expression of the thoughts and ideas of the creator is central to the practice of these professions — the mind of the author provides the raw material for all literary and artistic work. At the same time, this expression is consistently subject to evaluation according to criteria of social acceptability. When these criteria become extremely restrictive, as in Soviet Russia, it becomes practically impossible for an author to create in freedom. For these reasons, it is especially important that censorship against creative expression be restrained by law and custom. Censorship should not become so powerful as to inhibit or prevent the exercise of the creative professions, or so invasive that the contribution of writers and artists to society remains unrealized.

* persecution: 박해, 책망

① 예술가의 창작에 대한 평가는 공정하게 이루어져야 한다.
② 창작 표현에 대한 검열은 법과 관습으로 제한되어야 한다.
③ 창의성은 작가와 미술가의 자질에서 가장 중요한 요소이다.
④ 작가나 미술가의 창작 표현은 사회 변화의 추세를 반영해야 한다.
⑤ 창작 활동을 하는 직업군은 창작 표현의 사회적 영향에 책임을 져야 한다.

Words & Phrases in Use

- constantly 끊임없이, 거듭
- central 가장 중요한, 중심적인
- consistently 지속해서
- restrain 제한하다, 억제하다, 제지하다
- invasive 침해하는, 침략적인
- subject 겪게 하다, 당하게 하다; 받아야 하는
- raw material 원료, 원재료
- acceptability 용인성, 용인 가능성
- inhibit 방해하다
- literary 문학적인, 문학의
- censorship 검열
- exercise 활동

05 다음 글에서 필자가 주장하는 바로 가장 적절한 것은?

● 9664-0021

Now I am not in any way suggesting that you, dear mom, need to follow my lead and become slightly addicted to photography or preserving your memories in scrapbooks. However, I am strongly suggesting that you take a lot of pictures of your children to document their lives and save those memories. They are changing every day. Of course you are so busy trying to keep life together that you probably have not had time to notice! But trust me on this; you will treasure these pictures for a lifetime. Even if you cannot take the time to organize your photos, take lots of pictures. Label and file them in consecutive order in an acid-free box. Then when you have time in twenty or thirty years, you can look back through them and enjoy the strong emotions and memories that they evoke.

* consecutive: 연이은 ** evoke: 불러일으키다

① 일상 사진을 기간별로 정리해 두어라.
② 자녀의 성장 속도를 정기적으로 점검하라.
③ 부모의 감정을 솔직하게 자녀에게 표현하라.
④ 사진만 찍지 말고 현장을 실제로 보고 느끼라.
⑤ 자녀의 모습을 사진으로 찍어서 많이 남겨 두어라.

Words & Phrases in Use

- **suggest** 제안하다
- **slightly** 약간
- **addicted** 중독된
- **preserve** 보존하다
- **document** 기록하다
- **notice** 알아차리다
- **treasure** 소중히 하다
- **organize** 정리하다
- **acid-free** 중성의

06 다음 글에서 필자가 주장하는 바로 가장 적절한 것은?

● 9664-0022

Many students lack the life experiences to imagine that people in other cultures live, behave, and believe differently. Online collaborations create authentic ways for students to learn about places they have never experienced. For instance, a cross-national sharing between elementary schools in different climates revealed that students in one school had questions about snow, which they had never seen, while the partner students were trying to imagine open-air, year-round schools. Minor differences are not minor to students who have never been exposed to any differences at all. Given that most students will, as adults, work in international markets, the more exposure they receive to different cultural patterns during school years, the more successfully they will make the transition as adults.

① 세계 시민의식 함양을 위한 교과목을 개설해야 한다.
② 문화적 차이로 인한 교내 갈등 해결 방안을 모색해야 한다.
③ 온라인 교육이 가능하도록 학교 교육 시설을 확충해야 한다.
④ 학생들에게 다양한 문화를 경험할 기회를 제공해 주어야 한다.
⑤ 학생들의 상상력을 자극할 수 있는 수업 활동을 장려해야 한다.

Words & Phrases in Use

- **collaboration** 공동 작업, 협력
- **open-air** 야외의, 옥외의
- **exposure** 접(하게)함, 노출
- **authentic** 믿을 만한
- **year-round** 연중 운영되는
- **transition** (다른 상태 · 조건으로의) 전환, 이행
- **reveal** 드러내다, 밝히다
- **minor** 작은(별로 크거나 중요하지 않은)

05 주제 파악

● 22662-0009

Gateway 다음 글의 주제로 가장 적절한 것은?

| 2021학년도 6월 모의평가 23번 |

Problem framing amounts to defining *what* problem you are proposing to solve. This is a critical activity because the frame you choose strongly influences your understanding of the problem, thereby conditioning your approach to solving it. For an illustration, consider Thibodeau and Broditsky's series of experiments in which they asked people for ways to reduce crime in a community. They found that the respondents' suggestions changed significantly depending on whether the metaphor used to describe crime was as a virus or as a beast. People presented with a metaphor comparing crime to a virus invading their city emphasized prevention and addressing the root causes of the problem, such as eliminating poverty and improving education. On the other hand, people presented with the beast metaphor focused on remediations: increasing the size of the police force and prisons.

① importance of asking the right questions for better solutions
② difficulty of using a metaphor to find solutions to a problem
③ reasons why problem framing prevents solutions from appearing
④ usefulness of preventive measures in reducing community crime
⑤ effect of problem framing on approaching and solving problems

---

Words & Phrases in Use

- **frame** (특정한 방식으로) 표현하다; 틀
- **propose to** *do* ~하려고 하다
- **condition** 결정하다, 좌우하다
- **respondent** 응답자
- **metaphor** 은유
- **address** (문제를) 다루다
- **remediation** 교정 (조치)

- **amount to** ~에 해당하다
- **critical** 중대한
- **illustration** 실례
- **significantly** 크게, 상당히
- **emphasize** 강조하다
- **eliminate** 퇴치하다, 제거하다

- **define** 정의하다
- **thereby** 그로 인해
- **experiment** 실험
- **depending on** ~에 따라
- **prevention** 예방
- **poverty** 가난

Solving Strategies

Step 1 주제문을 통해 글의 요지를 파악한다.

> This is a critical activity because the frame you choose strongly influences your understanding of the problem, thereby conditioning your approach to solving it.

글의 요지 ▶ 문제 표현하기는 중대한 활동임: 선택하는 틀이 문제에 대한 이해에 강한 영향을 미침 → 문제 해결에 대한 접근법을 결정함

Step 2 주제문 뒤에 이어지는 사례를 통해 글의 요지를 확인한다.

▶ Thibodeau와 Broditsky의 실험: 사람들이 제안한 어떤 지역 사회의 범죄를 줄이는 방안을 연구함

	범죄 묘사 은유	범죄 감소 제안 방안
실험 집단 A	범죄 = 바이러스	예방과 문제의 근본 원인을 다루는 것(빈곤 퇴치와 교육 개선)을 강조
실험 집단 B	범죄 = 야수	교정(경찰력과 교도소의 규모를 늘리는 것)에 중점을 둠

Step 3 선택지를 살펴보고 글의 주제를 잘 담고 있는 선택지를 고른다.

해결하려는 문제를 표현하는 방식에 따라 문제에 대한 이해와 문제 해결 접근법이 달라진다는 내용의 글이다. 따라서 글의 주제로 가장 적절한 것은 ⑤ '문제 표현하기가 문제에 대한 접근과 해결에 미치는 영향'이다.
① 더 나은 해결책을 위해 올바른 질문을 하는 것의 중요성
② 문제에 대한 해결책을 찾기 위해 은유를 사용하는 것의 어려움
③ 문제 표현하기가 해결책의 출현을 막는 이유
④ 지역 사회 범죄 감소에 있어 예방 조치의 유용성

01 다음 글의 주제로 가장 적절한 것은? 9664-0024

   As the technological revolution gathers pace, education and training are thought to be the answer to everything. They are, but we have to understand the question. Educating more people — and to a much higher standard — is vital. But we also have to educate them differently. The problem is that present expansion is based on a fundamental misconception: the confusion of academic ability with intelligence. For years academic ability has been conflated with intelligence, and this idea has been institutionalised into testing systems, examinations, selection procedures, teacher education and research. As a result, many highly intelligent people have passed through education feeling they aren't. Many academically able people have never discovered their other abilities.

* conflate: 하나로 합치다

① results from poor understanding of evaluation systems
② ways academic ability and intelligence affect creativity
③ the correlation between academic ability and intelligence
④ the influence of education on the technological revolution
⑤ problems with confusing academic ability with intelligence

Words & Phrases in Use

- technological 기술적인
- standard 수준, 기준, 표준
- fundamental 근본적인
- academic 학문적인
- selection 선발
- able 유능한

- revolution 혁명
- vital 아주 중요한
- misconception 오해
- intelligence 지능
- procedure 절차

- pace 속도
- expansion 확대, 팽창
- confusion 혼동
- institutionalise 제도화하다
- intelligent 지능이 높은, 영리한

02 다음 글의 주제로 가장 적절한 것은?

▶ 9664-0025

Food marketing refers to any activity conducted by a company in the food, beverage, or restaurant industry to encourage purchase of its products. Food preferences develop at a very early age, primarily through learning processes. Once established, these eating patterns are difficult to change. Parents are a key influence in the early development of food preferences; however, outside influences become increasingly important, especially during middle childhood and adolescence. Food marketing promotes highly desirable, but unhealthy, products to youth. The overexposure to food marketing presents a public health issue to youth. Unlike tobacco and alcohol consumption, young people do not need to learn that consuming these foods is rewarding. From birth, humans prefer the taste of foods high in sugar, fat, and salt (i.e., the foods most commonly advertised).

① tips for creating effective food marketing
② consumer-driven changes in food marketing
③ effects of food marketing on forming food choices
④ new strategies to improve food marketing to children
⑤ ways to protect children from harmful food marketing

Words & Phrases in Use

- **conduct** 수행하다
- **desirable** 원하는, 탐나는
- **adolescence** 청소년기
- **rewarding** 만족감을 주는, 보람 있는
- **promote** 홍보하다
- **fat** 지방

03 다음 글의 주제로 가장 적절한 것은?

⊙ 22662-0010

Nutrition and quality of air are two of the most important drivers of good overall health. Make a wall with several vegetable boxes hung from one another and install it next to an outdoor living area or near a window, and you'll be getting a good dose of both elements. Living wall gardens, full of plants that breathe in carbon dioxide and breathe out oxygen, are a fantastic way to help filter the air surrounding a living area. This oxygen reaches a city dweller with a living wall if he or she is sitting on the balcony or sitting inside the home with the window open. Having a view of the vertical wall garden from the interior of the home will both reduce stress and increase the green view. Most importantly, growing vegetables in the garden means that you will also be providing nutritionally sound food for you and your family, so the living wall provides extensive benefits beyond simple beauty.

① safety issues around gardening tools
② essential nutrients contained in plants
③ considerations in home interior design
④ policies for urban green space provision
⑤ various advantages of living wall gardens

Words & Phrases in Use

- **nutrition** 영양
- **dose** 양, 복용량
- **filter** 걸러내다
- **reduce** 줄이다
- **benefit** 이익

- **driver** 동인, 추진 요인
- **element** 요소
- **dweller** 주민, 거주자
- **sound** 믿을 만한, 건전한

- **install** 설치하다
- **carbon dioxide** 이산화탄소
- **vertical** 수직의
- **extensive** 폭넓은, 광범위한

04 다음 글의 주제로 가장 적절한 것은? ▶ 9664-0027

The idea that folk music is a product of nature played an important part in the rise of musical nationalism, and it was part of the complex of ideas at the root of romantic nationalism. In the German Romantic movement, the folk song was considered an expression of the "purely human." Instead of being universal, however, that expression was thought to vary from one nation to the next. Folk song was considered a reflection of the particular mystical characteristics of a people and to go back to times immemorial. In this scheme, the division of mankind into nations was a natural fact. Every nation was said to have its own deep-rooted identity, its "national soul." Folk music was believed to be the clearest expression of the national character, a typical feature enshrined in every nation.

* enshrine: 소중히 간직하다

① the belief that music is unique to human beings
② obstacles to collecting and preserving folk music
③ the error of viewing music as something universal
④ differences between folk music and classical music
⑤ the view that folk music represents national identity

Words & Phrases in Use

- nationalism 민족[국가]주의
- root 뿌리
- vary 서로 다르다
- times immemorial 아득한 옛날
- identity 정체성

- complex 복합체, (관련 있는 것들의) 덩어리
- expression 표현
- reflection 반영
- scheme 체계, 제도, 계획
- feature 특징

- purely 순수하게
- mystical 신비스러운
- division 분열

● 22662-0011

Gateway 다음 글의 제목으로 가장 적절한 것은?

| 2022학년도 수능 24번 |

Mending and restoring objects often require even more creativity than original production. The preindustrial blacksmith made things to order for people in his immediate community; customizing the product, modifying or transforming it according to the user, was routine. Customers would bring things back if something went wrong; repair was thus an extension of fabrication. With industrialization and eventually with mass production, making things became the province of machine tenders with limited knowledge. But repair continued to require a larger grasp of design and materials, an understanding of the whole and a comprehension of the designer's intentions. "Manufacturers all work by machinery or by vast subdivision of labour and not, so to speak, by hand," an 1896 *Manual of Mending and Repairing* explained. "But all repairing *must* be done by hand. We can make every detail of a watch or of a gun by machinery, but the machine cannot mend it when broken, much less a clock or a pistol!"

① Still Left to the Modern Blacksmith: The Art of Repair
② A Historical Survey of How Repairing Skills Evolved
③ How to Be a Creative Repairperson: Tips and Ideas
④ A Process of Repair: Create, Modify, Transform!
⑤ Can Industrialization Mend Our Broken Past?

Words & Phrases in Use

- mend 고치다, 수리하다
- preindustrial 산업화 이전의
- immediate 인접한
- transform 변형하다
- extension 연장, 확장
- mass production 대량 생산
- limited 제한된
- intention 의도
- vast 엄청난, 광대한
- detail 세부, 상세

- restore 수선하다, 복원하다
- blacksmith 대장장이
- customize 주문 제작하다
- routine 일상적인
- fabrication 제작
- province 영역
- grasp 이해
- manufacturer 제작하는 사람, 제조업자
- subdivision 세분(화)
- much less ~은 말할 것도 없이

- original 최초의, 원래의
- to order 주문에 따라
- modify 수정하다
- repair 수리; 수리하다
- industrialization 산업화
- tender 관리자, 돌보는 사람
- comprehension 파악, 이해
- machinery 기계
- so to speak 말하자면

Solving Strategies

Step 1 반복되는 표현을 통해 글의 중심 소재를 파악한다.

> Mending and restoring objects, repair, repairing, mend it when broken

글의 중심 소재 ▶ 물건의 수리

Step 2 중심 소재를 언급한 문장을 통해 필자의 의견을 추론해 본다.

- Mending and restoring objects often require even more creativity than original production.
  → 수리는 최초의 제작보다 더 많은 창의력을 요구함
- ~; repair was thus an extension of fabrication. → (산업화 이전에는) 수리가 제작의 연장이었음
- But repair continued to require a larger grasp of design and materials, ~. → (대량 생산의 제작
  과는 달리) 수리는 설계와 재료에 대한 더 폭넓은 이해가 필요함
- But all repairing *must* be done by hand. → 수리는 손으로 해야 함
- ~, but the machine cannot mend it when broken, much less a clock or a pistol! → 기계는 수리
  할 수 없음

Step 3 선택지를 분석하여, 글의 요지를 정확하게 담고 있는 제목을 선택한다.

산업화와 대량 생산과 함께 물건 제작은 기계의 영역으로 넘어가게 되었지만, 수리는 설계와 재료에 대한
더 폭넓은 이해를 요구하기 때문에 기계가 할 수 없어서 산업화 이전의 대장장이들이 손으로 했던 수리의 필
요성이 계속 남게 되었다는 내용의 글이다. 따라서 글의 제목으로 가장 적절한 것은 ① '현대 대장장이에게
여전히 남겨지다: 수리 기술'이다.
② 수리 기술의 발전 방식에 관한 역사적 개관
③ 창의적인 수리공이 되는 방법: 조언과 아이디어
④ 수리의 과정: 만들고, 수정하고, 변형하라!
⑤ 산업화가 우리의 부서진 과거를 고칠 수 있을까?

01 다음 글의 제목으로 가장 적절한 것은? ⊙ 9664-0029

Just as we shouldn't let others do our thinking, we can't depend on others to be creative for us. Everyone is capable, and it's everyone's responsibility to contribute through participation and support. Today, every salesperson, computer programmer, and small-business owner must use their natural creativity to thrive. Adapting to our changing economy requires that we invent new ways of doing our most basic tasks — all within our budget, timetable, and desired level of quality. If you left it to others to be creative, not much would get done, and you would be left out of the new economy. According to a recent study about the global creativity gap, eight out of ten people feel that unlocking creativity is critical to economic growth, and two-thirds of respondents feel creativity is valuable to society. But only one in four people believe they are living up to their creative potential.

* thrive: 번성하다

① Tapping Into Our Creativity Is a Must Nowadays
② Creativity Does Not Guarantee Economic Growth
③ Do We All Suffer from the Overload of Creativity?
④ The Current Shift from Responsibility to Creativity
⑤ The Gap Between the Ordinary and Creative Is Paper-Thin

Words & Phrases in Use

- **depend on ~ to do** …을 ~에게 의존하다
- **contribute** 기여하다
- **respondent** 응답자
- **adapt to** ~에 적응하다
- **live up to** ~에 부응하다
- **responsibility** 책임
- **budget** 예산

02 다음 글의 제목으로 가장 적절한 것은?

9664-0032

Anchoring and adjustment can severely affect our retrospective personal memory. While such memory is introspectively a process of "dredging up" *what actually happened*, it is to a large extent anchored by our current beliefs and feelings. This principle has been well established both in the psychological laboratory and in surveys. What we have at the time of recall is, after all, only our current state, which includes fragments (memory traces) of our past experience; these fragments are biased by what we now believe (or feel) to be true to an extent much greater than we know consciously. Moreover, the organization of these fragments of past experience into meaningful patterns is even more influenced by our current beliefs and moods—especially if we are particularly depressed or encouraged.

* retrospective: 회고적인 ** introspectively: 자기 성찰적으로 *** dredge up: ~을 들추다

① What You See Can Fool You
② Effects of Cultural Biases on Memory
③ Memory Is Biased Towards Depression
④ Reorganizing Past Memories in the Present
⑤ Age Is Just a Number: Keep Your Brain Active

Words & Phrases in Use

- **anchoring** 기준점, 기준점의 설정
- **recall** 회상
- **severely** 몹시, 심하게
- **fragment** 단편, 조각
- **laboratory** 실험실
- **bias** 편향[편견]을 갖게 하다

03 다음 글의 제목으로 가장 적절한 것은?

● 9664-0031

 As a producer of the product with a selection of green vegetables that were laid out along the full length of the display, the chances are that more are sold at the ends of the linear display and less in the middle. Consumers tend to purchase at the ends. The aim is to maximize sales along the whole shop fixture. Therefore red is used in the middle of the bench to attract the consumer and lift sales. Why red? Red has hidden messages in a consumer's mind. It can indicate danger, stop, or passion. Whatever the message, red stands out and attracts the eye to it. The aim is to draw the consumer's eye to the middle of the display. It works; give it a try on a stall. Put a red product in the middle. If a red product is not available, use a red drape in the centre of the display to achieve the same result.

* fixture: (붙박이) 설치물 ** drape: 휘장

① Sales Strategies Using a Variety of Colours
② Strategic Positioning of Red for Increasing Sales
③ Which Is More Influential for Sales, Colour or Position?
④ Discovering Consumers' Tastes: What Should Be Done First
⑤ Red: The Most Powerful Colour to Dominate Human Emotions

Words & Phrases in Use

- **selection** 선택[선발]된 사람[것]들
- **linear** 직선으로 된
- **aim** 목적
- **bench** 진열대
- **hidden** 숨겨진
- **stand out** 두드러지다, 드러나 보이다

- **lay out** ~을 배치하다
- **consumer** 소비자
- **maximize** 극대화하다
- **attract** 끌다
- **indicate** 나타내다
- **stall** 가판대

- **display** 진열; 진열하다
- **purchase** 구입하다
- **sales** 판매량
- **lift** 올리다
- **passion** 열정

04 다음 글의 제목으로 가장 적절한 것은?

22662-0012

To check a given hypothesis, we need data relevant to the hypothesis. In a laboratory setting, experiments are carefully designed to generate the needed data. In fact, many times experiments are designed to falsify the hypothesis in order to see if the hypothesis survives the confrontation with reality. Generating such experiments is possible because we have the hypothesis in advance. But if we rely on data to generate hypotheses, we cannot make sure that the data gathered (usually in an opportunistic manner) is the data needed to prove or disprove the hypothesis. Having more data creates a dilemma: it provides more chances to have the right data, but it also provides many more potential hypotheses. Since the number of hypotheses grows faster than the data, we have no hope of catching up simply by collecting more and more measurements.

* falsify: 틀림을 입증하다 ** opportunistic: 편의주의적인

① More Data Improves Accuracy in Science
② Which Comes First, Data or a Hypothesis?
③ How to Exclude Poor Data for Better Analysis
④ Hypotheses: Stepping Stones to Proving a Theory
⑤ Are More Data Always Better for Hypothesis Testing?

Words & Phrases in Use

- hypothesis 가설
- experiment 실험
- in advance 사전에, 미리
- potential 잠재적인

- relevant 관련된
- generate 만들어 내다, 생성하다
- rely on ~에 의존하다
- catch up 따라잡다

- laboratory 실험실
- confrontation 대면, 대결
- disprove 반증하다
- measurement 측정(값)

Gateway 다음 도표의 내용과 일치하지 않는 것은?

○ 22662-0013

| 2022학년도 수능 25번 |

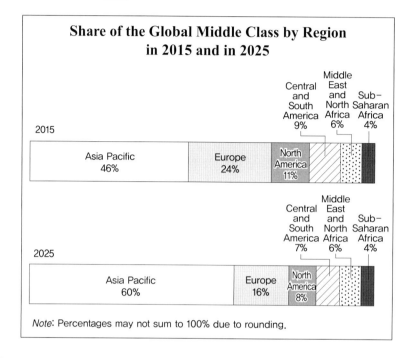

Share of the Global Middle Class by Region in 2015 and in 2025

Note: Percentages may not sum to 100% due to rounding.

The above graphs show the percentage share of the global middle class by region in 2015 and its projected share in 2025. ① It is projected that the share of the global middle class in Asia Pacific will increase from 46 percent in 2015 to 60 percent in 2025. ② The projected share of Asia Pacific in 2025, the largest among the six regions, is more than three times that of Europe in the same year. ③ The shares of Europe and North America are both projected to decrease, from 24 percent in 2015 to 16 percent in 2025 for Europe, and from 11 percent in 2015 to 8 percent in 2025 for North America. ④ Central and South America is not expected to change from 2015 to 2025 in its share of the global middle class. ⑤ In 2025, the share of the Middle East and North Africa will be larger than that of sub-Saharan Africa, as it was in 2015.

Words & Phrases in Use

- **share** 점유율
- **middle class** 중산층
- **region** 지역
- **sub-Saharan** 사하라 이남의
- **due to** ~ 때문에
- **rounding** 반올림
- **project** 예상하다

Solving Strategies

Part I 유형편

Step 1 도표의 제목과 세부 내용을 통해 중심 소재를 파악한다.

제목 ▶ Share of the Global Middle Class by Region in 2015 and in 2025
(2015년과 2025년의 지역별 전 세계 중산층 점유율)

세부 내용 ▶ 6개 지역(Asia Pacific, Europe, North America, Central and South America, Middle East and North Africa, Sub-Saharan Africa)

Step 2 도표를 훑어보며 주요 정보를 파악한다.

2015년에 비해 2025년에 점유율이 증가하는 지역은 1개 지역(Asia Pacific)이고, 감소하는 지역은 3개 지역(Europe, North America, Central and South America)이고, 유지되는 지역은 2개 지역(Middle East and North Africa, Sub-Saharan Africa)이다.

Step 3 선택지의 기술 내용이 도표의 내용과 일치하는지 확인한다.

① 아시아 태평양의 전 세계 중산층 점유율은 2015년에 46%에서 2025년에 60%로 증가할 것으로 예상된다. → 일치

② 2025년의 아시아 태평양의 예상 점유율은 여섯 개 지역 중에서 가장 큰데, 같은 해의 유럽의 예상 점유율보다 세 배 넘게 더 많다. → 일치

③ 유럽과 북미의 점유율은 둘 다 감소할 것으로 예상되는데, 유럽은 2015년에 24%에서 2025년에 16%로 감소할 것이고, 북미는 2015년에 11%에서 2025년에 8%로 감소할 것이다. → 일치

④ 중남미는 전 세계 중산층 점유율에서 2015년에서 2025년 사이에 변화할 것이라고 예상되지 않는다. → 불일치(중남미는 2015년에 9%에서 2025년에 7%로 감소할 것으로 예상됨)

⑤ 2015년에 그랬듯이, 2025년에 중동과 북아프리카의 점유율은 사하라 이남의 아프리카의 점유율보다 더 클 것이다. → 일치

···▶ 따라서 ④가 도표의 내용과 일치하지 않는다.

01 다음 도표의 내용과 일치하지 <u>않는</u> 것은? 22662-0014

Projected Increase in Global Annual Water Demand from 2005 to 2030

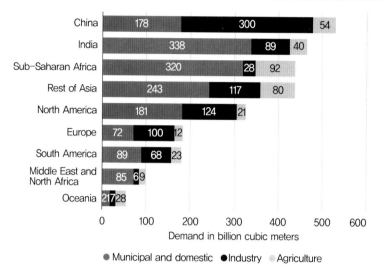

The above graph shows the projected increase in global annual water demand from 2005 to 2030, by region and sector. ① From 2005 to 2030, the annual water demand is projected to increase by over 400 billion cubic meters in each of China, India, Sub-Saharan Africa, and Rest of Asia. ② In each of Europe, South America, Middle East and North Africa, and Oceania, however, it is projected to increase only by less than 200 billion cubic meters of water during the same period. ③ In terms of the municipal and domestic sector, India's increase in annual water demand is expected to lead the other regions'. ④ As for the industry sector, however, North America is expected to experience the largest increase, immediately followed by China. ⑤ Sub-Saharan Africa is projected to top the other regions regarding the increase in the agriculture sector.

* municipal: 시의

Words & Phrases in Use

- **annual** 연간의
- **cubic meter** 세제곱미터(㎥)
- **domestic** 가정의
- **agriculture** 농업
- **sector** 부문
- **in terms of** ~ 면에서
- **as for** ~에 관해 말하자면
- **immediately** 바로, 즉시

02 다음 표의 내용과 일치하지 <u>않는</u> 것은?   ◉ 9664-0035

General Government Spending of 11 G20 Countries
(Total, % of GDP)

Country	2006	2016	Percentage Change
France	52.6	56.4	3.8
Italy	47.6	49.1	1.5
Portugal	45.2	44.7	− 0.5
Germany	44.7	43.9	− 0.8
Spain	38.3	42.2	3.9
the U.K.	40.8	41.4	0.6
Czech Republic	41.4	39.4	− 2.0
Japan	35.0	39.0	4.0
the U.S.A	36.3	37.7	1.4
Republic of Korea	30.1	32.3	2.2
Ireland	33.8	27.3	− 6.5

   The table above shows the general government spending of 11 G20 countries in 2006 and 2016. ① In both years, France ranked the highest on the list, with its government spending taking up more than half of its GDP. ② In 2006, the government spending of five countries was less than 40 percent of their GDP. ③ In 2016, the number of countries whose government spending was less than 40 percent of their GDP was also five, and one country, Ireland, had government spending that was less than 30 percent of its GDP. ④ Between 2006 and 2016, Spain recorded the largest increase in the percentage of government spending of its GDP, followed by France. ⑤ Between 2006 and 2016, four countries experienced a decrease in the government spending of their GDP, with Ireland recording the largest decrease among the 11 countries.

Words & Phrases in Use

- **general** 일반(의), 종합적인
- **table** 표
- **GDP** 국내 총생산 (= gross domestic product)
- **rank** (등급·등위·순위를) 차지하다

03 다음 도표의 내용과 일치하지 <u>않는</u> 것은? 9664-0036

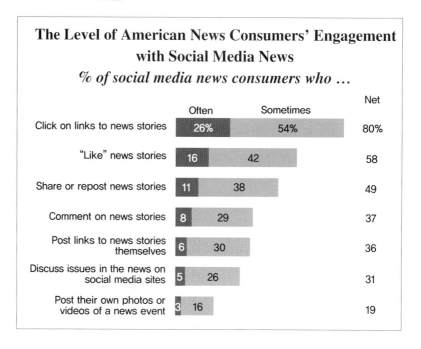

The above graph shows how much American news consumers engage with news from social media. ① About a quarter of social networking news consumers often click on links to news stories on social media, while more than half of them sometimes do. ② But only 16% of respondents often "like" news stories and even fewer often share or repost news stories on social media. ③ The percentages of social media news consumers who often or sometimes comment on news stories and those who often or sometimes post links to news stories themselves are almost the same. ④ Over 30% of those surveyed responded that they either often or sometimes discuss issues in the news on social media sites. ⑤ Nevertheless, only less than 5% of social media news users are so heavily engaged with news that they sometimes post their own photos or videos of a news event.

Words & Phrases in Use

- consumer 소비자
- engage with ~에 관여하다, ~와 맞물리다 ▪ respondent 응답자
- survey 조사하다
- nevertheless 그럼에도 불구하고

04 다음 표의 내용과 일치하지 <u>않는</u> 것은?

● 9664-0037

The recycling rates for different types of waste for 2001 and 2012 in Singapore

Waste Type	Recycling Rate in 2001 (%)	Recycling Rate in 2012 (%)	Target Recycling Rate for 2012 (%)	Change in Recycling Rate from 2001 to 2012 (%)	Change in Recycling Rate from 2012 Actual to 2012 Target (%)
Construction Debris	85	99	90	14	9
Ferrous Metal	87	96	95	9	1
Non-ferrous Metals	85	79	90	− 6	− 11
Wood/Timber	8	69	40	61	29
Paper/ Cardboard	36	56	55	20	1
Food Waste	6	12	30	6	− 18
Plastics	10	10	35	0	− 25

* debris: 잔해, 쓰레기 ** ferrous metal: 철금속

The table above shows the recycling rates for different types of waste for 2001 and 2012 in Singapore and the changes in recycling rates from 2001 to 2012. ①From 2001 to 2012, all of the waste types showed an improvement in the recycling rate, except for non-ferrous metals and plastics. ②The recycling rate for non-ferrous metals dropped from 85% in 2001 to 79% in 2012, while the rate for plastics was the same in both years, at 10%. ③The recycling rate for wood/timber waste showed a 61 percentage-point increase from 2001 to 2012. ④Although the recycling rate for food waste doubled from 2001 to 2012, it was far below the target recycling rate for 2012. ⑤In 2012, the top two recycling rates in Singapore were seen in the waste from construction debris and non-ferrous metals, while food waste and plastics ranked the lowest.

Words & Phrases in Use

- recycling 재활용
- timber 목재
- rate 비율
- except for ~을 제외하고는
- construction 건설, 공사
- double 두 배로 되다

08 내용 일치·불일치

● 22662-0015

Gateway | Donato Bramante에 관한 다음 글의 내용과 일치하지 <u>않는</u> 것은? | 2022학년도 수능 26번 |

Donato Bramante, born in Fermignano, Italy, began to paint early in his life. His father encouraged him to study painting. Later, he worked as an assistant of Piero della Francesca in Urbino. Around 1480, he built several churches in a new style in Milan. He had a close relationship with Leonardo da Vinci, and they worked together in that city. Architecture became his main interest, but he did not give up painting. Bramante moved to Rome in 1499 and participated in Pope Julius II's plan for the renewal of Rome. He planned the new Basilica of St. Peter in Rome — one of the most ambitious building projects in the history of humankind. Bramante died on April 11, 1514 and was buried in Rome. His buildings influenced other architects for centuries.

① Piero della Francesca의 조수로 일했다.
② Milan에서 새로운 양식의 교회들을 건축했다.
③ 건축에 주된 관심을 갖게 되면서 그림 그리기를 포기했다.
④ Pope Julius II의 Rome 재개발 계획에 참여했다.
⑤ 그의 건축물들은 다른 건축가들에게 영향을 끼쳤다.

Words & Phrases in Use

- **assistant** 조수
- **architecture** 건축
- **give up** ~을 포기하다
- **participate in** ~에 참가하다
- **pope** 교황
- **renewal** 재개발
- **Basilica of St. Peter** 성 베드로 대성당
- **bury** 묻다, 매장하다
- **architect** 건축가

Solving Strategies

 Step 1 발문과 글의 첫 문장을 통해 글의 소재를 파악한다.

> Donato Bramante, born in Fermignano, Italy, began to paint early in his life.

▶ 이탈리아의 Fermignano에서 태어나서 어린 시절부터 그림을 그린 Donato Bramante에 관한 글이다.

 Step 2 선택지의 내용을 통해 글의 내용을 예측해 본다.

① Donato Bramante의 초기 경력
② Milan에서의 건축가로서의 업적
③ 건축과 그림 그리기의 두 가지 관심사
④ Pope Julius II의 Rome 재개발 계획에의 참여
⑤ 건축가로서의 영향력

 Step 3 글의 내용과 선택지가 일치하는지 확인한다.

① Later, he worked as an assistant of Piero della Francesca in Urbino. → 일치
② Around 1480, he built several churches in a new style in Milan. → 일치
③ Architecture became his main interest, but he did not give up painting. → 불일치(건축이 주요한 관심사가 되었지만, 그림 그리기를 포기하지 않음)
④ Bramante ~ participated in Pope Julius II's plan for the renewal of Rome. → 일치
⑤ His buildings influenced other architects for centuries. → 일치

···▶ 건축이 그의 주요한 관심사가 되었지만, 그는 그림 그리기를 포기하지 않았다고 했으므로, 글의 내용과 일치하지 않는 것은 ③이다.

01 Baird에 관한 다음 글의 내용과 일치하지 <u>않는</u> 것은? ● 9664-0039

Baird, who was born in Helensburgh, Scotland, studied electrical engineering at the Royal Technical College in Glasgow and then went to Glasgow University. His poor health prevented him from active service during World War I and from completing various business enterprises in the years following the war. After a breakdown in 1922 he retired to Hastings and engaged in amateur experiments on the transmission of pictures. Using primitive equipment he succeeded in transmitting an image over a distance of a couple of feet, and in 1926 he demonstrated his apparatus before a group of scientists. Recognition followed, and the next year he transmitted pictures by telephone wire between London and Glasgow. In the same year he set up the Baird Television Development Company. He continued to work on improvements and on 30 September 1929 gave the first experimental BBC broadcast.

* apparatus: 장치, 기구

① 왕립 기술 대학에서 전기 공학을 공부했다.
② 건강이 좋지 않아 현역 군복무를 하지 못했다.
③ Hastings로 가서 사진 전송에 대한 실험을 했다.
④ 자신이 사용한 장치를 과학자들에게 보여 주지 않았다.
⑤ 1929년 9월에 최초의 BBC 실험 방송을 했다.

Words & Phrases in Use

- electrical engineering 전기 공학
- active service 현역 복무
- breakdown (건강의) 쇠약
- transmission 전송
- transmit 전송하다
- experimental 실험의, 실험적인
- broadcast 방송; 방송하다
- royal 왕립의
- complete 끝마치다, 완수하다
- retire 물러나다
- primitive 원시적인
- demonstrate 보여 주다
- BBC(British Broadcasting Corporation) 영국 공영 방송국
- technical 기술의
- enterprise 계획, 기업, 사업
- engage in ~을 하다
- equipment 장비
- recognition 인정

02 Green Farm Tour Day에 관한 다음 안내문의 내용과 일치하지 <u>않는</u> 것은? ▶ 9664-0040

Green Farm Tour Day

Have you ever wondered where your food comes from and who produces it? Find out at our 4th annual Green Farm Tour Day.

Join us for this free, self-guided tour.
Saturday, October 19th 9 a.m. – 4 p.m.
Sunday, October 20th 10 a.m. – 4 p.m. (wineries open at noon on Sunday)

Here are a few tips to help make your day tour more enjoyable.
• Please supervise children and promote respect for property, plants, and animals while visiting the stops.
• Please leave your pets at home.
• Several locations will have products for sale, so don't forget your tote bag.

NOTICE: In order to protect animal health, if you have traveled from a foreign country within nine days prior to this event, please refrain from participating this year.

For more information, please contact us at gftd@greenfarm.org.

---

* refrain: 삼가다

① 올해로 4번째 열리는 행사이다.
② 무료이며 가이드가 동반하지 않는다.
③ 포도주 양조장은 일요일에는 정오에 개방한다.
④ 반려동물 동반이 가능하다.
⑤ 행사 전 9일 이내에 외국을 여행했다면 참여하지 않기를 권장한다.

Words & Phrases in Use

■ **self-guided** 가이드가 동반하지 않는   ■ **winery** 포도주 양조장   ■ **supervise** 감독하다
■ **property** 소유지   ■ **tote bag** (여성용) 대형 손가방

03 Springfield High School T—shirt Design Contest에 관한 다음 안내문의 내용과 일치하는 것은?

◐ 22662-0016

Springfield High School T-shirt Design Contest
July 18 – August 12, 2022

Do you want to see everyone in Springfield High School wearing your art?
You can! Show off your talent and submit your design.

Guidelines
- Every student currently enrolled in Springfield High School is welcome to submit their own original designs.
- Each design should have the school name, the school logo, or both.
- You can use up to 2 colors.
- There is no limit to the number of entries you can submit.
- The final design should be in ball pen, marker pen, crayons, or other coloring materials.

Only one design will be selected as the winner. The winning design will be used for school T-shirts next year.

The winner will receive a $100 gift certificate to the local bookstore.

For more information, visit the school website.

① 8월 한 달 동안 열린다.
② 색상은 한 가지만 사용할 수 있다.
③ 참가자당 한 점으로 출품작이 한정된다.
④ 우승 디자인은 내년 학교 티셔츠를 위해 사용될 것이다.
⑤ 우승자는 현금으로 100달러를 받게 될 것이다.

Words & Phrases in Use

- **show off** ~을 뽐내다
- **submit** 제출하다
- **enroll** 입학시키다, 등록하다
- **entry** 출품작
- **gift certificate** 상품권

04 Orange 공유 승용차 사용에 관한 다음 안내문의 내용과 일치하는 것은?　◐ 9664-0042

How to Use Orange Car Sharing Service

Touch the card reader on the kiosk with your Orange badge to activate the touch screen.
- The light on the available car's charging station will turn blue.
- Check the car to make sure there is no damage.

Unlock the car by waving your badge on the car's card reader.
- The reader is located on the window next to the driver's side view mirror.

Unplug the car.
- To open the charging door of the car, wave your credit card up to the charging station.
- Unplug the charging cable and hang it on the hook on the charging station.

Close your car's charging door.
- The car is now ready for use.
- The screen near the steering wheel shows the miles you can go before needing to be recharged.

charging station

* kiosk: 키오스크, 단말기

---

① 터치스크린을 활성화하려면 신용카드를 키오스크의 카드 판독기에 댄다.
② 사용 가능한 자동차의 충전 스테이션이 주황색으로 변한다.
③ Orange 배지 판독기는 자동차 핸들 중앙에 부착되어 있다.
④ 신용카드를 충전 스테이션의 홈에 넣으면 자동차 충전구가 열린다.
⑤ 핸들 근처의 스크린에 재충전이 필요하기 전까지 갈 수 있는 거리가 나타난다.

Words & Phrases in Use

- **activate** 활성화하다
- **available** 사용 가능한
- **charging station** 충전 스테이션, 전기 자동차가 배터리를 충전하는 장소[시설]
- **damage** 손상
- **unplug** 플러그를 뽑다
- **steering wheel** (자동차의) 핸들

09 어법 정확성 파악

⚪ 22662-0017

Gateway 다음 글의 밑줄 친 부분 중, 어법상 틀린 것은? [3점]

| 2022학년도 수능 29번 |

Like whole individuals, cells have a life span. During their life cycle (cell cycle), cell size, shape, and metabolic activities can change dramatically. A cell is "born" as a twin when its mother cell divides, ① producing two daughter cells. Each daughter cell is smaller than the mother cell, and except for unusual cases, each grows until it becomes as large as the mother cell ② was. During this time, the cell absorbs water, sugars, amino acids, and other nutrients and assembles them into new, living protoplasm. After the cell has grown to the proper size, its metabolism shifts as it either prepares to divide or matures and ③ differentiates into a specialized cell. Both growth and development require a complex and dynamic set of interactions involving all cell parts. ④ What cell metabolism and structure should be complex would not be surprising, but actually, they are rather simple and logical. Even the most complex cell has only a small number of parts, each ⑤ responsible for a distinct, well-defined aspect of cell life.

* metabolic: 물질대사의 ** protoplasm: 원형질

Words & Phrases in Use

- cell 세포
- amino acid 아미노산
- proper 적절한
- specialized 특화된
- distinct 뚜렷한

- life span 수명
- nutrient 영양소
- mature 성숙하다
- interaction 상호 작용
- well-defined 명확한

- absorb 흡수하다
- assemble ~ into... ~을 …로 조합하다
- differentiate 분화하다
- logical 논리적인

Solving Strategies

Step 1 글의 전반적인 내용을 개략적으로 파악한다.

글의 내용 ▶ 생명 주기 동안 세포가 성장하고 발달하는 과정을 설명하는 글로, 이는 역동적인 상호 작용을 필요로 하며, 세포의 물질대사와 구조는 매우 간단하고 논리적이라는 내용의 글이다.

Step 2 밑줄 친 부분이 포함된 문장의 구조를 파악하여 어법상 맞는지 판단한다.

① A cell is "born" as a twin when its mother cell divides, [<u>producing</u> two daughter cells].

[ ]로 표시된 부분은 앞선 절이 기술하는 내용의 결과로 일어나는 상황을 나타내는 분사구문인데, 이것의 의미상의 주어인 its mother cell이 생성하는(produce) 행위의 주체이므로 현재분사가 유도함 → 어법상 맞음

② ~ each grows until it becomes as large as the mother cell <u>was</u>.

문맥상 as the mother cell was large가 와야 하는데, 이미 앞에서 언급된 large의 반복을 피하기 위해 이를 생략함 → 어법상 맞음

③ ~ its metabolism shifts as it either prepares to divide or matures and <u>differentiates</u> into a specialized cell.

「either A or B」의 구조에서 동사구 prepares to divide와 matures and differentiates into a specialized cell이 대등하게 연결되어 있는데, 동사구의 공통주어가 it이므로 이에 일치하는 형태를 보임 → 어법상 맞음

④ [<u>What</u> cell metabolism and structure should be complex] would not be surprising, ~.

[ ]로 표시된 부분은 문장의 주어 역할을 해야 하는데 이를 이끄는 What의 뒷부분이 절의 모든 중요 구성 요소를 지니고 있으므로 What을 쓸 수 없음 → **Step 3**

⑤ ~ has only a small number of parts, [each <u>responsible</u> for a distinct, well-defined aspect of cell life].

[ ]로 표시된 부분은 a small number of parts와 관련하여 부수적인 상태를 기술하는 분사구문 each being responsible ~에서 being이 생략된 것으로 볼 수 있음 → 어법상 맞음

Step 3 어법상 틀린 것으로 보이는 ④를 어법상 맞는 것으로 고쳐 본다.

④ [<u>What</u> cell metabolism and structure should be complex] would not be surprising, ~.

[ ]로 표시된 부분은 문장의 주어 역할을 하는 명사절이어야 한다. 그런데 What의 뒷부분이 절의 모든 중요 구성 요소를 지니고 있으므로 선행사를 포함하는 관계대명사 What은 적절하지 않다.

┈▶ 따라서 What을 명사절을 이끄는 접속사 That으로 바꾸어 써야 한다.

01 (A), (B), (C)의 각 네모 안에서 어법에 맞는 표현으로 가장 적절한 것은?   ● 9664-0044

Unfortunately, setting only big goals can feel (A) | overwhelmed / overwhelming | because they often take a lot more time and energy than smaller goals. So break down large goals into smaller, more digestible and manageable chunks. As you achieve each smaller goal, you'll feel inspired and motivated to continue with (B) | what / which | is left to ultimately achieve the larger overall goal. Each smaller success will bring you a great sense of accomplishment and tremendous happiness. Maybe you want to spend more time with friends. Maybe you want to increase the time you spend on a favorite hobby. Or maybe you want to increase your time meditating or practicing yoga. All of these, although seemingly small, are valid and worthy goals. Sometimes smaller things in life (C) | bring / brings | us the greatest joy!

	(A)		(B)		(C)
①	overwhelmed	·····	what	·····	bring
②	overwhelmed	·····	which	·····	brings
③	overwhelming	·····	what	·····	bring
④	overwhelming	·····	what	·····	brings
⑤	overwhelming	·····	which	·····	bring

Words & Phrases in Use

- overwhelming 압도적인
- overall 전체적인
- seemingly 겉보기에
- inspired 영감을 받은
- tremendous 엄청난
- valid 타당한
- ultimately 궁극적으로
- meditate 명상하다

02 다음 글의 밑줄 친 부분 중, 어법상 틀린 것은?

9664-0045

Dramatic play provides a risk-free stage ①<u>where</u> children can explore and experiment with ideas, test and evaluate their skills, and add to and change the environment in their own ways. In role-play, children act as if they are someone else, imagining and weighing possibilities. This helps them ②<u>analyze</u> situations from different perspectives. Pretending to be someone else, with all the gestures, actions, and language that involves, gives children practice thinking divergently as they consider different things they can pretend to do. After they have decided what and how to play, their attention shifts to ③<u>staging</u> the play they have planned. Their thinking becomes more convergent. Creativity and innovation rely ④<u>heavily</u> on divergent thinking, but to accomplish goals, convergent thinking is also necessary. It's no wonder that research shows that young children who spend a good deal of time role-playing ⑤<u>has</u> high scores on measures of creativity.

* divergent: 발산하는, 갈라지는   ** convergent: 수렴하는, 한 점에 모이는

03 다음 글의 밑줄 친 부분 중, 어법상 틀린 것은?

○ 22662-0018

Many extreme environments not only require focus but also provide the conditions that foster ①it, such as solitude and freedom from mundane distractions. The natural environments ②in which most extreme activities occur may also play a role in helping people focus attention. Research suggests that viewing natural scenes ③helps us to recover from the mental fatigue caused by long periods of concentration. In one experiment, people carried out mundane tasks ④required sustained attention until they became mentally fatigued and their performance declined. They then viewed pictures for less than 10 minutes before returning to the tasks. Participants who viewed pictures of natural landscapes, such as orchards, rivers, and mountains, were ⑤significantly more accurate in their second set of tasks, compared to people who had viewed urban landscapes or geometric shapes. These and other results suggest that simply looking at natural landscapes can reinforce our capacity to focus.

* mundane: 일상적인

Words & Phrases in Use

- **extreme** 극한의
- **distraction** 산만함
- **concentration** 집중
- **performance** 수행
- **significantly** 상당히
- **geometric** 기하학적인

- **foster** 촉진하다
- **mental** 정신적인
- **carry out** ~을 수행하다
- **landscape** 풍경
- **accurate** 정확한
- **reinforce** 강화하다

- **solitude** 고독
- **fatigue** 피로; 피로하게 하다
- **sustained** 지속된
- **orchard** 과수원
- **urban** 도시의
- **capacity** 능력

04 다음 글의 밑줄 친 부분 중, 어법상 틀린 것은?

◑ 9664-0047

Not only ①do we tell stories to remember them. The opposite side of the coin is also true. We fail to create stories in order to forget them. When something unpleasant happens to us, we often say, "I'd rather not talk about it," because ②not talking about it makes it easier to forget. Once you tell what happened to you, you will be less able to forget the parts of the story that you told. In some sense, telling a story makes it ③happen again. If the story is not created in the first place, however, it will only exist in its original form, for example, in a form distributed among the mental structures used in the initial processing. Thus, in the sense ④that it can be reconstructed, the experience remains. When the experience was a bad one, that sense of being in memory can have ⑤annoyed psychological consequences.

Words & Phrases in Use

- in the first place 애당초
- distributed 분포된
- initial 초기의
- processing 처리
- consequence 결과

10 어휘 적절성 파악

● 22662-0019

Gateway 다음 글의 밑줄 친 부분 중, 문맥상 낱말의 쓰임이 적절하지 <u>않은</u> 것은? | 2022학년도 6월 모의평가 30번 |

Sport can trigger an emotional response in its consumers of the kind rarely brought forth by other products. Imagine bank customers buying memorabilia to show loyalty to their bank, or consumers ① <u>identifying</u> so strongly with their car insurance company that they get a tattoo with its logo. We know that some sport followers are so ② <u>passionate</u> about players, teams and the sport itself that their interest borders on obsession. This addiction provides the emotional glue that binds fans to teams, and maintains loyalty even in the face of on-field ③ <u>failure</u>. While most managers can only dream of having customers that are as passionate about their products as sport fans, the emotion triggered by sport can also have a negative impact. Sport's emotional intensity can mean that organisations have strong attachments to the past through nostalgia and club tradition. As a result, they may ④ <u>increase</u> efficiency, productivity and the need to respond quickly to changing market conditions. For example, a proposal to change club colours in order to project a more attractive image may be ⑤ <u>defeated</u> because it breaks a link with tradition.

* memorabilia: 기념품 ** obsession: 집착

Words & Phrases in Use

- **trigger** 촉발시키다
- **loyalty** 충성(심)
- **border on** ~에 아주 가깝다
- **glue** 접착제
- **intensity** 강렬함, 강도
- **project** 투사하다

- **emotional** 정서적인
- **identify with** ~과 동질감을 갖다
- **addiction** 중독
- **bind** 묶다
- **attachment** 애착(물)
- **productivity** 생산성
- **break a link with** ~과의 관계를 끊다

- **bring forth** ~을 일으키다[낳다]
- **tattoo** 문신
- **provide** 제공하다
- **maintain** 유지하다
- **nostalgia** 향수
- **proposal** 제안

Solving Strategies

Step 1 전반적인 글의 주제와 흐름을 파악한다.

전반적인 글의 흐름 ▶ 스포츠는 팬에게 강렬한 정서적 반응을 촉발시켜 강한 충성심을 가지게 하는 반면에, 그로 인해 조직이 과거에 대한 애착을 가지게 되어 변화에 신속하게 대응하지 못할 수도 있다는 내용의 글이다.

Step 2 문맥상 적절하지 않은 낱말을 찾는다.

① ~ consumers <u>identifying</u> so strongly with their car insurance company that they get a tattoo with its logo.
스포츠가 일으키는 정서적 반응이 독특하다는 것을 확인하기 위해 고객이 그들 자동차 보험 회사에 대해 매우 강하게 동질감을 가져서(identifying) 회사 로고로 문신을 하는 것을 상상해 보라는 내용이다. → 문맥상 적절함

② ~ some sport followers are so <u>passionate</u> about players, teams and the sport itself that their interest borders on obsession.
일부 스포츠 추종자들이 선수, 팀, 그리고 그 스포츠 자체에 매우 열정적이어서(passionate) 그들의 관심이 집착에 아주 가깝다는 내용이다. → 문맥상 적절함

③ This addiction provides the emotional glue that binds fans to teams, and maintains loyalty even in the face of on-field <u>failure</u>.
이런 중독이 팬을 팀에 묶어주는 정서적 접착제를 제공하고, 경기장에서 일어나는 실패(failure)에도 불구하고 충성심을 유지하게 한다는 내용이다. → 문맥상 적절함

④ As a result, they may <u>increase</u> efficiency, productivity and the need to respond quickly to changing market conditions.
과거에 대한 강한 애착의 결과로 조직이 효율성, 생산성 및 변화하는 시장 상황에 신속하게 대응해야 할 필요성을 늘린다(increase)는 내용이다. → 문맥상 어색함

⑤ ~ a proposal to change club colours in order to project a more attractive image may be <u>defeated</u> because it breaks a link with tradition.
조직이 클럽 전통을 통해 과거에 대한 강한 애착을 가지는 상황에서 클럽 색깔을 바꾸자는 제안은 그것이 전통과의 관계를 끊기 때문에 무산될(defeated) 수도 있다는 내용이다. → 문맥상 적절함

Step 3 문맥상 어울리는 낱말로 바꾸어 확인한다.

조직이 향수와 클럽 전통을 통해 과거에 대한 강한 애착을 가지고 있으면 효율성, 생산성 및 변화하는 시장 상황에 신속하게 대응해야 할 필요성을 무시할 것이다.

···▶ 따라서 ④의 increase를 ignore와 같은 낱말로 바꾸어 써야 한다.

01 (A), (B), (C)의 각 네모 안에서 문맥에 맞는 낱말로 가장 적절한 것은?   ● 9664-0049

    I have known several negotiators guilty of hubris. They often dig their own graves because once they have made a take-it-or-leave-it offer, they can't (A) dismiss / tolerate the thought of losing face by returning to the table. You may argue that it's important to display toughness and resolve to the other side. However, earning a reputation for being tough doesn't serve you well at the negotiation table. Indeed, a reputation as a tough negotiator leads to a number of highly (B) desirable / undesirable outcomes — for example, counterparties will treat you with greater suspicion and act much tougher than they normally would. In an investigation of how bargaining reputation affects how others treat you, Cathy Tinsley found that "tough guys finish last," meaning that people negotiate more (C) aggressively / generously with those who have a reputation for toughness.

* hubris: 자만

	(A)		(B)		(C)
①	dismiss	……	undesirable	……	aggressively
②	dismiss	……	desirable	……	aggressively
③	tolerate	……	undesirable	……	aggressively
④	tolerate	……	desirable	……	generously
⑤	tolerate	……	undesirable	……	generously

Words & Phrases in Use

- **negotiator** 협상가
- **grave** 무덤
- **resolve** 결의, 결심
- **outcome** 결과, 성과
- **investigation** 연구, 조사

- **guilty of** ~의 결점이 있는
- **take-it-or-leave-it** 교섭의 여지가 없는
- **reputation** 평판, 명성
- **counterparty** 상대방, 상대편
- **bargaining** 교섭

- **dig** 파다
- **tolerate** 용인하다, 너그럽게 보아주다
- **serve** 도움이 되다
- **suspicion** 의심

02 다음 글의 밑줄 친 부분 중, 문맥상 낱말의 쓰임이 적절하지 <u>않은</u> 것은?

▶ 22662-0020

Some individuals with high levels of trait anxiety may turn to extreme activities as a way of managing their anxiety. It seems that they ① <u>avoid</u> the problems and anxieties of everyday life by throwing themselves into an absorbing activity, such as an extreme sport, in which they are more likely to succeed. Evidence in ② <u>denial</u> of this idea came from a study comparing mountaineers with practitioners of judo (considered a low-risk sport). The results showed that mountaineers with high levels of general anxiety experienced significantly ③ <u>lower</u> levels of general anxiety once they had completed their climb. Paradoxically, the high-risk activity of climbing appeared to have a calming effect on these naturally anxious individuals. No such effect was ④ <u>observed</u> in the judo comparison group. The researchers suggested that the intense focus required for climbing ⑤ <u>served</u> to divert the climbers' attention away from their chronic anxieties on to an external and objectively threatening situation that they felt able to control.

* chronic: 만성적인

Words & Phrases in Use

■ **trait anxiety** 특성 불안 (개인의 성격적 특성이 될 수 있는, 막연하지만 지속적으로 느끼는 불안)

■ **absorbing** 무척 재미있는　　■ **be likely to** *do* ~할 가능성이 있다　　■ **paradoxically** 역설적이게도

■ **calming** 진정하는　　■ **observe** 관찰하다　　■ **comparison** 비교

■ **intense** 강렬한　　■ **divert** 돌리다　　■ **external** 외부적인

■ **objectively** 객관적으로

03 다음 글의 밑줄 친 부분 중, 문맥상 낱말의 쓰임이 적절하지 <u>않은</u> 것은?

○ 9664-0051

We have seen many examples of primate societies in which other community members lend parents a hand with childcare. In many preindustrial societies, parents ①receive even more help when they have too many children to raise. Foster care of young, or temporary adoption, is a common solution for families in preindustrial societies who have too many children. Fostering differs from adoption in that the bond between biological parents and children is not ②terminated. The child goes to its foster parents after weaning, but can return to its biological parents at any time if the arrangement doesn't work out. Biological parents ③continue to interact with children they have fostered out and remain concerned about them, but allow another family to raise them. In this way, children do not lose their biological parents *and* are raised by individuals who are ④better able to care for them. Permanent adoption, with a complete separation of the parent-child bond, is ⑤common in these societies.

* primate: 영장류 ** weaning: 젖떼기

Words & Phrases in Use

- **preindustrial** 산업화 이전의
- **adoption** 입양
- **arrangement** 합의, 협정
- **separation** 분리
- **foster care** 위탁 돌봄
- **bond** 유대 (관계)
- **work out** (일이) 잘 풀리다[좋게 진행되다]
- **temporary** 일시적인
- **terminate** 종결하다, 끝내다
- **permanent** 영구적인

04 다음 글의 밑줄 친 부분 중, 문맥상 낱말의 쓰임이 적절하지 <u>않은</u> 것은?

○ 9664-0052

One of the persistent myths of mainstream society is that the knowledge we study in schools is factual and neutral. Yet we know that knowledge evolves over time and is ①<u>dependent</u> on the moment in history and the cultural reference point of the society that accepts it. Thinking critically involves ②<u>more</u> than just acquiring new information in order to determine which facts are true and which false. It also involves determining the social, historical, and political meaning given to those facts. This determination includes ③<u>assessing</u> the investment various groups may have in furthering or challenging those meanings in any particular historical moment. For example, there was a time when it was not widely understood that the Earth is round. Common sense might tell us that it is flat, and anyone looking out over a vast landscape would have this sense ④<u>rejected</u>. Yet when scientific reasoning and more accurate technological methods for measuring the Earth emerged, the knowledge or "fact" that the Earth is flat was ⑤<u>rewritten</u>.

Words & Phrases in Use

- **persistent** 끊임없이 지속되는, 끈질긴
- **factual** 사실에 기반을 둔, 사실을 담은
- **reference point** (판단 · 비교용) 기준
- **investment** 투자
- **reasoning** 추론, 추리

- **myth** 근거 없는 믿음, 신화
- **neutral** 중립적인
- **determination** 알아냄, 확인, 결정
- **further** 발전[성공]시키다
- **emerge** 나오다, 알려지다

- **mainstream** 주류의, 정통파의
- **evolve** 진화하다, 발달하다
- **assess** 평가[사정]하다
- **landscape** 풍경

11 빈칸 내용 추론

● 22662-0021

Gateway 다음 빈칸에 들어갈 말로 가장 적절한 것은?

| 2022학년도 3월 학력평가 32번 |

Jeffrey A. Rodgers, a vice president of a big company, was once taught the simple idea of pausing to refresh. It began when Jeff realized that as he drove home from work each evening his mind was still focused on work-related projects. We all know this feeling. We may have left the office physically, but we are very much still there mentally, as our minds get caught in the endless loop of replaying the events of today and worrying about all the things we need to get done the following day. So now, as he gets to the door of his house, he applies what he calls "the pause that refreshes." He stops for just a moment. He closes his eyes. He breathes in and out once: deeply and slowly. As he exhales, he _____. This allows him to walk through the front door to his family with more singleness of purpose. It supports the sentiment attributed to Lao Tzu: "In work, do what you enjoy. In family life, be completely present."

* loop: 루프(반복 실행되는 일련의 명령)

① lets the work issues fall away
② makes plans for tomorrow's work
③ retraces the projects not completed yet
④ feels emotionally and physically exhausted
⑤ reflects on the achievements he made that day

Words & Phrases in Use

- **pause** 멈추다
- **physically** 육체적으로
- **apply** 적용하다
- **singleness of purpose** 한 가지 목적에만 몰두함
- **attribute ~ to...** ~을 …의 것으로 여기다, 덕분으로 여기다

- **refresh** 원기를 회복하다
- **mentally** 정신적으로
- **exhale** (숨을) 내쉬다

- **realize** 깨닫다
- **get caught in** ~에 사로잡히다

- **sentiment** 정서, 감정
- **fall away** 서서히 사라지다

Solving Strategies

 Step 1 도입부를 통해 글의 소재를 파악한다.

> Jeffrey A. Rodgers, a vice president of a big company, was once taught the simple idea of pausing to refresh.

글의 소재 ▶ 원기 회복을 위해 잠시 멈추기

 Step 2 전개 부분을 통해 글의 중심 내용을 찾는다.

- 대기업의 부사장인 Jeffery A. Rodgers의 일화
  - 직장을 떠나 집으로 가던 중에도 정신적으로는 업무 관련 프로젝트에 마음이 집중되어 있음(It began when ~ still focused on work-related projects.)
  - 그래서 '원기를 회복하게 하는 멈춤'을 적용하여 잠깐 멈춘 후 눈을 감고 심호흡을 함(So now, as he gets to the door of his house, ~ He breathes in and out once: deeply and slowly.)
  - 그렇게 하면 한 가지 목표에만 집중하면서 가족에게 갈 수 있음(This allows him to walk through the front door to his family with more singleness of purpose.)
- 노자가 한 말
  - 직장에서는 자신이 즐기는 것을 하고 가정생활에서는 온전히 참여하라("In work, do what you enjoy. In family life, be completely present.")

글의 중심 내용 ▶ '원기를 회복하게 하는 멈춤'을 적용하면 가정에서는 업무에 대한 생각을 지우고 가정생활에 온전히 충실할 수 있다.

 Step 3 글의 흐름과 중심 내용을 생각하며 빈칸 내용을 추론한다.

직장 근무 후 집으로 들어가기 직전 잠깐 멈추어 눈을 감고 심호흡을 함으로써 일과 관련된 문제를 서서히 사라지게 하면 정신적으로 업무에 매어 있지 않게 되고, 가정생활에 충실하고자 하는 한 가지 목표에 몰두할 수 있다.

② 내일의 일을 위한 계획을 세운다
③ 아직 완료되지 않은 프로젝트를 되짚어 간다
④ 감정적으로 그리고 육체적으로 기진맥진해 한다
⑤ 그날 자신이 이룬 성취를 되돌아본다

01 다음 빈칸에 들어갈 말로 가장 적절한 것은?

● 9664-0059

Gestures and speech used similar neural circuits as they developed in our evolutionary history. University of Chicago psycholinguist David McNeill was the first to suggest this. He thought nonverbal and verbal skills might retain their strong ties even though they've diverged into separate behavioral spheres. He was right. Studies confirmed it with a puzzling finding: People who could no longer move their limbs after a brain injury also increasingly lost their ability to communicate verbally. Studies of babies showed the same direct association. We now know that infants do not gain a more sophisticated _____ until their fine-motor finger control improves. That's a remarkable finding. Gestures are "windows into thought processes," McNeill says.

* diverge: 갈라지다

① skill　　　　　　② sense　　　　　　③ knowledge
④ vocabulary　　　⑤ perspective

Words & Phrases in Use

- **speech** 언어, 말
- **psycholinguist** 심리 언어학자
- **tie** 유대감
- **confirm** 확인하다
- **limb** 사지
- **association** 연관성
- **remarkable** 놀랄 만한

- **neural circuit** 신경회로
- **nonverbal** 비언어적인
- **separate** 서로 다른, 별개의
- **puzzling** 당황스럽게 하는
- **increasingly** 점점 더
- **sophisticated** 정교한, 복잡한

- **evolutionary** 진화의, 진화적인
- **retain** 유지하다, 보유하다
- **sphere** 영역
- **finding** 연구 결과, 조사 결과
- **verbally** 구두로
- **fine-motor** 미세한 운동

02 다음 빈칸에 들어갈 말로 가장 적절한 것은?

⊙ 9664-0060

Believe it or not, your child craves limits. She truly needs a flexible sense of order and will grow anxious without it. Think of limits as an expanding corral. Limits provide a physical environment in which your child can feel safe and can learn. As she grows more capable, the boundaries will expand. She begins in the womb, expands to a bassinet, and then to her bed. You may feel your three-year-old is too young for an overnight visit to a playmate's home. By the time she is five or six you may occasionally consider it, and by the time she's ten you may be ready to say yes to a pajama party. Your child's readiness determines how the boundaries expand. Your child does not want control or dominance but a _____ that encourages her to think, to make choices, and to take chances.

* corral: 울타리 ** bassinet: 요람, 아기 침대

① word
② friend
③ stimulus
④ structure
⑤ discipline

Words & Phrases in Use

- **crave** 간절히 바라다, 갈망하다
- **expand** 확장되다, 확대되다
- **womb** 자궁
- **dominance** 지배, 권세

- **flexible** 융통성 있는
- **capable** 유능한, ~을 할 수 있는
- **pajama party** 파자마 파티(10대 소녀들이 친구 집에 모여 밤새워 노는 모임)
- **encourage** 격려하다, 부추기다

- **think of ~ as ...** ~를 …로 생각하다[여기다]
- **boundary** 경계선
- **take chances** 도전하다

03 다음 빈칸에 들어갈 말로 가장 적절한 것은?

○ 9664-0061

Once a staple crop is established, we have what economists call a "lock-in." A pattern continues because it is cheap to replicate and would be expensive, both financially and psychologically, to change. The whole of north European agriculture is based around a highly complex but very efficient system of wheat and small-grain production. From the plow types to the bakeries and pasta factories, everything is set up to deal with wheat. So, although the potato came early and proved far more productive and well adapted than wheat, wheat remains the staple food — except in areas too poor and marginal to afford it. The iron hand of economics forced the impoverished Irish and Poles to live on potatoes in the old days, but they yearned for bread — and now they can afford bread, and are eating fewer potatoes. Potatoes added themselves to the system, but _____.

* replicate: 반복하다　** marginal: 수익이 안 나는

① caused disputes
② did not destroy it
③ avoided competition
④ could not maintain it
⑤ were eaten only by farmers

Words & Phrases in Use

- staple 주요한
- lock-in 고정화
- agriculture 농업
- wheat 밀
- adapt 적응시키다
- the Irish 아일랜드 사람들
- dispute 분쟁

- crop 작물
- financially 재정적으로
- complex 복잡한
- small-grain 알갱이가 작은 곡물의
- iron hand 엄격한 통제
- Pole 폴란드 사람
- extend 확대하다

- establish 자리를 잡게 하다, 확립하다
- psychologically 심리적으로
- efficient 효율적인
- productive 생산적인
- impoverished 가난한
- yearn 갈망하다

04 다음 빈칸에 들어갈 말로 가장 적절한 것은? ▶ 22662-0022

Lee D. Ross and his colleagues carried out interesting experiments. Contrary to the assumption that it is the nature of human beings to grab as many resources as possible, these experiments show that people are willing to share resources equally. However, those who have more tend to justify this inequality. Human beings want a fair world; however, fairness in the future is judged differently from fairness in the past. We define fairness as equal sharing as long as the sharing lies in the future; when we have accumulated more than others, we tend to _____. *Loss aversion*, the tendency of people to dislike losses significantly more than they like gains, plays into these psychological preferences—we don't mind sharing equally in the future, but we do not like to lose what we have. These psychological phenomena strengthen conservative stances, leading people to evaluate those who want another distribution of resources as aggressors.

① share what we have
② believe we deserve it
③ have more trust in others
④ care less about what we have
⑤ be more optimistic about the future

Words & Phrases in Use

- colleague 동료
- assumption 가정
- resource 자원
- lie in ~에 존재하다[있다]
- gain 이득
- phenomenon 현상 (*pl.* phenomena)
- stance 입장

- carry out ~을 수행하다
- nature 본성
- be willing to *do* 기꺼이 ~하다
- accumulate 축적하다
- psychological 심리적인
- evaluate 평가하다

- contrary to ~과 반대로
- grab 움켜잡다
- fair 공정한
- loss aversion 손실 회피
- preference 선호
- conservative 보수적인
- aggressor 공격자

05 다음 빈칸에 들어갈 말로 가장 적절한 것은?

9664-0063

The idea of starting at the bottom and working one's way up may appear sound, but the major objection to it is this—too many of those who begin at the bottom never manage to lift their heads high enough to be seen by *opportunity*, so they remain at the bottom. It should be remembered, also, that the outlook from the bottom is not so very bright or encouraging. It has a tendency to kill off ambition. We call it 'getting into a rut', which means we accept our fate because we form the *habit* of daily routine, a habit that finally becomes so strong we cease to try to throw it off. And that is another reason why it pays to _____. By so doing one forms the *habit* of looking around, of observing how others get ahead, of seeing *opportunity*, and of embracing it without hesitation.

* get into a rut: 틀에 박히다

① accept your friends as they are
② restore balance between work and life
③ believe in your heart without doubting
④ start one or two steps above the bottom
⑤ be flexible when it comes to setting work hours

Words & Phrases in Use

- **work one's way up** 출세하다, 승진하다
- **outlook** 전망, 조망
- **routine** 일상, 판에 박힌 일
- **get ahead** 성공하다, 앞서 나가다
- **sound** 타당한, 믿을 만한
- **kill off** ~을 제거하다, ~을 없애다
- **cease** 그만두다
- **embrace** 붙잡다, 껴안다
- **lift** (눈·고개 따위를) 들다
- **fate** 운명
- **pay** 득이 되다, 수지가 맞다
- **hesitation** 망설임, 주저

06 다음 빈칸에 들어갈 말로 가장 적절한 것은?

⊙ 9664-0064

Hobbes held that if we knew in advance the worst that war could do to us, that knowledge would be an effective preventative measure. He was writing specifically about civil war, as opposed to international war, because he felt that _____. Consider the constructive relations the United States developed with Germany and Japan, beginning immediately after the terrible events of World War II. Then compare that with the overheated emotional reaction you are still bound to get by bringing up the Civil War just about anywhere in the American South. The War between the States is still being fought at home on many levels, almost a century and a half later, while our foreign enemies of fifty years ago are now our friends. Similarly, family feuds are more bitter and lasting than neighborly disputes.

＊feud: 싸움, 불화

① once breaking out, wars are hard to control
② a world war can start with a domestic feud
③ closeness gives a greater potential to wound
④ we have an innate hostility toward strangers
⑤ conflicts are easy to trigger, but hard to settle

Words & Phrases in Use

- **hold** 여기다, 주장하다, 생각하다
- **in advance** 미리
- **preventative measure** 예방책
- **specifically** 확실하게 한정하여, 특정적으로
- **civil war** 내전
- **as opposed to** ~이 아니라, ~와는 대조적으로
- **constructive** 건설적인
- **relation** 관계
- **immediately** 즉시
- **overheated** 격앙된, 지나친, 과열된
- **emotional** 감정적인
- **reaction** 반응
- **be bound to** 틀림없이 ~할 것이다(= be sure to)
- **bring up** (화제를) 꺼내다
- **bitter** 격렬한
- **lasting** 오래가는
- **neighborly** 이웃 간의
- **dispute** 분쟁

▶ 22662-0023

Gateway 다음 글에서 전체 흐름과 관계 <u>없는</u> 문장은?

| 2022학년도 9월 모의평가 35번 |

A variety of theoretical perspectives provide insight into immigration. Economics, which assumes that actors engage in utility maximization, represents one framework. ① From this perspective, it is assumed that individuals are rational actors, i.e., that they make migration decisions based on their assessment of the costs as well as benefits of remaining in a given area versus the costs and benefits of leaving. ② Benefits may include but are not limited to short-term and long-term monetary gains, safety, and greater freedom of cultural expression. ③ People with greater financial benefits tend to use their money to show off their social status by purchasing luxurious items. ④ Individual costs include but are not limited to the expense of travel, uncertainty of living in a foreign land, difficulty of adapting to a different language, uncertainty about a different culture, and the great concern about living in a new land. ⑤ Psychic costs associated with separation from family, friends, and the fear of the unknown also should be taken into account in cost-benefit assessments.

* psychic: 심적인

Words & Phrases in Use

- **theoretical** 이론적인
- **assume** 추정[상정]하다
- **maximization** 극대화
- **benefit** 편익, 이익
- **show off** ~을 과시하다
- **expense** 비용, 경비

- **perspective** 관점
- **engage in** ~에 참여하다
- **rational** 합리적인
- **versus** ~과 대비하여
- **status** 지위
- **take ~ into account** ~을 고려하다

- **immigration** 이주, 이민
- **utility** 효용
- **assessment** 평가
- **monetary** 금전적인
- **luxurious** 사치스러운

Solving Strategies

Step 1 반복적인 어구 또는 특정 개념과 관련된 어구를 통해 글의 요지를 파악한다.

> immigration, utility maximization, rational, assessment, costs, benefits

이주에 대한 통찰을 제공하는 여러 이론들 중, 행위자가 효용 극대화에 참여한다고 추정하는 경제학 이론의 틀에 대해 설명하고 있다. 즉, 개인이 이주 결정을 내릴 때 경제학적 관점에서 비용과 편익에 대해 평가한다는 것이다.

글의 요지 ▶ 이주 결정은 떠나는 것과 남는 것의 비용 및 편익에 대한 평가를 통해 내려진다.

Step 2 글의 요지와의 연관성을 고려하면서 흐름에서 벗어난 문장을 찾는다.

① 개인은 합리적인 행위자로, 떠나는 것과 남는 것의 비용과 편익에 대한 평가에 기반하여 이주 결정을 내린다는 내용이므로 요지와 연관이 있다. (○)
② 편익 평가에 포함되는 요소들을 설명하므로 요지와 연관이 있다. (○)
③ 사치품 구입을 통해 사회적 지위를 과시한다는 내용이므로 글의 요지와 연관이 없다. (×)
④ 비용 평가에 포함되는 요소들을 설명하므로 요지와 연관이 있다. (○)
⑤ 비용 및 편익 평가에 포함되어야 하는 심적 비용에 관해 기술하므로 요지와 연관이 있다. (○)

Step 3 글의 전개 방식을 환기하면서 글의 요지와 연관이 없는 선택지의 부적절함을 확인한다.

도입부+요지	떠나는 것과 남는 것의 비용 및 편익에 대한 평가를 통한 이주 결정

⬇

전개	경제학적 관점에서 합리적인 행위자는 이주 비용과 편익을 대조하여 평가한 뒤 결정

⬇

예시 1	편익 평가에 포함되는 요소들
예시 2	비용 평가에 포함되는 요소들

⬇

부연	비용 평가에 추가적으로 고려되어야 하는 요소인 심적 비용

┈┈▶ 따라서 글의 전체 흐름과 관계가 없는 문장은 ③이다.

01 다음 글에서 전체 흐름과 관계 <u>없는</u> 문장은? ○ 22662-0024

Reading fiction, in particular, has been linked with increased empathy. ① Because we often experience emotions in response to the circumstances of fictional characters, it has been hypothesized that reading fiction allows us to mentally simulate, manipulate, and perhaps improve our social understanding of the emotional states of others in a way that translates into our own lives. ② In a related series of studies, Mar, Oatley, Hirsh, dela Paz, and Peterson have shown that adults who read a lot of fiction perform better on objective tests of empathy than non-readers. ③ Participation in adult basic literacy education programs has been connected with a host of benefits in the political sphere. ④ In fact, this finding of increased empathy could not be attributed to simply reading a lot, because adults who are frequent readers of informational text do not display the same benefits. ⑤ High informational text readers may actually perform worse relative to non-readers!

Words & Phrases in Use

- **fiction** 소설
- **empathy** 공감
- **circumstance** 상황
- **hypothesize** ~로 가정하다
- **mentally** 정신적으로
- **manipulate** 조작하다
- **state** 상태
- **translate into** ~로 전환되다[바뀌다]
- **objective** 객관적인
- **literacy** 문해(文解), 글을 읽고 쓰는 능력
- **a host of** 수많은
- **sphere** 영역
- **attribute** 귀속시키다, 어떠한 것에 원인을 두다
- **frequent** 자주 ~하는

02 다음 글에서 전체 흐름과 관계 <u>없는</u> 문장은?

▶ 9664-0067

Food packaging is a visible form of the food supply's waste. Once the product is consumed, the packaging is left to be handled separately. Consumer packaging waste, however, is not the only source of packaging waste along the supply chain. ① Packaging waste comes from each stage in the supply chain including restaurants, retailers, distributors, and manufacturers. ② Not all of the waste is managed appropriately; for example, some of it has ended up clogging our oceans where plastic litter is floating around choking, trapping, and poisoning wildlife. ③ Used packaging may be recovered for recycling and reuse. ④ It is difficult to treat or recycle food waste since it contains high levels of salt and moisture. ⑤ This is a critical way to minimize the overall burden from food and beverage packaging and potentially serve as a resource for new packaging.

* clog: 막히게 하다   ** choke: 질식시키다

Words & Phrases in Use

- **packaging** 포장재, 포장
- **separately** 별도로, 따로따로
- **manufacturer** 제조사, 생산 회사
- **minimize** 최소화하다
- **beverage** 음료

- **visible** (눈에) 보이는, 뚜렷한
- **retailer** 소매점, 소매상
- **litter** 쓰레기
- **overall** 전체의, 종합적인
- **potentially** 어쩌면, 잠재적으로

- **handle** 처리하다, 다루다
- **distributor** 유통[배급]업자
- **critical** 대단히 중요한
- **burden** 부담, 짐

03 다음 글에서 전체 흐름과 관계 없는 문장은?

⊙ 9664-0068

Breadth of knowledge is what enables you to engage in meaningful small talk, and small talk, as O. Henry once said, is similar to putting "a few raisins into the tasteless dough of existence." ① In short, there's nothing small about small talk; it's a social lubricant that looms large in all human exchanges. ② Thus, being informed on a wide range of topics outside your area of expertise can be immensely helpful in building social bridges. ③ Social theory approaches emphasize the importance of understanding the social context for becoming an expert. ④ Research has shown that the more people feel they have in common, the better they like each other. ⑤ So by increasing your breadth of knowledge, you'll be able to project a favorable image more easily with more people.

* lubricant: 윤활유   ** loom large: 아주 중요하다

Words & Phrases in Use

- **breadth** 폭, 너비
- **small talk** 한담(특히 사교적인 자리에서 예의상 나누는 것)
- **tasteless** 맛이 없는
- **exchange** 대화, 얘기를 나눔
- **immensely** 엄청나게, 대단히
- **project** (특히 좋은 인상을 주도록) 보여 주다[나타내다]

- **engage in** ~에 참여하다
- **dough** 반죽
- **range** 범위
- **emphasize** 강조하다

- **raisin** 건포도
- **existence** 생활, 존재
- **expertise** 전문 지식[기술]
- **context** 상황, 환경
- **favorable** 호의적인

04 다음 글에서 전체 흐름과 관계 <u>없는</u> 문장은?

◎ 9664-0069

   Although people can agree on the need for conservation and strong anti-pollution efforts when costs are not considered, when costs are considered there is significantly less agreement. Let's consider some of these costs. They involve restrictions on individual actions, relocation of industry and jobs, new bureaucracy, and the development of expensive new technology. ①In assessing the issue of pollution, the costs as well as the benefits must be considered. ②Therefore, it is unlikely that we will decide to institute a "no pollution" policy; that would be impossible to implement. ③Policy analysis provides decision makers with important information on how policies work in practice and their effects on economic, environmental, social and other factors. ④And even approaching a standard of "little" pollution, for many, would be too expensive. ⑤Instead we are likely to choose an "optimal level" of pollution.

* bureaucracy: 관료 제도

Words & Phrases in Use

- conservation 보존, 보호
- assess 평가하다
- approach (양·수준 등이) 근접하다
- restriction 제한
- institute 시행하다, 도입하다
- standard 기준
- relocation 재배치
- implement 실행하다
- optimal 최적의

22662-0025

Gateway 주어진 글 다음에 이어질 글의 순서로 가장 적절한 것은?

| 2022학년도 수능 36번 |

According to the market response model, it is increasing prices that drive providers to search for new sources, innovators to substitute, consumers to conserve, and alternatives to emerge.

(A) Many examples of such "green taxes" exist. Facing landfill costs, labor expenses, and related costs in the provision of garbage disposal, for example, some cities have required households to dispose of all waste in special trash bags, purchased by consumers themselves, and often costing a dollar or more each.

(B) Taxing certain goods or services, and so increasing prices, should result in either decreased use of these resources or creative innovation of new sources or options. The money raised through the tax can be used directly by the government either to supply services or to search for alternatives.

(C) The results have been greatly increased recycling and more careful attention by consumers to packaging and waste. By internalizing the costs of trash to consumers, there has been an observed decrease in the flow of garbage from households.

① (A) – (C) – (B) ② (B) – (A) – (C) ③ (B) – (C) – (A)
④ (C) – (A) – (B) ⑤ (C) – (B) – (A)

Words & Phrases in Use

- **substitute** 대용[대체]하다
- **conserve** 아껴 쓰다, 보존하다
- **alternative** 대안
- **green tax** 환경세(환경을 오염시키거나 파괴하는 행위자에게 부과하는 세금)
- **landfill** 쓰레기 매립(지)
- **labor expense** 인건비
- **provision** 준비, 공급
- **garbage** 쓰레기
- **disposal** 처리
- **packaging** 포장
- **internalize** 자기 것으로 만들다, 내면화하다

Solving Strategies

Step 1 주어진 글을 통해 글의 소재와 핵심 어구를 파악하고 내용 전개 방향을 예측한다.

주어진 글 ▶ 가격 인상을 통해 공급자는 새로운 공급원을 찾고, 혁신가는 대용품을 찾고, 소비자는 아껴 쓰고, 대안이 생기게 된다고 했으므로 가격 인상으로 인한 구체적인 시장 반응을 예측할 수 있다.

Step 2 주어진 글로부터 전개되는 내용을 바탕으로 연결 어구와 지시어, 반복되는 어구 등을 활용하여 논리적 흐름을 파악한다.

→ (B) Taxing certain goods or services, and so **increasing prices**, should result in either decreased use of these resources or creative innovation of new sources or options.

  – 특정 재화나 서비스에 대한 과세로 가격이 인상되면 자원의 사용이 줄거나 새로운 공급원이나 선택사항을 창조적으로 혁신하게 된다는 내용으로 주어진 글의 increasing prices가 다시 한번 더 등장하고 있으므로 (B)는 주어진 글에 대한 부연 설명으로 볼 수 있고, 따라서 주어진 글 다음에 (B)가 오는 것이 적절하다.

→ (A) Many examples of **such "green taxes"** exist.

  – (B)에서 언급한 특정 재화나 서비스에 부과된 세금을 such "green taxes"로 표현하고 그 예를 제시하고 있으므로, (B) 뒤에는 (A)가 오는 것이 적절하다.

Step 3 마지막 부분을 연결하여, 글의 전체적인 흐름이 자연스럽고 완결성이 있는지 확인한다.

→ (C) **The results** have been greatly increased recycling and more careful attention by consumers to packaging and waste.

  – 일부 도시가 가정의 모든 폐기물을 각각 흔히 1달러 또는 그 이상씩 드는 특별 쓰레기봉투에 담아 소비자가 직접 처리하도록 요구해왔다는 (A)의 마지막 문장에 대한 결과를 The results ~로 제시하는 (C)가 글의 마지막에 오는 것이 적절하다.

···▶ 다른 순서도 가능한지 검토한 후, 정답을 최종적으로 결정한다.

01 주어진 글 다음에 이어질 글의 순서로 가장 적절한 것은?

○ 9664-0071

Scientists today are able to accurately date fossils, the rock-bound remains of organisms from past geologic ages.

(A) For example, the earliest known species of horse lived some 60 million years ago and, according to the fossil record, was shorter than 20 inches (50 centimeters) high at the shoulders. Successive rock layers yield fossils of increasingly larger horse species, culminating in the horses of today.

(B) As size changed, so did other aspects of the horses' anatomy: teeth became adapted to eating grass, the bones of the lower leg fused, and multiple toes evolved into a single toe surrounded by a hoof.

(C) When fossils are arranged along a timeline, scientists can see gradual changes from simple to more complex life forms. In some cases, evolution through various intermediate forms over millions of years can be detected and compared to the present state of an organism.

* culminate in: 드디어 ~이 되다   ** anatomy: 해부학적 구조   *** hoof: 발굽

① (A) – (C) – (B)
② (B) – (A) – (C)
③ (B) – (C) – (A)
④ (C) – (A) – (B)
⑤ (C) – (B) – (A)

Words & Phrases in Use

- **date** 연대를 추정하다
- **remains** 유해, 유물
- **successive** 연속하는, 연이은
- **adapt** 적응시키다
- **arrange** 배열하다
- **evolution** 진화(의 산물)

- **fossil** 화석
- **organism** 생물(체), 유기물
- **layer** 층
- **fuse** 하나로 합쳐지다, 결합하다
- **timeline** 연대표
- **intermediate** 중간의

- **rock-bound** 바위투성이의
- **geologic** 지질의
- **yield** 내다, 산출하다
- **multiple** 다수의
- **gradual** 점진적인
- **detect** 발견하다

02 주어진 글 다음에 이어질 글의 순서로 가장 적절한 것은?

○ 9664-0072

> Given the range of goals that can influence learning, it is not surprising that different models reflect different types and degrees of goal-based influence.

(A) Goal-driven learning, in contrast, is driven by explicit learning goals of the reasoner; those goals influence or even determine the content of what is learned. As the reasoner's goals change, so does the learning that results.

(B) Thus, in goal-relevant processing, the desired learning may occur as a side effect of normal task-related processing. For example, a reasoner may have an implicit orientation to maintain an accurate model of the world around it.

(C) Thagard and Millgram propose a broad distinction between learning which is explicitly *goal-driven* and that which is *goal-relevant*. Goal-relevant processing is not explicitly directed by the goals of the reasoner, but results in outcomes that are nevertheless useful with respect to those goals.

① (A) − (C) − (B)　　② (B) − (A) − (C)　　③ (B) − (C) − (A)

④ (C) − (A) − (B)　　⑤ (C) − (B) − (A)

Words & Phrases in Use

- range 범위
- goal-driven 목표 지향적
- reasoner 추론자
- goal-relevant 목표 관련적
- implicit 암시적인, 암시된
- distinction 구분

- influence 영향을 미치다
- in contrast 그에 반해서
- determine 결정하다
- processing 처리
- orientation (목표하는) 방향, 지향
- nevertheless 그럼에도 불구하고

- reflect 나타내다
- explicit 분명한, 명쾌한
- content 내용
- task-related 과업 관련적
- maintain 유지하다
- with respect to ~에 관하여

03 주어진 글 다음에 이어질 글의 순서로 가장 적절한 것은?

● 22662-0026

In the spring and summer of 1837, fresh from his voyage on HMS *Beagle*, Charles Darwin began the grand synthesis of his research that was to become his celebrated theory of evolution.

(A) The drawing was of an "irregularly branched" tree, intended to convey the genealogical history of plants and animals: a tree of life. As a metaphor it was brilliant, conveying the essential notion that life originated in the dim and distant past with a unique, spontaneous event.

(B) From this single common ancestor—the trunk of the tree—life diversified over time by successive branchings, with new species splitting away from old. The ends of the branches represent extinctions, like the dinosaurs and the dodo.

(C) In mid-July, Darwin's thoughts were still scattered, his mood one of confused feeling. In a notebook, amid many tentative doodles and wild notes, he made a simple sketch that was to capture at a stroke the conceptual sweep of the theory slowly forming in his mind.

* genealogical: 가계(家系)의

① (A) – (C) – (B)　　② (B) – (A) – (C)　　③ (B) – (C) – (A)
④ (C) – (A) – (B)　　⑤ (C) – (B) – (A)

Words & Phrases in Use

- **fresh from** ~을 막 마친, ~에서 갓 도착한[들어온]
- **HMS** 영국 군함 이름 앞에 붙이는 약어 표현(Her/His Majesty's Ship)
- **synthesis** 통합
- **irregularly** 불규칙하게
- **brilliant** 훌륭한
- **dim** 희미한
- **trunk** 줄기
- **species** 종
- **scattered** 정리되지 않은
- **doodle** 낙서

- **celebrated** 유명한
- **convey** 전달하다
- **notion** 개념
- **unique** 독특한
- **diversify** 다양해지다
- **split** 갈라지다
- **amid** ~ 속에
- **at a stroke** 일거에

- **voyage** 항해
- **grand** 거대한
- **evolution** 진화
- **metaphor** 비유, 은유
- **originate** 유래하다
- **spontaneous** 자연히 일어나는
- **successive** 연이은
- **extinction** 멸종
- **tentative** 시험 삼아 하는
- **sweep** 범위

04 주어진 글 다음에 이어질 글의 순서로 가장 적절한 것은?

▶ 9664-0074

Part I 유형편

 Health is a dynamic and complex state. It is a product of continuous interactions between an individual's genetic makeup, environmental conditions, and personal experiences.

(A) In contrast, a child who is born healthy, raised in a nurturing family, consumes a nutritious diet, lives in a safe environment, and has numerous opportunities for learning and recreation is more likely to enjoy a healthy life.

(B) Mothers who fail to maintain a healthy lifestyle during pregnancy are more likely to give birth to infants who are born prematurely, have low birth weight, or experience a range of special challenges. These children also face a significantly greater risk of developing chronic health problems and early death.

(C) For example, an infant's immediate and long-term health is influenced by his or her mother's personal lifestyle practices during pregnancy: her diet; use or avoidance of alcohol, tobacco, and certain medications; routine prenatal care; and exposure to communicable illnesses or toxic stress.

* prenatal: 태아기의

① (A) − (C) − (B)　　② (B) − (A) − (C)　　③ (B) − (C) − (A)

④ (C) − (A) − (B)　　⑤ (C) − (B) − (A)

Words & Phrases in Use

- dynamic 역동적인
- interaction 상호 작용
- in contrast 그에 반해서
- numerous 많은
- infant 유아, 아기
- chronic 만성적인
- medication 약(물) (치료)
- toxic 유독성의

- state 상태
- genetic 유전의
- nurture 양육하다, 영양을 공급하다
- recreation 오락, 레크리에이션
- prematurely (너무) 이르게
- immediate 당장의, 당면한
- exposure 노출

- continuous 지속적인, 계속되는
- makeup 체질, 구성, 구조
- nutritious 영양가가 높은
- pregnancy 임신
- a range of 다양한
- avoidance 회피, 방지
- communicable 전염성의

Gateway 글의 흐름으로 보아, 주어진 문장이 들어가기에 가장 적절한 곳은?

○ 22662-0027

| 2022학년도 9월 모의평가 38번 |

> It was not until relatively recent times that scientists came to understand the relationships between the structural elements of materials and their properties.

The earliest humans had access to only a very limited number of materials, those that occur naturally: stone, wood, clay, skins, and so on. (①) With time, they discovered techniques for producing materials that had properties superior to those of the natural ones; these new materials included pottery and various metals. (②) Furthermore, it was discovered that the properties of a material could be altered by heat treatments and by the addition of other substances. (③) At this point, materials utilization was totally a selection process that involved deciding from a given, rather limited set of materials, the one best suited for an application based on its characteristics. (④) This knowledge, acquired over approximately the past 100 years, has empowered them to fashion, to a large degree, the characteristics of materials. (⑤) Thus, tens of thousands of different materials have evolved with rather specialized characteristics that meet the needs of our modern and complex society, including metals, plastics, glasses, and fibers.

Words & Phrases in Use

- **relatively** 비교적
- **pottery** 도자기
- **substance** 물질
- **suited** 적합한, 적당한
- **approximately** 대략
- **evolve** 생성하다, 진화하다
- **property** 특성
- **alter** 바꾸다, 변경하다
- **utilization** 이용, 활용
- **application** 용도
- **empower** (~에게) 능력을 주다
- **fiber** 섬유
- **superior to** ~보다 더 우수한
- **heat treatment** 열처리
- **involve** 수반하다
- **characteristic** 특성
- **fashion** 형성하다, 만들다

Solving Strategies

Step 1 주어진 문장을 통해 주어진 문장의 앞이나 뒤에 올 내용을 추측해 본다.

앞 문장	물질의 구조적 요소와 물질 특성의 관계를 제한적으로 이해한 과거 사례 제시

⬇

주어진 문장	과학자들이 물질의 구조적 요소와 물질 특성의 관계를 이해하게 된 것은 비교적 최근이었음

⬇

뒤 문장	과학자들이 물질의 구조적 요소와 물질 특성의 관계를 이해한 최근의 구체적 사례 제시

Step 2 각 문장의 내용을 살펴보고 문장 사이의 흐름이 부자연스럽거나 단절되는 곳을 파악한다.

> 초기 인류는 매우 제한된 수의 자연적으로 존재하는 물질에만 접근함

(①)

> 초기 인류(they)는 시간이 흐르면서 자연적인 특성의 물질보다 더 우수한 특성을 가진 물질을 만들어냄

(②)

> 게다가(Furthermore), 물질의 특성이 열처리와 다른 물질의 첨가로 바뀔 수 있음을 발견함

(③)

> 이 시기에(At this point) 물질 이용은 제한된 일련의 물질 중에서 가장 적합한 물질을 결정하는 선택의 과정이었음

(④)

> 대략 지난 100년 동안 획득된 이 지식(This knowledge)으로 과학자들(them)은 상당한 정도로 물질의 특성을 형성함

(⑤)

> 따라서(Thus) 현대적이고 복잡한 우리 사회의 요구를 충족하는 특화된 특성을 가진 다양한 물질이 생성됨

➡ ④ 뒤 문장에서 This knowledge와 them이 가리키는 것이 문맥상 앞에서 제시되지 않아 문장 사이의 흐름이 단절됨

Step 3 흐름이 부자연스럽거나 단절되는 곳에 주어진 문장을 넣어 문제점이 잘 해결되는지 확인한다.

④ 뒤 문장에서 This knowledge가 가리키는 것은 주어진 문장에 언급된 물질의 구조적 요소와 물질 특성의 관계에 관한 과학자들의 이해이고, them은 주어진 문장의 scientists를 가리키므로 주어진 문장이 들어가기에 가장 적절한 곳은 ④이다.

01 글의 흐름으로 보아, 주어진 문장이 들어가기에 가장 적절한 곳은?

▶ 22662-0028

> The children were asked to do the same, and they wrote a reader response to the books.

Improvements have been found in children's empathy following an intervention designed to increase empathy and social understanding through literature. (①) Lysaker, Tonge, Gauson, and Miller used what they called *relationally oriented reading instruction* to promote second- and third-grade children's ability to infer and imagine the thoughts and feelings of others. (②) The children, who were chosen because they were experiencing difficulties with social relationships, were provided with books depicting adults or children who were working through social-emotional problems. (③) Teachers engaged the children in discussions related to the thoughts, feelings, intentions, and emotions of the book characters. (④) The teacher expressed empathy for the characters and modeled her thinking about how she inferred the characters' feelings. (⑤) After 8 weeks of intervention, children displayed a significant improvement on objective measures of empathy.

Words & Phrases in Use

- response 반응
- oriented 지향적인
- infer 추론하다
- intention 의도
- measure 척도

- empathy 공감 능력
- instruction 교육
- depict 묘사하다
- significant 상당한

- intervention 개입, 중재
- promote 증진시키다
- engage 참여시키다
- objective 객관적인

02 글의 흐름으로 보아, 주어진 문장이 들어가기에 가장 적절한 곳은?

○ 9664-0077

As predicted, Americans made the trait judgments much more quickly than did Mexican Americans.

A factor that influences social cognition is culture. (①) People from different cultures think about the social world in different ways. (②) In one study, researchers asked both American and Mexican Americans to read a series of sentences describing a person's behavior, and then judge whether this person had a given trait. (③) For example, one sentence read, "He took his first calculus test when he was 12" (and the trait they reacted to was "smart"). (④) Another sentence read, "She left a 25% tip for the waitress" (and the trait they reacted to was "generous"). (⑤) This reflects Americans' strong tendency to emphasize the role of traits in leading to behavior—as well as the tendency of those from collectivistic cultures to take situational factors into account.

* calculus: 미적분학

03 글의 흐름으로 보아, 주어진 문장이 들어가기에 가장 적절한 곳은?

⊙ 9664-0078

> One reason nonnative species are often a serious problem is a lack of natural predators in their new homes.

Lions, snakes, and eagles are examples of predators — organisms that hunt and eat other organisms. Those that have the best techniques for obtaining food are the ones most likely to grow and reproduce. (①) Predation affects the size of prey populations and the diversity of species within a community. (②) Purple loosestrife is such a species, whereas in its native habitats its populations are kept in check by a leaf-eating beetle and root-eating weevil. (③) Parasitism is a variety of predation; a parasite feeds on prey but often weakens rather than kills its host. (④) Some parasites, such as wheat rust, have very specific host requirements. (⑤) Others, such as mistletoe, parasitize a variety of species.

* purple loosestrife: 털부처손　** weevil: 바구미　*** parasitism: 기생 (상태)

Words & Phrases in Use

- nonnative 토착종이 아닌
- organism 생물체
- predation 포식
- habitat (식물의) 서식지
- host 숙주
- mistletoe 겨우살이

- lack 없음, 결여
- obtain 얻다, 획득하다
- community (생물의) 군집
- keep ~ in check ~을 억제하다
- wheat rust 밀의 녹병(균)
- parasitize ~에 기생하다

- predator 포식자
- reproduce 번식하다
- whereas ~이지만, ~임에 반하여
- parasite 기생 생물, 기생균
- requirement 필요조건

04 글의 흐름으로 보아, 주어진 문장이 들어가기에 가장 적절한 곳은?

◉ 9664-0079

Part I 유형편

> Into the cliff faces, the people of Petra carved hundreds of exquisite temples, tombs and monuments.

The saying goes that the ruined city of Petra in Jordan is 'the rose-red city, half as old as time itself'. This would mean it was built before the Earth was formed, so ignore it. (①) But Petra is very old. (②) Between about 200 BC and AD 400, it was the busy capital of the Arab kingdom of the Nabataeans. (③) Hidden away among red sandstone hills and surrounded by cliffs, it was the perfect desert hideaway. (④) Many have spectacular facades (fronts) with carved columns and lintels, often in styles copied from the buildings of Greece and Rome. (⑤) Most impressive of all is the front of the Treasury, which is 28 metres wide and 40 metres high.

* exquisite: 정교한 ** lintel: 상인방(창·입구 등의 위에 댄 가로대)

Words & Phrases in Use

- cliff 절벽
- monument 기념물, 기념비
- ruined 폐허가 된
- hideaway 은신처
- column 기둥

- face 표면
- the saying goes that ~라는 말이 있다
- sandstone 사암
- spectacular 눈부신, 호화스러운
- impressive 인상적인

- carve 새기다
- surround 둘러싸다
- facade (건물의) 정면[앞면]
- treasury 귀중품 보관실[상자]

● 22662-0029

Gateway 다음 글의 내용을 한 문장으로 요약하고자 한다. 빈칸 (A), (B)에 들어갈 말로 가장 적절한 것은?

| 2022학년도 6월 모의평가 40번 |

The idea that *planting* trees could have a social or political significance appears to have been invented by the English, though it has since spread widely. According to Keith Thomas's history *Man and the Natural World*, seventeenth- and eighteenth-century aristocrats began planting hardwood trees, usually in lines, to declare the extent of their property and the permanence of their claim to it. "What can be more pleasant," the editor of a magazine for gentlemen asked his readers, "than to have the bounds and limits of your own property preserved and continued from age to age by the testimony of such living and growing witnesses?" Planting trees had the additional advantage of being regarded as a patriotic act, for the Crown had declared a severe shortage of the hardwood on which the Royal Navy depended.

* aristocrat: 귀족 ** patriotic: 애국적인

For English aristocrats, planting trees served as statements to mark the _____(A)_____ ownership of their land, and it was also considered to be a(n) _____(B)_____ of their loyalty to the nation.

	(A)		(B)
①	unstable	······	confirmation
②	unstable	······	exaggeration
③	lasting	······	exhibition
④	lasting	······	manipulation
⑤	official	······	justification

Words & Phrases in Use

- **significance** 의미, 중요성
- **declare** 선언하다, 선포하다
- **claim** 권리
- **testimony** 증언
- **invent** 고안하다
- **property** 소유지, 재산
- **bound** 경계(선)
- **witness** 증인, 목격자
- **hardwood tree** 활엽수
- **permanence** 영속성
- **preserve** 보존하다
- **shortage** 부족

Solving Strategies

Step 1 요약문을 먼저 읽으면서 글의 소재와 내용을 예측해 본다.

요약문	영국의 귀족들에게, 나무를 심는 것은 자신의 땅에 대한 _____(A)_____ 소유권을 표시하는 진술의 역할을 했고, 그것은 또한 국가에 대한 그들의 충성심을 _____(B)_____ 하는 것으로 여겨졌다.

글의 소재 ▶ 영국의 귀족들에게 나무를 심는 것의 의미

➡ 글의 내용 예측 ▶ 영국의 귀족들에게 나무를 심는 것은 자신의 땅에 대한 소유권과 국가에 대한 그들의 충성심과 연관이 있을 것이다.

Step 2 요약문을 통해 얻은 단서들을 바탕으로 글을 읽는다.

글의 요지	영국의 귀족들은 자신의 재산 정도를 표시하고 그 재산에 대한 자신의 권리의 영속성을 보여 주기 위해 활엽수를 심기 시작했고, 또한 나무를 심는 것은 경재(활엽수에서 얻은 단단한 목재)가 부족하다는 군주의 우려에 대해 애국심을 보여 주는 반응이었다.
글의 요지를 뒷받침하는 내용	− 17세기와 18세기의 귀족들은 자신의 재산 정도와 그것에 대한 자신의 권리의 영속성을 선언하기 위해 보통은 줄을 지어 활엽수를 심기 시작함 − 나무를 심는 것은 애국적인 행동으로 여겨지는 추가적인 이점을 가졌는데, 이는 군주가 영국 해군이 의존하는 경재가 심각하게 부족하다고 선포했기 때문임

Step 3 글을 읽으면서 파악한 요지를 바탕으로 요약문의 빈칸에 들어갈 말로 가장 적절한 단어를 선택지에서 고른다.

(A) 귀족들은 자신이 소유하고 있는 땅에 대한 권리의 영속성을 보여 주기 위해 나무를 심기 시작했으므로 빈칸 (A)에는 lasting(지속적인)이 들어가야 한다.

(B) 군주가 영국 해군이 의존하는 경재가 심각하게 부족하다고 선포했기 때문에 귀족들에게 나무를 심는다는 것은 그들의 충성심을 표현하는 방법일 것이므로 빈칸 (B)에는 exhibition(표현)이 들어가야 한다.

⋯▶ 따라서 빈칸 (A), (B)에 들어갈 말로 가장 적절한 것은 ③이다.

① 불안정한 – 확인   ② 불안정한 – 과장
④ 지속적인 – 조작   ⑤ 공식적인 – 정당화

01 다음 글의 내용을 한 문장으로 요약하고자 한다. 빈칸 (A), (B)에 들어갈 말로 가장 적절한 것은?

○ 22662-0030

In an unusual brain-scanning experiment, scientists at Dartmouth College showed that adolescents use a more limited brain region and take more time than adults—about a sixth of a second more—to respond to questions about whether certain activities, like "swimming with sharks," "setting your hair on fire," and "jumping off a roof," were "good" ideas or not. Adults in the experiment appeared to rely on nearly automatic mental images and a visceral response to answer the questions. Adolescents, on the other hand, relied more on their ability to "reason" an answer. The ability to quickly grasp the general contours of a situation and make a good judgment about costs versus benefits arises from activity in the frontal cortex, the parts of the brain that are still under construction during adolescence.

* visceral: 본능적인 ** contour: 윤곽

Adolescents are likely to produce more ＿＿(A)＿＿ responses to questions about absurd activities than adults because their frontal cortex, the parts of the brain responsible for understanding situations and making judgements, is ＿＿(B)＿＿.

	(A)		(B)
①	creative	……	sensitive
②	creative	……	dependent
③	reliable	……	immature
④	delayed	……	sensitive
⑤	delayed	……	immature

Words & Phrases in Use

- **unusual** 특이한
- **rely on** ~에 의존하다
- **versus** ~와 대비하여
- **adolescent** 청소년
- **reason** 추론하다
- **arise from** ~에서 비롯되다
- **region** 영역
- **grasp** 파악하다, 이해하다

02 다음 글의 내용을 한 문단으로 요약하고자 한다. 빈칸 (A), (B)에 들어갈 말로 가장 적절한 것은?

○ 9664-0082

Children in all cultures acquire language through play. Their earliest production of language-like sounds (cooing and babbling) and first words are always playful. Later, children playfully rehearse more complex linguistic constructions, sometimes in monologue when alone. But of course, their language play is influenced by culture. Infants gradually restrict their babbling to the phonemes of their native language and, later, play with the words and grammatical constructions of that language. Children everywhere also engage in constructive play, thereby exercising the crucial human skill of building things, but what they build depends on what they see in the world around them. Children everywhere play in ways that exercise the human mental capacities of imagination and reasoning, but the scenes they imagine and the ideas they rehearse in such play derive from the culture.

* coo: (갓난애가) 목구멍을 울리면서 좋아하다 ** babble: (아기가) 옹알이하다

Children acquire language and practice the skills of building and imagining things while ____(A)____ , which ____(B)____ what they hear, see, and experience in the world around them.

	(A)		(B)
①	playing	......	reflects
②	concentrating	......	modifies
③	exercising	......	investigates
④	exercising	......	observes
⑤	playing	......	classifies

Words & Phrases in Use

- **playful** 놀이 삼아 하는, 장난을 좋아하는
- **construction** 건설, 공사
- **phoneme** 음소
- **crucial** 중대한, 결정적인
- **rehearse** 연습하다
- **monologue** 독백
- **engage in** ~에 참여[관여]하다
- **capacity** 능력, 용량
- **linguistic** 언어(학)의
- **restrict** 한정[제한]하다
- **thereby** 그렇게 함으로써
- **derive from** ~에서 나오다[파생되다]

03 다음 글의 내용을 한 문장으로 요약하고자 한다. 빈칸 (A), (B)에 들어갈 말로 가장 적절한 것은?

9664-0083

All words have to be coined by a wordsmith at some point in the mists of history. The wordsmith had an idea to get across and needed a sound to express it. In principle, any sound would have done, so the first coiner of a term for a political affiliation, for instance, could have used *glorg* or *schmendrick* or *mcgillicuddy*. But people are poor at recalling sounds out of the blue, and they probably wanted to ease their listeners' understanding of the coinage rather than having to define it or illustrate it with examples. So they reached for a metaphor that reminded them of the idea and that they hoped would create a similar idea in the minds of their listeners, such as *band* or *bond* for a political affiliation. The metaphorical hint allowed the listeners to understand the meaning more quickly than if they had had to rely on context alone.

* affiliation: 제휴 ** metaphor: 비유, 비유적 표현

> When wordsmiths needed a sound to express their idea, they chose a useful one that would help ___(A)___ the idea, not just a ___(B)___ sound.

	(A)		(B)
①	remember	⋯⋯	convenient
②	remember	⋯⋯	random
③	spread	⋯⋯	clear
④	spread	⋯⋯	familiar
⑤	shape	⋯⋯	unique

Words & Phrases in Use

- **wordsmith** 단어의 장인, 언어를 잘 다루는 사람
- **get across** ~을 전달하다
- **coiner** (새로운 단어를) 만드는 사람
- **out of the blue** 갑자기
- **define** 정의하다
- **band** 무리
- **context** 문맥

- **principle** 원칙
- **term** 용어
- **ease** 용이하게 하다
- **illustrate** 설명하다
- **bond** 끈

- **the mists** 태고, 안개에 싸인 과거
- **do** 괜찮다, 충분하다
- **recall** 기억해 내다
- **coinage** 새로 만들어진 말, 신조어
- **reach for** ~에 손을 뻗다
- **rely on** ~에 의존하다

04 다음 글의 내용을 한 문장으로 요약하고자 한다. 빈칸 (A), (B)에 들어갈 말로 가장 적절한 것은?

▶ 9664-0084

The status of the group members in a group can be important. Group members with lower status may have less confidence and thus be unlikely to express their opinions. Wittenbaum found that group members with higher status were, indeed, more likely to share new information. However, those with higher status may dominate the discussion, even if the information that they have is not more valid or important. Because they have high status, leaders have the ability to solicit unshared information from the group members, and they must be sure to do so, for instance, by making it clear that all members should feel free to present their unique information, that each member has important information to share, and that it is important to do so. Leaders may particularly need to solicit and support opinions from low-status or socially anxious group members.

* solicit: 얻어 내다, 구하다

⬇

A person with higher status may _____(A)_____ a discussion, but he or she needs to ask a person with lower status for his or her opinion to _____(B)_____ sharing of information within a group.

	(A)		(B)
①	avoid	……	limit
②	avoid	……	influence
③	observe	……	facilitate
④	control	……	facilitate
⑤	control	……	limit

Words & Phrases in Use

- **status** 지위, 신분
- **confidence** 자신감
- **dominate** 지배하다
- **valid** 타당한
- **unique** 고유한

Gateway 다음 글을 읽고, 물음에 답하시오.

| 2022학년도 9월 모의평가 41~42번 |

In studies examining the effectiveness of vitamin C, researchers typically divide the subjects into two groups. One group (the experimental group) receives a vitamin C supplement, and the other (the control group) does not. Researchers observe both groups to determine whether one group has fewer or shorter colds than the other. The following discussion describes some of the pitfalls inherent in an experiment of this kind and ways to (a) avoid them. In sorting subjects into two groups, researchers must ensure that each person has an (b) equal chance of being assigned to either the experimental group or the control group. This is accomplished by randomization; that is, the subjects are chosen randomly from the same population by flipping a coin or some other method involving chance. Randomization helps to ensure that results reflect the treatment and not factors that might influence the grouping of subjects. Importantly, the two groups of people must be similar and must have the same track record with respect to colds to (c) rule out the possibility that observed differences in the rate, severity, or duration of colds might have occurred anyway. If, for example, the control group would normally catch twice as many colds as the experimental group, then the findings prove (d) nothing. In experiments involving a nutrient, the diets of both groups must also be (e) different, especially with respect to the nutrient being studied. If those in the experimental group were receiving less vitamin C from their usual diet, then any effects of the supplement may not be apparent.

* pitfall: 함정

01 윗글의 제목으로 가장 적절한 것은?

○ 22662-0031

① Perfect Planning and Faulty Results: A Sad Reality in Research
② Don't Let Irrelevant Factors Influence the Results!
③ Protect Human Subjects Involved in Experimental Research!
④ What Nutrients Could Better Defend Against Colds?
⑤ In-depth Analysis of Nutrition: A Key Player for Human Health

02 밑줄 친 (a)~(e) 중에서 문맥상 쓰임이 적절하지 <u>않은</u> 것은?

○ 22662-0032

① (a)   ② (b)   ③ (c)   ④ (d)   ⑤ (e)

Words & Phrases in Use

- **subject** 실험 대상자
- **inherent** 내재한
- **flip** (동전 등을) 던지다
- **rule out** ~을 배제하다
- **experimental group** 실험 집단
- **randomization** 임의[무작위] 추출
- **track record** (개인·기관의) 기록[실적]
- **severity** 심각성
- **control group** 통제 집단, 대조군
- **population** 모집단
- **with respect to** ~과 관련하여
- **finding(s)** 연구 결과

Solving Strategies

 Step 1 글의 전개 방식을 이해하면서 글의 요지를 파악한다.

실험 소개	감기에 대한 비타민 C의 효과 연구

↓

실험 대상자 분류	[실험 집단] 비타민 C 보충제 투여함　　[통제 집단] 비타민 C 보충제 투여하지 않음

↓

실험에 내재한 함정을 피하는 방법	• 임의 추출 　– 실험 대상자 분류 시 동일한 배정 확률 / 다른 요인 반영 방지 • 각 집단의 실험 대상자의 조건이 동일해야 함. – 감기와 관련된 병력, 식단 등

Step 2 파악된 요지를 제목으로 적절히 표현하고 있는 선택지를 고른다.

비타민 C의 효과를 연구하는 연구자들이 실험 대상자들을 실험 집단과 통제 집단으로 나눌 때 실험에 내재한 함정을 피하려면 각 개인을 임의 추출로 배정해야 하며, 두 집단의 사람들이 서로 비슷하여야 하며, 감기와 관련하여 동일한 기록을 가지고 있도록 해야 한다는 내용의 글이다. 따라서 글의 제목으로 가장 적절한 것은 ② '상관없는 요인이 결과에 영향을 미치지 않도록 하라!'이다.

① 완벽한 계획과 불완전한 결과: 연구의 슬픈 현실 / ③ 실험 연구에 참여하는 인간 실험 대상자들을 보호하라! / ④ 어떤 영양분이 감기를 더 잘 막을 수 있을까? / ⑤ 영양에 대한 심층 분석: 인간의 건강을 위한 핵심 요소

 Step 3 밑줄 친 부분들이 글 전체의 흐름과 어울리는지 판단해 본다.

(e) 영양분을 포함하는 실험에서 두 집단의 식단이 다르면 비타민 C 보충제의 효과를 분명하게 알 수 없으므로, 두 집단의 식단이 비슷해야 한다. 따라서 **different**를 **similar**와 같은 단어로 바꾸어야 한다.

(a) 타당한 실험의 결과를 얻기 위해 실험에 내재되어 있는 함정을 피하는 방법에 대해 설명하고 있는 글이므로, **avoid**는 적절하다.

(b) 실험 대상을 두 집단으로 나눌 때, 각 실험 대상은 임의로 배정되는 임의 추출 방식을 사용한다고 했는데, 이는 실험 집단 또는 통제 집단에 배정될 가능성이 동일하다는 것을 의미하므로 **equal**은 적절하다.

(c) 실험에서 비타민 C의 효과를 확인하기 위해서는 처치를 제외한 다른 요소가 영향을 미칠 가능성을 배제해야 하므로 **rule out**은 적절하다.

(d) 통제 집단이 실험 집단과 다른 조건을 가지고 있다면 그 결과는 타당하지 않아 결국 아무것도 입증하지 못할 것이므로, **nothing**은 적절하다.

[01~02] 다음 글을 읽고, 물음에 답하시오.

The secret as to why there are so many types of snow crystals can be found in the clouds. A typical winter cloud is colder at the top than the bottom exhibiting a wide range of water vapor saturations as a function of height, and these conditions are constantly changing over time. The cloud also has wildly varying up- and down-drafts, these too varying rapidly. An incipient snow crystal goes for a wild ride in such a cloud. Initially, being so light and small, it has a (a) slow fall rate and the updrafts in the cloud keep sending it back into the air. Eventually, it will grow (b) heavy enough that it begins to settle and fall. As the snowflake falls it will travel downward through cloud layers that have very (c) different temperatures and vapor saturation conditions than at the level where it originated. The crystal growth rate and habit will keep changing as the crystal makes this (d) downward journey. By the time it lands on the dark sleeve of an observer, it will have gone through multiple distinct growth cycles, and its form will (e) conceal the journey. This is what Nakaya, a physicist known for his works about snowflake crystals, meant by snow crystals being "letters sent from heaven."

* saturation: 포화(도), 포화 상태   ** updraft: 상승기류   *** incipient: 초기의

01 윗글의 제목으로 가장 적절한 것은?

● 22662-0033

① How Clouds Change the Temperature
② Snow Crystals: A Messenger of Winter
③ How to Observe Crystals Effectively
④ The Journey of the Snow Crystal Determines Its Form
⑤ Snowflakes Are the Key to Atmospheric Science Research

02 밑줄 친 (a)~(e) 중에서 문맥상 낱말의 쓰임이 적절하지 <u>않은</u> 것은?

● 22662-0034

① (a)　　　　② (b)　　　　③ (c)　　　　④ (d)　　　　⑤ (e)

Words & Phrases in Use

- **as to** ~에 관한
- **exhibit** 보이다, 드러내다
- **function** 작용, 기능
- **wildly** 아주, 극도로
- **initially** 처음에
- **snowflake** 눈송이, 눈 결정
- **originate** 비롯되다, 생기다
- **journey** 이동, 여정
- **go through** ~을 거치다, ~을 겪다

- **snow crystal** 눈 결정
- **range** 범위, 폭
- **condition** 상태, (물리적) 환경, 날씨
- **down-draft** 하강기류
- **eventually** 결국
- **layer** 층, 단계
- **rate** 속도, 비율
- **sleeve** (옷)소매
- **multiple** 다수의, 많은

- **typical** 일반적인, 전형적인
- **water vapor** 수증기
- **constantly** 끊임없이, 계속
- **rapidly** 빠르게
- **settle** 가라앉다, 안정되다
- **temperature** 온도, 기온
- **habit** 습성, 습관
- **observer** 관찰자
- **distinct** (전혀) 다른, 별개의

[03~04] 다음 글을 읽고, 물음에 답하시오.

Take a painting, cut it into pieces and rearrange the bits. How much do you have to change it before the end result is your work and no longer something made by someone else? Does it help if more people like your collage than liked the (a)original painting? Can the collage be a genuinely new piece of art?

By the end of the seventies, DJs knew that the remix could go further than just make a song more *functional* for the dancefloor. It also offered them a route into the record industry and the means to finally gain recognition as creative artists. By (b)removing stylistic twists, they could give a song the precise musical flavor they wanted, and if their enhancements were individual enough, these would mark out the remixer — rather than the original writer/musician — as the creative force behind a track. If their particular flavor was reasonably consistent over a series of records, a remixer could even (c)develop a "sound," just like any other recording artist. And since a DJ's remixes were usually based on the kind of music he chose to play when he performed in a club, the musical style (d)evident on his remixes would serve to reinforce and further distinguish the musical style of his DJing, and vice versa. Through remixing, the DJ had a way of pushing his music in a (e)distinctive direction, both on the dancefloor and in the studio.

＊collage: 콜라주(색종이나 사진 등의 조각들을 붙여 그림을 만드는 미술 기법. 또는 그렇게 만든 그림)

03 윗글의 제목으로 가장 적절한 것은?

◐ 9664-0089

① The DJ: An Underestimated Musician
② Evolution of DJing into a Proper Genre
③ DJs Owe Their Success to Dance Music
④ Creativity: The Key to Successful Remixing
⑤ Who Owns the Copyright, the DJ or the Writer?

04 밑줄 친 (a)~(e) 중에서 문맥상 낱말의 쓰임이 적절하지 <u>않은</u> 것은?

◐ 9664-0090

① (a)　　　② (b)　　　③ (c)　　　④ (d)　　　⑤ (e)

Words & Phrases in Use

- **rearrange** 재배열하다
- **remix** 리믹스한 작품
- **stylistic** 양식상의
- **enhancement** 향상시킨 것, 향상
- **evident** 분명한
- **vice versa** 역도 또한 같음

- **bit** 작은 조각
- **functional** 기능적인, 실용적인
- **twist** 비틀기
- **reasonably** 상당히
- **reinforce** 강화하다
- **distinctive** 뚜렷이 구별되는

- **genuinely** 진정으로, 성실하게
- **recognition** 인정
- **precise** 정확한
- **consistent** 일관된
- **distinguish** 구분하다

Gateway 다음 글을 읽고, 물음에 답하시오.

| 2021학년도 6월 모의평가 43~45번 |

(A) "Congratulations!" That was the first word that Steven saw when he opened the envelope that his dad handed to him. He knew that he would win the essay contest. Overly excited, he shouted, "Hooray!" At that moment, two tickets to Ace Amusement Park, the prize, slipped out of the envelope. He picked them up and read the letter thoroughly while sitting on the stairs in front of his house. "Wait a minute! That's not my name!" (a) he said, puzzled. The letter was addressed to his classmate Stephanie, who had also participated in the contest.

(B) Once Steven had heard his dad's words, tears started to fill up in his eyes. "I was foolish," Steven said regretfully. He took the letter and the prize to school and handed them to Stephanie. He congratulated her wholeheartedly and she was thrilled. On the way home after school, his steps were light and full of joy. That night, his dad was very pleased to hear what he had done at school. "(b) I am so proud of you, Steven," he said. Then, without a word, he handed Steven two Ace Amusement Park tickets and winked.

(C) "If I don't tell Stephanie, perhaps she will never know," Steven thought for a moment. He remembered that the winner would only be notified by mail. As long as he kept quiet, nobody would know. So he decided to sleep on it. The next morning, he felt miserable and his dad recognized it right away. "What's wrong, (c) Son?" asked his dad. Steven was hesitant at first but soon disclosed his secret. After listening attentively to the end, his dad advised him to do the right thing.

(D) Reading on, Steven realized the letter had been delivered mistakenly. "Unfortunately," it should have gone to Stephanie, who was the real winner. (d) He looked at the tickets and then the letter. He had really wanted those tickets. He had planned to go there with his younger sister. Steven was his sister's hero, and he had bragged to her that he would win the contest. However, if she found out that her hero hadn't won, she would be terribly disappointed, and (e) he would feel ashamed.

* brag: 허풍 떨다

01 주어진 글 (A)에 이어질 내용을 순서에 맞게 배열한 것으로 가장 적절한 것은? ○ 22662-0035

① (B) – (D) – (C)　　　② (C) – (B) – (D)　　　③ (C) – (D) – (B)
④ (D) – (B) – (C)　　　⑤ (D) – (C) – (B)

02 밑줄 친 (a)~(e) 중에서 가리키는 대상이 나머지 넷과 다른 것은? ○ 22662-0036

① (a)　　　② (b)　　　③ (c)　　　④ (d)　　　⑤ (e)

03 윗글에 관한 내용으로 적절하지 <u>않은</u> 것은?

◐ 22662-0037

① Steven은 집 앞 계단에 앉아 편지를 자세히 읽었다.
② 방과 후에 집으로 돌아오는 Steven의 발걸음은 무거웠다.
③ 아버지는 Steven에게 옳은 일을 하라고 조언했다.
④ 에세이 대회에서 우승한 사람은 Stephanie였다.
⑤ Steven은 여동생과 놀이공원에 갈 계획이었다.

Words & Phrases in Use

- **envelope** 봉투
- **regretfully** 후회하며, 유감스럽게도
- **notify** 통보하다, 알리다
- **disclose** 털어놓다, 누설하다
- **ashamed** 수치스러운, 창피한

- **thoroughly** 자세히, 철저히
- **wholeheartedly** 진심으로
- **miserable** 비참한
- **attentively** 주의 깊게

- **puzzled** 당황해하는, 어리둥절한
- **thrilled** 매우 기뻐하는
- **hesitant** 주저하는
- **disappointed** 실망한

Solving Strategies

Step 1 각 단락의 중심 내용을 간단히 정리하고 글의 순서를 추측해 본다.

(A) Steven이 에세이 대회 결과가 담긴 편지를 받음
(B) 편지와 상품을 주인에게 전해주고 대신 아빠에게 선물을 받음
(C) Steven이 심적 갈등에 대해 아빠와 대화를 나눔
(D) 잘못 배달된 상품을 정말로 갖고 싶은 Steven의 마음

Step 2 주어진 단서를 종합하여 순서를 완성한다.

(A)에서 Steven은 에세이 대회 우승 축하의 내용이 담긴 편지를 보고 매우 기뻐하다가 편지의 수신인이 자신이 아닌 것을 발견하고, (D)에서는 Steven이 그 편지가 잘못 배달된 것을 깨달은 뒤, 자신이 우승할 것이라 여동생에게 자랑까지 했는데 자신이 상을 받지 못해 여동생이 실망할 것을 걱정하게 된다. 그런 다음 (C)에서 Steven은 자신의 심적 갈등에 대해 아빠에게 사실대로 털어놓고 조언을 받은 뒤, (B)에서 편지와 상품을 우승자인 Stephanie에게 건네주고 진심으로 축하한 후 가벼운 마음으로 집에 돌아와, 아빠로부터 놀이공원 입장권을 받게 되는 것이 자연스런 흐름이다.

Step 3 글의 흐름에 맞추어 글의 내용을 이해하고 나머지 문제를 푼다.

• (a), (c), (d), (e)는 모두 Steven을 가리키지만, (b)는 Steven의 아빠를 가리킨다.
• (B)의 중반부에서 방과 후에 집으로 오는 길에 Steven의 발걸음은 가벼웠다고 기술되어 있으므로, 글에 관한 내용으로 적절하지 않은 것은 ②이다.

[01~03] 다음 글을 읽고, 물음에 답하시오.

(A)

After our wonderful breakfast, Rufus went to the barn to find himself a fresh strand of straw that he could use as a toothpick. While (a) he was in there, a loud engine noise filled the air with its heavy mechanical sounds. Rufus poked his head out of the barn for a glance and there in the driveway was a truck that had another machine riding on its back.

(B)

As the farmer hopped on the tractor and drove away, Rufus began to cry in mule language. The rest of us farm animals were shocked at the news and did what was right by joining Rufus in his moment of grief. The farmer thought we were making the noises because we were afraid of the tractor, but we were crying for our friend, Rufus, who just lost (b) his job.

* mule: 노새

(C)

"What does it smell like?" asked Moocher. Rufus replied, "It smelled like rubber, gas, oil, paint, and plastic." "Sorry, old boy," exclaimed the farmer, "but this is what I was trying to tell you this morning when I told you how fun it had been working with you." Rufus' mouth hit the ground as (c) he continued explaining. "You see, Rufus, this tractor is how I'm going to plow the fields from now on. You have done your part for the farm, but now it is time for (d) you to retire to the pasture."

* pasture: 목초지

(D)

All the animals lined up against the pen and watched with curiosity how the machine was unloaded. Since the tractor was parked on the lawn, Rufus decided he would take a closer look at it. Lifting the latch on the gate, Rufus strolled over to the tractor and began sniffing it. After a few quick sniffs, Rufus began crying out in mule language to us about how yucky (e) he thought it was.

* latch: 빗장, 걸쇠 ** yucky: 역겨운

01 주어진 글 (A)에 이어질 내용을 순서에 맞게 배열한 것으로 가장 적절한 것은? ▶ 22662-0038

① (B) – (D) – (C)　　　　② (C) – (B) – (D)　　　　③ (C) – (D) – (B)

④ (D) – (B) – (C)　　　　⑤ (D) – (C) – (B)

02 밑줄 친 (a)~(e) 중에서 가리키는 대상이 나머지 넷과 <u>다른</u> 것은? ▶ 22662-0039

① (a)　　　　② (b)　　　　③ (c)　　　　④ (d)　　　　⑤ (e)

03 윗글의 Rufus에 관한 내용으로 적절하지 <u>않은</u> 것은? ▶ 22662-0040

① 아침 식사 후에 외양간으로 갔다.
② 노새의 소리로 울기 시작했다.
③ 냄새에 대한 Moocher의 질문에 답해주었다.
④ 이제부터 밭을 가는 일을 맡을 것이라고 들었다.
⑤ 빗장을 들어올리고 트랙터에 다가가 냄새를 맡았다.

Words & Phrases in Use

- barn 외양간, 헛간
- toothpick 이쑤시개
- glance 흘깃 봄
- grief 슬픔
- plow (밭을) 갈다, 경작하다
- unload (짐을) 내리다
- sniff 킁킁거리며 냄새를 맡다; 코를 킁킁거리기

- strand 가닥
- mechanical 기계의
- driveway 차도
- rubber 고무
- retire 은퇴하다
- lawn 잔디밭

- straw 지푸라기, 짚
- poke 쑥 내밀다, 쿡 찌르다
- tractor 트랙터
- exclaim 소리치다, 외치다
- pen (가축의) 우리
- stroll 어슬렁어슬렁 걷다

[04~06] 다음 글을 읽고, 물음에 답하시오.

(A)

Cohen was sitting in a small shul one Friday night waiting for prayer to begin. As he looked up from his prayer book, he noticed an elderly man walking around the shul, offering each person a small piece of chocolate from his little box.

＊shul: 유태 교회(synagogue)

(B)

Sure enough, Rav Yaakov nodded to the man and took a piece, nudging (a) his young son to do the same. As the old man continued walking to the next row, Rav Yaakov's son began putting the chocolate into his mouth. Rav Yaakov gently touched his son's arm and told him he could put it into a tissue. At the same time, Rav Yaakov also put (b) his own in a tissue.

＊nudge: 쿡 찌르다

(C)

Cohen watched as most people politely refused. Only rarely did anyone take it from this man's box. Cohen could tell that it gave the man great pleasure when anyone accepted his offer. When the man approached him, Cohen said politely, "No, thank you," and watched as the man walked further down his row. Standing there was Rav Yaakov Friedman, whom Cohen respected greatly and whom Cohen watched carefully to see what (c) he would do.

(D)

"Daddy," asked the young boy, "(d) you urged me to take the chocolate, and you took it yourself. Why are we throwing it away now?" Rav Yaakov replied, "My dear son, I don't need to have the chocolate, and I certainly do not want you to have it, but I realize how much pleasure this man has every time someone takes a piece from his box. I knew we would not have it, but it is more important that this man feel good knowing that (e) he is giving us something he considers precious."

04 주어진 글 (A)에 이어질 내용을 순서에 맞게 배열한 것으로 가장 적절한 것은? ◐ 9664-0097

① (B) ‒ (D) ‒ (C)　　　　② (C) ‒ (B) ‒ (D)　　　　③ (C) ‒ (D) ‒ (B)
④ (D) ‒ (B) ‒ (C)　　　　⑤ (D) ‒ (C) ‒ (B)

05 밑줄 친 (a)~(e) 중에서 가리키는 대상이 나머지 넷과 <u>다른</u> 것은? ◐ 9664-0098

① (a)　　　　② (b)　　　　③ (c)　　　　④ (d)　　　　⑤ (e)

06 윗글에 관한 내용으로 적절하지 <u>않은</u> 것은? ◐ 9664-0099

① Cohen은 금요일 밤, 교회 기도회에 참석했다.
② Rav Yaakov는 아들과 함께 교회에 있었다.
③ Rav Yaakov는 아들이 초콜릿 먹는 것을 말렸다.
④ 많은 사람들이 노인이 나눠 주는 초콜릿을 받아먹었다.
⑤ Rav Yaakov는 노인을 기쁘게 하기 위해 초콜릿을 받았다.

┌─ **Words & Phrases in Use** ─
- prayer 기도회
- row 줄
- refuse 거절하다, 거부하다
- accept 받아들이다, 수락하다
- offer 권하다, 제안하다
- urge 권고하다, 촉구하다
- throw away 버리다, 없애다
- precious 귀한, 소중한

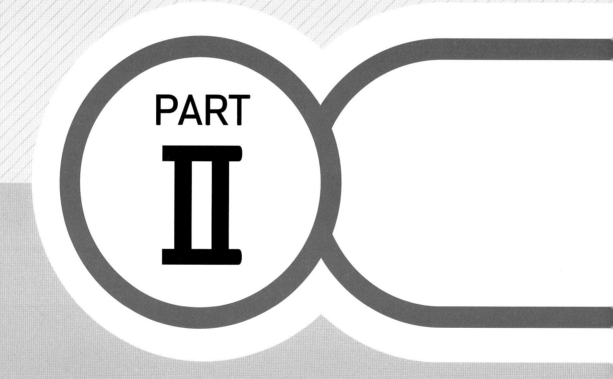

PART

II

수능특강 Light 영어

주제·소재편

18 인물 및 일화

○ 22662-0041

Gateway 밑줄 친 creating a buffer가 다음 글에서 의미하는 바로 가장 적절한 것은?

| 2020년 3월 고2 학력평가 21번 |

On one occasion I was trying to explain the concept of buffers to my children. We were in the car together at the time and I tried to explain the idea using a game. Imagine, I said, that we had to get to our destination three miles away without stopping. We couldn't predict what was going to happen in front of us and around us. We didn't know how long the light would stay on green or if the car in front would suddenly put on its brakes. The only way to keep from crashing was to put extra space between our car and the car in front of us. This space acts as a buffer. It gives us time to respond and adapt to any sudden moves by other cars. Similarly, we can reduce the friction of doing the essential in our work and lives simply by creating a buffer.

* friction: 마찰

① knowing that learning is more important than winning
② always being prepared for unexpected events
③ never stopping what we have already started
④ having a definite destination when we drive
⑤ keeping peaceful relationships with others

Words & Phrases in Use

- **concept** 개념
- **predict** 예측하다
- **crash** 추돌[충돌]하다
- **adapt** 적응하다

- **buffer** 완충 지대, 완충물
- **in front of** ~ 앞에
- **act as** ~으로 작용하다
- **similarly** 마찬가지로

- **destination** 목적지
- **put on one's brakes** 브레이크를 밟다
- **respond** 반응하다
- **reduce** 줄이다

Academic Vocabulary by Topic

■**achievement** 업적, 성취한 것

An Olympic silver medal is a remarkable **achievement** for one so young.

올림픽 은메달은 그렇게 어린 사람에게는 놀랄 만한 업적이다.

■**article** 기사, 소논문

There was an interesting **article** on vegetarianism in the paper yesterday.

어제 신문에 채식주의에 관한 흥미로운 기사가 실려 있었다.

■**autobiography** 자서전

He gives a vivid description of his childhood in his **autobiography**.

그는 그의 자서전에서 자신의 어린 시절에 대한 생생한 묘사를 한다.

■**career** 직업, 경력

She managed to successfully combine family life and a **career**.

그녀는 가까스로 가정생활과 직업을 성공적으로 병행했다.

■**celebrated** 유명한

Kelley was the most **celebrated** actor of his era.

Kelley는 그의 시대에서 가장 유명한 배우였다.

■**committee** 위원회

She has served on the **committee** for the last 15 years.

그녀는 그 위원회에서 지난 15년 동안 활동해 왔다.

■**cover** 보도하다, 취재하다

She's **covering** the American election for BBC television.

그녀는 BBC 텔레비전을 위해 미국의 선거를 보도하고 있다.

■**discourage** 의욕을 꺾다, 좌절시키다

The thought of how much work she had to do **discouraged** her.

얼마나 많은 일을 자신이 해야 하는지를 생각하니 그녀는 의욕이 꺾였다.

■**graduate** 졸업하다

After he **graduated** from high school, he joined the Army.

그는 고등학교를 졸업한 후에 육군에 입대했다.

■**inspire** 고취하다, 영감을 주다

She **inspires** great loyalty among her followers.

그녀는 자신의 추종자들에게 충성심을 크게 고취한다.

■**rural** 시골의

She's carrying out a comparative study of health in inner cities and **rural** areas.

그녀는 도심과 시골 지역의 건강에 대한 비교 연구를 수행하고 있다.

■**profession** 직업

He left the teaching **profession** in 1965 to start his own business.

그는 자기 자신의 사업을 시작하기 위해 1965년에 교직을 떠났다.

01 다음 빈칸에 들어갈 말로 가장 적절한 것은?

⊙ 22662-0042

Herodotus tells the story about the Egyptian King Psammis, who received a delegation from Elis. The Eleans boasted about the excellent way in which they organised the Olympic Games, and asked if the Egyptians could suggest any way to do it more fairly. King Psammis collected his most learned subjects, and, after listening to the Eleans' explanation of their organization of the Olympic contests, asked if the Eleans allowed representatives of all Greek states to compete in the Games, including their own from Elis. When told that all Greeks were welcomed, the Egyptian reply was that such a principle was not fair at all, since surely Elean athletes would be favoured over visiting ones. The Egyptians recommended that if they really wanted fair play at the Olympics, they should not _____.

* delegation: 대표단   ** Elis: 그리스 서부에 있었던 고대 도시[올림픽 경기의 주최지]

① be affected by external influences
② allow anyone from Elis to compete
③ force their rivals to compete in the Olympics
④ approve of any physical conflict between athletes
⑤ avoid challenging the limitations of human power

Words & Phrases in Use

- **boast** 뽐내다, 자랑하다
- **subject** 신하, 대상, 주제
- **principle** 원칙, 원리
- **fairly** 공정하게
- **representative** 대표(자)
- **favour** 유리하게 하다, 편들다, 선호하다
- **learned** 학식 있는, 박식한
- **reply** 회답, 대답
- **recommend** 권고하다, 추천하다

02 글의 흐름으로 보아, 주어진 문장이 들어가기에 가장 적절한 곳은? ▶ 9664-0102

> But Kevin wanted more than to be a banking executive: he wanted to be a banker who built and benefited community.

An incredibly passionate man who loves people, Kevin Reynolds began his career with a major bank. He worked hard, was good at what he did, and soon began moving up his bank's career ladder. (①) His future looked promising. (②) Over time he began to realise that he could accomplish this best outside the structure of a large corporation. (③) Kevin had long been inspired by the idea of building a bank that would be an active part of the local community, supporting small business and supporting community-building initiatives. (④) Together with several colleagues he established a small community bank that eventually became Cardinal Bank. (⑤) Since then Kevin and his team have created an organisation with 27 branches that are a central part of the communities in which they operate.

Part II 주제 · 소재편

Words & Phrases in Use

- executive 임원, 간부
- corporation 기업, 회사
- colleague 동료
- benefit 이롭다, 도움이 되다
- inspire 고무하다
- branch 지사
- passionate 열정적인
- initiative 계획

03 Igor Sikorsky에 관한 다음 글의 내용과 일치하지 <u>않는</u> 것은?

○ 9664-0103

Born in Kyiv, Ukraine at a time when Eastern Ukraine was part of Russia, and Western Ukraine was part of Austria, Igor Sikorsky began studies at the Kyiv Polytechnic Institute in 1907. He built his first (unsuccessful) helicopter in 1909. During and prior to World War I, Sikorsky designed and flew planes in Russia. He helped develop the world's first multiengine aircraft. After coming to the United States in 1919, he continued working on fixed wing aircraft. Other people had developed helicopters prior to Sikorsky; however, none of their designs led to commercial development. In 1939, Sikorsky successfully designed and flew what was to be the world's first practical helicopter. The successful Sikorsky Aircraft Corporation in the United States stands as a legacy to his achievements. He was honored with a United States postage stamp in 1988 and a Ukrainian postage stamp in 1998.

① 우크라이나의 Kyiv에서 태어났다.
② 세계 최초의 다발 엔진 항공기 개발을 도왔다.
③ 미국에 와서는 고정 날개 항공기에 대한 연구를 계속했다.
④ 세계 최초로 헬리콥터를 개발했다.
⑤ 미국 우표와 우크라이나 우표에 실렸다.

> **Words & Phrases in Use**
>
> - **prior to** ~ 이전에
> - **fixed** 고정된
> - **legacy** 유산
> - **multiengine aircraft** 다발 엔진 항공기(두 개 이상의 엔진을 장착한 항공기)
> - **lead to** ~으로 이어지다
> - **achievement** 업적, 성취
> - **commercial** 상업적인
> - **postage stamp** 우표

04 글의 흐름으로 보아, 주어진 문장이 들어가기에 가장 적절한 곳은? ▶ 9664-0104

> Yet many people who succeed in wearing what is fashionable also fail to be cool.

A friend of mine who was about to go out on a date asked me what I thought of her outfit. (①) Before I could reply, she added, "I want to look great, but I want to look like I made no effort whatsoever." (②) These conflicting desires lie at the heart of the aesthetic virtue of cool. (③) Many of us work hard at looking cool, monitoring shifts in fashion, carefully choosing clothes that are not behind the trend, that express our individuality while simultaneously positioning us within the privileged subgroup of people who are in the know. (④) In fact, trying too hard to look cool can be the very thing that prevents us from being cool. (⑤) Genuinely cool people, it seems, are effortlessly cool.

Part II 주제 · 소재편

Words & Phrases in Use

- outfit 의상
- conflicting 상충하는
- virtue 덕목
- simultaneously 동시에
- in the know 잘 알고 있는

- whatsoever 무엇이든(whatever의 강조형)
- desire 욕구
- shift 변동
- privileged 특권을 가진
- genuinely 진짜로, 진정으로

- aesthetic 미적인
- individuality 개성
- subgroup 소집단, 하위집단
- effortlessly 노력하지 않고, 쉽게

● 22662-0043

Gateway 글의 흐름으로 보아, 주어진 문장이 들어가기에 가장 적절한 곳은?

| 2021년 고2 3월 학력평가 39번 |

> But the necessary and useful instinct to generalize can distort our world view.

Everyone automatically categorizes and generalizes all the time. Unconsciously. It is not a question of being prejudiced or enlightened. Categories are absolutely necessary for us to function. (①) They give structure to our thoughts. (②) Imagine if we saw every item and every scenario as truly unique — we would not even have a language to describe the world around us. (③) It can make us mistakenly group together things, or people, or countries that are actually very different. (④) It can make us assume everything or everyone in one category is similar. (⑤) And, maybe, most unfortunate of all, it can make us jump to conclusions about a whole category based on a few, or even just one, unusual example.

Words & Phrases in Use

- **instinct** 본능
- **categorize** (개개의 범주로) 분류하다
- **enlightened** 계몽된
- **scenario** (미래에 가능한 일을 묘사한) 시나리오
- **assume** 가정하다
- **generalize** 일반화하다
- **unconsciously** 무의식적으로
- **absolutely** 반드시, 전적으로, 완전히
- **jump to a conclusion** 성급하게 결론을 내리다
- **distort** (사실을) 왜곡하다
- **prejudiced** 편견을 가진
- **function** (정상적으로) 활동하다
- **group together** ~을 하나로 묶다

■**ritual** 의식

Tell me more about your **ritual** of greeting the New Year.

새해를 맞이하는 의식에 대해 더 자세히 말해 주세요.

■**philosopher** 철학자

The world-famous **philosopher** Socrates was born in Athens in 469 B.C.

세계적으로 유명한 철학자 소크라테스는 기원전 469년 아테네에서 태어났다.

■**evidence** 증거

There is no **evidence** to support her claim in the record.

그 기록에 그녀의 주장을 뒷받침할 증거는 없다.

■**dominant** 지배적인

The most **dominant** religion in India today is Hinduism.

오늘날 인도의 가장 지배적인 종교는 힌두교이다.

■**linguist** 언어학자

Linguists say that dialects are pretty close to each other.

언어학자들은 방언들이 서로 꽤 비슷하다고 말한다.

■**perception** 인식

This report does little to change our **perception**.

이 보고서는 우리의 인식을 바꾸는 데 거의 도움이 되지 않는다.

■**potential** 잠재력

Most people are not fully aware of their **potential**.

대부분의 사람들은 자신의 잠재력을 충분히 알지 못한다.

■**conform** 따르다, 순응하다

We should **conform** to the customs of the country.

우리는 그 나라의 관습을 따라야 한다.

■**define** 정의하다

Legal dictionaries **define** terms used in the area of law.

법률 사전은 법률 분야에서 사용되는 용어를 정의한다.

■**civilization** 문명

Religion is a key part of every society and **civilization**.

종교는 모든 사회와 문명의 핵심 부분이다.

01 글의 흐름으로 보아, 주어진 문장이 들어가기에 가장 적절한 곳은? ❍ 9664-0106

> However, it's a delicate balance of knowing when to gather more information and knowing when to stop looking for more facts to develop a point of view.

It is a false belief to think that you are either a big-picture thinker or a detail-oriented person. (①) You cannot be a big-picture thinker without knowing the supporting facts or else you would be an empty suit. (②) The brainpower of zoom in requires attending to facts, content, and the situation at hand. (③) Gathering facts and using them to support a novel approach is essential to enhancing integrated reasoning and deeper level thinking. (④) The key is to toggle back and forth from the immense raw details to form high-level ideas. (⑤) It is not enough to understand all the facts; it is highly critical to fit them into a larger schema.

* toggle back and forth: 이리저리 맞추어 보다, 앞뒤로 이동하다

Words & Phrases in Use

- **delicate** 미묘한, 섬세한
- **point of view** 관점, 시각
- **empty suit** 허풍선이
- **attend to** ~을 처리하다, 돌보다
- **novel** 새로운
- **enhance** 강화시키다
- **integrated** 통합된
- **reasoning** 추론
- **immense** 막대한
- **raw** 처리[가공]되지 않은
- **critical** 중요한
- **schema** 인지적인 틀, 인지 도식

02 다음 글의 밑줄 친 부분 중, 문맥상 낱말의 쓰임이 적절하지 <u>않은</u> 것은?

▶ 9664-0107

There are a number of reasons to be concerned about language attrition. Language is a key part of each person's identity and is an ① <u>essential</u> component of a group's cultural and social heritage. Local communities who have lost their language speak about it as a deeply cultural loss which is ② <u>accompanied</u> by a loss of a sense of self. Speakers whose languages are not endangered are also aware of the importance of language as a marker of identity and pay great attention to ③ <u>similarities</u> in dialects and speech patterns. Thus perhaps one of the most compelling reasons to be concerned about language ④ <u>endangerment</u> is that the speakers who lost this part of their heritage deeply regret it and grieve over it. For this reason, so many different communities around the world are currently engaged in language ⑤ <u>revitalization</u> efforts. Some of those groups whose languages are extinct are now attempting to resurrect them from whatever records have survived.

* attrition: 감소, 소모   ** resurrect: 부활시키다

Words & Phrases in Use

- **essential** 필수적인, 본질적인
- **accompany** 동반하다, 동행하다
- **compelling** 강력한, 설득력 있는
- **be engaged in** ～에 열중하다, ～으로 바쁘다
- **extinct** 멸종된, 사라진

- **component** 요소
- **endangered** 멸종 위기에 처한
- **grieve** 비통해하다, 슬퍼하다

- **attempt** 시도하다, 애써 해보다

- **heritage** 유산
- **dialect** 방언

- **revitalization** 재활성화

03 다음 글의 제목으로 가장 적절한 것은?

◐ 22662-0044

When individuals participate in green consumption, they are not being mindful of their actions. One of the key aspects of green consumption is the mindset that people must always search for more efficient ways to live. This leads to constant consumption and replacement of goods. This is not a mindful practice because people are not taking the time to truly understand the consequences of their actions. The example of electric cars perfectly illustrates this point. A mindful individual will understand that buying an electric car is unethical and they ought to continue to use whatever vehicle they already own until it is no longer operational, because the production cost of an electric car or hybrid vehicle makes the reduction of greenhouse gas emissions negligible.

① The Paradox of Green Consumption
② Factors that Affect on Green Consumption
③ Electric Cars: The Future of Motor Vehicles
④ Mindful Consumption: A Key to Economic Development
⑤ Changing Consumer Behavior Towards Mindful Consumption

Words & Phrases in Use

- **consumption** 소비
- **be mindful of** ~에 주의를 기울이다, ~을 유념하다
- **aspect** 측면, 양상
- **mindset** 사고방식, 태도
- **efficient** 효율적인
- **constant** 끊임없는, 변함없는
- **replacement** 교체(물), 대체
- **goods** 제품, 상품
- **illustrate** 분명히 보여주다, 실증하다
- **unethical** 비윤리적인
- **vehicle** 차량, 탈것
- **operational** 작동하는, 사용할 수 있는, 운행 가능한
- **reduction** 감소, 축소
- **emission** 배출
- **negligible** (중요성·규모가 작아) 무시해도 될 정도의

04 다음 글의 빈칸 (A), (B)에 들어갈 말로 가장 적절한 것은?

▶ 9664-0109

Routines are beneficial because they allow us to get things done without much thought. For example, if every morning you had to relearn how to dress yourself or cook your breakfast, you'd never make it to work on time. Routines can be harmful, _____(A)_____, if they prevent us from developing a fresh perspective. They are most dangerous when we are least conscious of the extent to which our perception and cognition are guided by them. Sometimes our habits become so integral to our thinking that we fail to identify them as habits, and instead consider them "the way things are done." _____(B)_____, we need an occasional shock to shake us out of our mental patterns. I call this shock "a whack on the side of the head," and it can stimulate us to ask the questions that lead us to new answers.

* integral: 통합된 ** whack: 강타

	(A)		(B)
①	instead	......	Conversely
②	moreover	......	Conversely
③	moreover	......	Thus
④	however	......	Thus
⑤	however	......	Similarly

Words & Phrases in Use

- **routine** (판에 박힌) 일상
- **beneficial** 유익한
- **perspective** 관점
- **perception** 인식
- **cognition** 인지
- **identify** 식별하다
- **shake ~ out of ...** ~에게서 …을 털어 내다
- **stimulate** 자극하다

● 22662-0045

Gateway 다음 글에서 필자가 주장하는 바로 가장 적절한 것은?

| 2022학년도 수능 20번 |

One of the most common mistakes made by organizations when they first consider experimenting with social media is that they focus too much on social media tools and platforms and not enough on their business objectives. The reality of success in the social web for businesses is that creating a social media program begins not with insight into the latest social media tools and channels but with a thorough understanding of the organization's own goals and objectives. A social media program is not merely the fulfillment of a vague need to manage a "presence" on popular social networks because "everyone else is doing it." "Being in social media" serves no purpose in and of itself. In order to serve any purpose at all, a social media presence must either solve a problem for the organization and its customers or result in an improvement of some sort (preferably a measurable one). In all things, purpose drives success. The world of social media is no different.

① 기업 이미지에 부합하는 소셜 미디어를 직접 개발하여 운영해야 한다.
② 기업은 사회적 가치와 요구를 반영하여 사업 목표를 수립해야 한다.
③ 기업은 소셜 미디어를 활용할 때 사업 목표를 토대로 해야 한다.
④ 소셜 미디어로 제품을 홍보할 때는 구체적인 정보를 제공해야 한다.
⑤ 소비자의 의견을 수렴하기 위해 소셜 미디어를 적극 활용해야 한다.

Words & Phrases in Use

- **organization** 조직
- **thorough** 철저한
- **in and of itself** 그것 자체로는
- **objective** 목표
- **fulfillment** 이행, 충족
- **preferably** 될 수 있으면, 되도록이면
- **insight** 통찰력
- **vague** 막연한
- **measurable** 측정 가능한

Academic Vocabulary by Topic

■ **conflict** 갈등

To make innocent people into victims is no way to solve political **conflicts**.

무고한 사람들을 희생자로 만드는 것은 정치적 갈등을 해결하는 방법이 아니다.

■ **conservative** 보수적인

Those who are very rich and powerful tend to be **conservative**.

매우 부유하고 권력이 있는 사람들은 보수적인 경향이 있다.

■ **custom** 관습

Buy a guidebook that contains information on local **customs**, traditions, and laws.

지역의 관습, 전통, 그리고 법률이 들어 있는 안내서를 구매하라.

■ **legal** 합법적인

It is not **legal** to record conversations that you aren't participating in.

참여하고 있지 않은 대화를 녹음하는 것은 합법이 아니다.

■ **objective** 객관적인

It is impossible for a researcher to remain wholly **objective** when doing research.

연구자가 연구할 때 완전히 객관적인 상태를 유지하는 것은 불가능하다.

■ **oppress** 탄압하다, 억압하다

African American women and men have been **oppressed** by systems established by European American men.

아프리카계 미국인 여성과 남성은 유럽계 미국인 남성들에 의해 세워진 제도에 의해 억압되어 왔다.

■ **radical** 급진적인

The introduction of new technology could lead to a **radical** change in the society.

새로운 기술의 도입이 사회의 급진적인 변화로 이어질 수도 있다.

■ **status** 지위, 신분

Not only does your **status** affect your health, but also your health influences your social **status**.

지위가 건강에 영향을 미칠 뿐만 아니라, 건강이 사회적 지위에 영향을 미치기도 한다.

■ **subject** 실험 대상자

The researcher asked each **subject** to pick five out of a list of 150 companies.

그 연구자는 각각의 실험 대상들에게 150개 회사의 목록에서 5개의 회사를 골라 달라고 요청했다.

■ **violate** 위반하다

An error message is generated if you **violate** this rule.

이 규칙을 위반하면 오류 메시지가 생성된다.

01 주어진 글 다음에 이어질 글의 순서로 가장 적절한 것은?

○ 9664-0111

> Most of the time, we conform unconsciously. We don't even have to think about the fact that we are monitoring others and adapting to them.

(A) This is not crazy behavior. Indeed, there does appear to be an evolutionary advantage for those who mirror others.

(B) People who dress like their boss actually get paid more and promoted more quickly. When we mirror others, they like us more. Unfortunately, the downside is that we behave in a more conformist fashion.

(C) For example, many people start to dress like their boss, although they don't realize it. Even more often, people unconsciously mirror their boss's nonverbal behaviors during a meeting — using similar hand gestures or crossing the same leg, and so on.

① (A) – (C) – (B)　　② (B) – (A) – (C)　　③ (B) – (C) – (A)
④ (C) – (A) – (B)　　⑤ (C) – (B) – (A)

Words & Phrases in Use

- **conform** 순응하다
- **adapt to** ~에 맞추다, ~에 순응하다
- **downside** 부정적인 면
- **unconsciously** 무의식적으로
- **evolutionary** 진화의
- **conformist** 체제 순응적인; 순응하는 사람
- **monitor** 주시하다
- **mirror** (그대로) 따라 하다
- **nonverbal** 비언어적인

02 다음 글의 제목으로 가장 적절한 것은?

▶ 22662-0046

Contrary to prophets of the "information age" who joyfully predicted an abundance of high-paying jobs even for people with the most basic of skills, the sobering truth is that many information-processing jobs fit easily into the category of routine production services. The foot soldiers of the information economy are hordes of data processors stationed in "back offices" at computer terminals linked to world-wide information banks. They routinely enter data into computers or take it out again—records of credit card purchases and payments, credit reports, checks that have cleared, customer accounts, customer correspondence, payroll, hospital billings, patient records, medical claims, court decisions, subscriber lists, personnel, library catalogues, and so forth. The "information revolution" may have rendered some of us more productive, but it has also produced huge piles of raw data which must be processed in much the same monotonous way that assembly-line workers and, before them, textile workers processed piles of other raw materials.

* sobering: 정신이 번쩍 들게 하는　** horde: (큰) 무리

① Skilled and Specialized Workers: Ever in Demand
② Raw Data: The Source of Wealth in the New Economy
③ Data-Processing: A New Service Sector Worth Investing in
④ Total Number of Jobs Declines in the Information Economy
⑤ The Information Age Also Requires Simple Repetitive Work

Words & Phrases in Use

- **contrary to** ~와 대조적으로
- **routine** 일상적인
- **station** 배치하다, 주둔시키다
- **correspondence** 편지, 대응
- **subscriber** 구독자
- **render** 바꾸다, 만들다
- **assembly-line** 조립 라인

- **prophet** 예언자
- **foot soldier** 보병
- **terminal** 단말기
- **payroll** 급여 지불 명부
- **personnel** 총인원, 전 직원
- **raw** 미가공의, 원재료의
- **textile** 직물

- **abundance** 풍부함
- **processor** 처리자
- **clear** (수표 등을) 교환하다, 청산하다
- **hospital billing** 병원비 계산서
- **catalogue** 색인 목록, 카탈로그
- **monotonous** 단조로운

03 다음 글에서 필자가 주장하는 바로 가장 적절한 것은? 9664-0113

I've always told my daughter she should pursue things until they don't make sense. It was a concept I used professionally which resulted in me being very innovative and forward thinking in my business. It's also a concept that encourages me to be more open-minded and open-hearted to new situations and experiences. However, at some point, the thing you're pursuing may no longer make sense, and you need to learn to jump off the dead horse. Stop banging your head against the wall, and let it go. Sometimes it's very difficult to do, especially when you are emotionally invested, but in the long run, you do realize the dead horse will never take you to your destination.

① 새로운 상황과 경험에 더 열린 마음을 가져라.
② 실패를 두려워하지 말고 목표한 바를 추구하라.
③ 감정에 치우치지 말고 합리적인 계획을 수립하라.
④ 추구하던 목표가 타당하지 않다면 과감히 포기하라.
⑤ 다양한 시각을 통해 목표에 도달 가능 여부를 판단하라.

Words & Phrases in Use

- pursue 추구하다
- make sense 타당하다, 이치에 맞다
- innovative 혁신적인
- encourage 격려하다
- destination 목적지

04 다음 빈칸에 들어갈 말로 가장 적절한 것은?

▶ 9664-0114

A localization economy can be traced to the desire of individuals to compare products. Individuals may prefer to shop for shoes in a regional shopping mall because they can compare the merchandise in four or five different stores in fewer trips. Firms selling similar products may repel one another under some circumstances, but when consumers have a demand for _____, similar competing establishments may locate together. An additional shoe store in a regional shopping mall may actually benefit all the shoe stores by making the mall a more desirable place to shop for shoes. The additional store may lower the percentage of mall shoe shoppers who make purchases at each existing store, but total sales may increase due to the greater number of shoppers. Retail establishments selling complementary products may also tend to cluster. For instance, theaters and restaurants often locate together, reflecting the fact that people like to eat out before or after seeing a show.

* repel: 밀어내다

① trendy styles
② display variety
③ parking facilities
④ cheaper products
⑤ customized service

Words & Phrases in Use

- **localization** 집적화, 국지화
- **merchandise** 상품, 물품
- **additional** 추가의
- **cluster** 모이다, 무리를 이루다
- **trace** (기원, 원인을) (추적하여) 밝혀내다
- **establishment** 시설, 기관
- **retail** 소매
- **customized** 맞춤형의
- **regional** 지역의
- **locate** 자리 잡다, 거주하다
- **complementary** 상호 보완적인

● 22662-0047

Gateway 다음 빈칸에 들어갈 말로 가장 적절한 것은?

| 2022학년도 9월 모의평가 34번 |

Enabling animals to _____ is an almost universal function of learning. Most animals innately avoid objects they have not previously encountered. Unfamiliar objects may be dangerous; treating them with caution has survival value. If persisted in, however, such careful behavior could interfere with feeding and other necessary activities to the extent that the benefit of caution would be lost. A turtle that withdraws into its shell at every puff of wind or whenever a cloud casts a shadow would never win races, not even with a lazy rabbit. To overcome this problem, almost all animals habituate to safe stimuli that occur frequently. Confronted by a strange object, an inexperienced animal may freeze or attempt to hide, but if nothing unpleasant happens, sooner or later it will continue its activity. The possibility also exists that an unfamiliar object may be useful, so if it poses no immediate threat, a closer inspection may be worthwhile.

* innately: 선천적으로

① weigh the benefits of treating familiar things with care
② plan escape routes after predicting possible attacks
③ overcome repeated feeding failures for survival
④ operate in the presence of harmless stimuli
⑤ monitor the surrounding area regularly

Words & Phrases in Use

- **universal** 보편적인
- **unfamiliar** 익숙하지 않은
- **survival value** 생존가(생물의 특성이 그 생물의 생존 및 번식에 기여하는 유용성)
- **interfere with** ~을 방해하다
- **habituate to** ~에 익숙해지다
- **confront** 직면하게 하다
- **immediate** 즉각적인
- **operate** 움직이다, 작동하다

- **previously** 이전에
- **caution** 조심, 주의
- **withdraw** 움츠리다
- **stimulus** 자극 (*pl.* stimuli)
- **sooner or later** 머잖아, 조만간
- **inspection** 검사, 조사
- **in the presence of** ~의 앞에서

- **encounter** 마주치다
- **persist in** ~을 (고집스럽게) 지속하다
- **overcome** 극복하다
- **occur** 발생하다
- **exist** 존재하다
- **worthwhile** ~할 가치가 있는

Academic Vocabulary by Topic

■**architect** 건축가

She is an **architect** who specializes in designing factories.

그녀는 공장 설계를 전문으로 하는 건축가이다.

■**dimension** 치수, 차원, 관점, 규모

A **dimension** is a measurement such as length, width, or height.

치수란 길이, 너비, 혹은 높이와 같은 측정치이다.

■**concentration** 농도, 집중

Ordinary sport drinks have a high **concentration** of sugar and salt.

보통의 스포츠 음료들은 높은 설탕과 소금의 농도를 가지고 있다.

■**frequency** 주파수, 진동수

They use low-**frequency** sounds and avoid using piercing sounds.

그들은 저주파음을 사용하고 찌르는 듯한 소리를 사용하지 않는다.

■**orbit** 궤도; 궤도를 그리며 돌다

The **orbit** of this comet intersects the **orbit** of that planet.

이 혜성의 궤도는 저 행성의 궤도와 교차한다.

■**manipulate** 조작하다, 조종하다

Researchers can **manipulate** the genes of a mouse to create a super mouse.

연구자들은 생쥐의 유전자를 조작해서 슈퍼쥐를 만들어 낼 수 있다.

■**multiply** 번식하다, 번식시키다, 증가하다, 곱하다

Most germs **multiply** better in warm climates. 대부분의 세균은 따뜻한 기후에서 더 잘 번식한다.

■**parallel** 평행하는, 유사한; 나란히

The road runs **parallel** to the railroad tracks. 그 길은 기차길과 나란히 뻗어 있다.

■**particle** 작은 입자, 미립자

It can measure a dust **particle** weighing only a thousandth of a gram.

그것은 1천분의 1그램밖에 나가지 않는 먼지 입자도 측정할 수 있다.

■**organism** 유기체, 생물

Among the oldest living **organisms** on earth is a simple germ.

지구상에서 가장 오래된 유기체들 가운데 단순한 미생물이 있다.

■**stimulate** 자극하다

Sour flavor is widely used to **stimulate** appetite. 신맛은 식욕을 자극하기 위해 널리 사용된다.

■**theory** 이론, 학설

The data to support my **theory** could be collected online.

내 이론을 뒷받침할 데이터는 온라인으로 수집될 수 있을 것이다.

■**vertical** 수직의, 세로의

They displayed the information in a **vertical** bar chart. 그들은 그 정보를 세로 막대 도표로 나타냈다.

01 주어진 글 다음에 이어질 글의 순서로 가장 적절한 것은?

● 22662-0048

Big data is often automatically generated by a machine. Instead of a person being involved in creating new data, it's generated purely by machines in an automated way. If you think about traditional data sources, there was always a person involved.

(A) A lot of sources of big data are generated without any human interaction at all. A sensor embedded in an engine, for example, spits out data about its surroundings even if nobody touches it or asks it to.

(B) Somebody had to deposit money, or make a purchase, or make a phone call, or send a shipment, or make a payment. In each case, there is a person who is taking action as part of the process of new data being created. This is not so for big data in many cases.

(C) Consider retail or bank transactions, telephone call detail records, product shipments, or invoice payments. All of those involve a person doing something in order for a data record to be generated.

* invoice: 송장, 청구서

① (A) − (C) − (B)　　　　② (B) − (A) − (C)　　　　③ (B) − (C) − (A)
④ (C) − (A) − (B)　　　　⑤ (C) − (B) − (A)

Words & Phrases in Use

- **automatically** 자동으로
- **interaction** 상호작용
- **surroundings** 주변 환경
- **retail** 소매의

- **generate** 생성하다
- **embed** 설치하다
- **deposit** 예치하다
- **transaction** 거래

- **purely** 순수하게, 순전히
- **spit out** ~을 뱉어내다
- **shipment** 배송품, 배송

02 주어진 글 다음에 이어질 글의 순서로 가장 적절한 것은?

▶ 9664-0117

> Stress responses in adult animals are profoundly affected by prenatal stress and variations in maternal care.

(A) Such results suggest that stress responsivity and maternal care are influenced by early experiences as well as genetic factors. Such regulation is seen in other mammals and even plants.

(B) Mothers providing low maternal care tend to have high-stress responsiveness, as do their offspring when they become adults. However, offspring cross-fostered to other mothers show patterns of stress responsivity more similar to that of their foster mothers.

(C) The effects of variations in maternal care are transmitted across generations with offspring who experience high maternal care exhibiting lower stress responses and providing high maternal care themselves. Such effects would be adaptive when offspring experience an environment similar to their parents.

* prenatal: 태어나기 전의   ** maternal care: 어미의 돌봄, 모성 돌봄

① (A) − (C) − (B)   ② (B) − (A) − (C)   ③ (B) − (C) − (A)
④ (C) − (A) − (B)   ⑤ (C) − (B) − (A)

Part II 주제 · 소재편

Words & Phrases in Use

- **variation** 차이, 변화
- **regulation** 〈생물〉 조절, 제어
- **foster** 수양의, 위탁의
- **adaptive** 적응성이 있는, 적응형의

- **responsivity** 반응
- **mammal** 포유류
- **transmit** 전달하다

- **genetic** 유전의
- **offspring** 새끼, 자손
- **generation** 세대

03 Granville T. Woods에 관한 다음 글의 내용과 일치하지 <u>않는</u> 것은?　　　◐ 9664-0118

　　Granville T. Woods was born in Columbus, Ohio, on April 23, 1856, to free black parents. He only attended school for a few years before dropping out and spending his time working. As a teenager, Woods held a variety of jobs, including a laborer in a steel mill, a railroad worker, and an apprentice in a machine shop. Woods's passion, however, was electrical engineering. Woods read and studied the subject relentlessly. Like many other black inventors, however, he had difficulty finding work that matched his skills. In the 1880s, after years of frustration, Woods decided to take his life in a new direction. Since he could not find an employer who would give him the work he wanted to do, he went into business for himself instead. Opening a workshop in Cincinnati, he immediately started inventing.

* apprentice: 견습생　** relentlessly: 끊임없이

① 부모가 자유인인 흑인이었다.
② 학교를 몇 년간만 다니고 중퇴했다.
③ 십 대에 여러 일자리를 전전했다.
④ 전기 공학을 매우 좋아했다.
⑤ 작업장을 개업하고는 발명을 그만두었다.

Words & Phrases in Use

- **drop out** (학교를) 중퇴하다
- **steel mill** 제강소, 제강 공장
- **machine shop** 기계 공장
- **frustration** 좌절
- **employer** 고용주
- **immediately** 즉시

04 다음 빈칸에 들어갈 말로 가장 적절한 것은?

● 9664-0119

Some scholars recommend we focus on questions that are easy to answer. This criterion is not without logic: study of the fundamentally unknowable is futile and should be avoided. However, the larger danger lies in pointlessly "looking under the light" when the object sought lies in darkness but could with effort be found. Large parts of social science have already diverted their focus from the important to the easily observed, thereby drifting into trivia. Einstein's general theory of relativity proved hard to test. So should he have restrained himself from devising it? The structure of a scientific program is distorted when researchers shy from the logical next question because its answer will be hard to find. A better solution is to give bonus credit to scholars who _____.

* futile: 쓸데없는, 무익한 ** trivia: 하찮은 것

① try to explain the dark side of human nature
② work with logic in their pure thought experiments
③ merge various branches of science into a unified one
④ find proofs for the hypotheses given by other scientists
⑤ take on the harder task of studying the less observable

Words & Phrases in Use

- recommend 권유하다
- fundamentally 근본적으로
- object 대상
- observe 관찰하다
- general theory of relativity 일반 상대성 이론[원리]
- devise 고안하다
- credit 인정, 칭찬

- criterion 기준
- unknowable 알 수 없는
- seek 찾다, 추구하다
- drift 이동하다, 움직이다
- distort 왜곡하다

- logic 논리
- pointlessly 무의미하게
- divert 돌리다, 전환하다
- restrain 제한하다
- shy from ~로부터 피하다

Part II 주제 · 소재편

22 예술, 스포츠 및 엔터테인먼트

22662-0049

Gateway 다음 글의 요지로 가장 적절한 것은?

| 2021학년도 6월 모의평가 22번 |

Official definitions of sport have important implications. When a definition emphasizes rules, competition, and high performance, many people will be excluded from participation or avoid other physical activities that are defined as "second class." For example, when a 12-year-old is cut from an exclusive club soccer team, she may not want to play in the local league because she sees it as "recreational activity" rather than a real sport. This can create a situation in which most people are physically inactive at the same time that a small number of people perform at relatively high levels for large numbers of fans — a situation that negatively impacts health and increases health-care costs in a society or community. When sport is defined to include a wide range of physical activities that are played for pleasure and integrated into local expressions of social life, physical activity rates will be high and overall health benefits are likely.

① 운동선수의 기량은 경기 자체를 즐길 때 향상된다.
② 공정한 승부를 위해 합리적인 경기 규칙이 필요하다.
③ 스포츠의 대중화는 스포츠 산업의 정의를 바꾸고 있다.
④ 스포츠의 정의는 신체 활동 참여와 건강에 영향을 미친다.
⑤ 활발한 여가 활동은 원만한 대인 관계 유지에 도움이 된다.

Words & Phrases in Use

- **definition** 정의
- **exclusive** 상위의, 상류의, 고급의
- **negatively** 부정적으로
- **benefit** 이점
- **implication** 함의, 내포된 뜻
- **inactive** 활동적이지 않은
- **integrate** 융합하다, 통합하다
- **exclude** 배제하다
- **relatively** 상대적으로
- **overall** 전반적인

Academic Vocabulary by Topic

■ **masterpiece** 걸작, 명작

Herman Melville's **masterpiece** was *Moby-Dick*.

Herman Melville의 걸작은 *Moby-Dick*이었다.

■ **inspiration** 영감

Where does the **inspiration** for your art come from?

당신의 예술에 대한 영감은 어디에서 오나요?

■ **compose** 작곡하다, (시 · 문장을) 짓다

He is **composing** in his studio. 그는 작업실에서 작곡을 하고 있다.

■ **critic** 비평가, 평론가

The play has been well received by the **critics**. 그 연극은 비평가들에게 좋게 받아들여졌다.

■ **applause** 박수 (갈채)

The announcement was greeted with **applause** and cheers. 발표에는 박수와 환호가 쏟아졌다.

■ **adaptation** 각색(물)

The film is an **adaptation** of a book of the same title. 그 영화는 동명의 책을 각색한 것이다.

■ **exhibition** 전시회

There were several famous paintings at the **exhibition**. 전시회에는 몇 점의 명화가 걸려 있었다.

■ **referee** (스포츠 경기의) 심판

The **referee** whistled and the game was over. 심판이 호각을 불자 경기가 끝났다.

■ **renew** 갱신하다

Every year I **renew** my membership of the sports club.

해마다 나는 스포츠 클럽의 회원 자격을 갱신한다.

■ **attraction** 명소

Disney World is one of Florida's major tourist **attractions**.

디즈니 월드는 플로리다의 주요 관광 명소 중 하나이다.

■ **destination** (여행 등의) 목적지, 행선지, 도착지

We had to change planes twice before reaching our final **destination**.

우리는 최종 목적지에 도착하기 전에 비행기를 두 번 갈아타야 했다.

■ **outing** 나들이, 소풍, 산책

My family went on an **outing** to the beach. 우리 가족은 해변으로 나들이를 갔다.

■ **athletic** 운동 경기의, 운동선수의

The university is very proud of its **athletic** facilities.

그 대학은 운동 시설을 매우 자랑스러워한다.

■ **accommodation** 숙박 시설, 거처

There's a shortage of cheap **accommodation**. 저렴한 숙박 시설이 부족하다.

01 다음 빈칸에 들어갈 말로 가장 적절한 것은?

○ 9664-0121

The types of sounds, rhythms, and musical textures we find pleasing are generally extensions of _____ we've had with music in our lives. This is because hearing a song that you like is a lot like having any other pleasant sensory experience — eating chocolate, fresh-picked raspberries, smelling coffee in the morning, seeing a work of art or the peaceful face of someone you love who is sleeping. We take pleasure in the sensory experience, and find comfort in its familiarity and the safety that familiarity brings. I can look at a ripe raspberry, smell it, and anticipate that it will taste good and that the experience will be safe — I won't get sick. If I've never seen a loganberry before, there are so many points in common with the raspberry that I can take the chance in eating it and anticipate that it will be safe.

① random personal breaks
② potentially serious problems
③ previous positive experiences
④ interesting medical treatments
⑤ meaningful childhood successes

Words & Phrases in Use

■ texture (음악·문학 작품에서 여러 가지 요소의) 조화[어우러짐]　　　■ extension 연장
■ sensory 감각의　　　■ ripe 익은　　　■ anticipate 예상하다
■ take the chance 운에 맡기고 해보다

02 (A), (B), (C)의 각 네모 안에서 어법에 맞는 표현으로 가장 적절한 것은?

9664-0122

Every aspect of training for elite athletes has explicit goals. Everything they do inside and outside the practice venue (A) is / are goal directed. As coach, you want to help your athletes do two things: be goal directed and set their own goals. When (B) work / working with your athletes, give them daily, weekly, and monthly goals. You can write them down and give them to your athletes. For example, when I observed a practice in China, I noticed the coach would give each diver a piece of paper with that day's individual practice and goals. Remember, don't limit goals to just the physical practice. They should also have goals for other parts of training such as their warm-up routine, mental training, and conditioning. Also, have your athletes take their sport home with them. Encourage them to keep a journal (C) which / in which they reflect on their practices and competition performances, set new practice goals, evaluate their short-term and long-term goals, and so on.

* venue: 장소

	(A)		(B)		(C)
①	is	······	working	······	which
②	are	······	working	······	which
③	is	······	working	······	in which
④	are	······	work	······	which
⑤	is	······	work	······	in which

Words & Phrases in Use

- **elite** 엘리트
- **practice** 훈련, 연습
- **routine** 기계적인 습관, 일상의 과정
- **reflect on** ~을 되돌아보다, 반성하다
- **long-term** 장기적인

- **athlete** 운동선수
- **observe** 관찰하다, 목격하다
- **encourage** 격려하다, 권장하다
- **evaluate** 평가하다

- **explicit** 분명한, 명백한
- **physical** 신체의
- **journal** 일지, 일기
- **short-term** 단기적인

03 다음 빈칸에 들어갈 말로 가장 적절한 것은?

▶ 22662-0050

Performers rely on sonic road maps to navigate their way through a composition. This is true for every musical genre or style. Listeners use road maps too. The biggest difference between a performer's road map and a casual listener's road map is the _____. A performer's map is necessarily multi-layered and multifaceted. It consists of many interrelated layers that are accessed to different degrees according to the musical demands. These layers include such basic elements as melody and harmony, rhythm and texture, and others. By comparison, a listener's map might initially include only general outlines and expectations — perhaps just the lyrics of a song, or the overall emotional feeling it projects, or the beat. It takes engaged listening to fill in the details of a musical landscape.

* sonic: 소리의, 음파의 ** multifaceted: 다면적인

① creative motivation
② level of complexity
③ uniformity of symbols
④ strength of expressions
⑤ duration of performance

Words & Phrases in Use

- navigate 길을 찾다
- necessarily 필연적으로
- layer 층
- rhythm 리듬
- initially 처음에
- landscape 전경, 풍경

- composition (작곡된) 작품
- consist of ~으로 구성되다
- access 접근하다
- texture (음악이나 문학 작품에서 여러 가지 요소의) 조화
- lyrics 가사

- genre 장르
- interrelated 서로 연관된
- element 요소
- engaged 열중한, 열심히 하는

04 Joy Batchelor에 관한 다음 글의 내용과 일치하지 <u>않는</u> 것은? ▶ 9664-0124

Joy Batchelor is a British-based animator who founded the Halas and Batchelor studio with John Halas. Batchelor's father encouraged her drawing skills as a child. Despite some difficulties in her childhood, Batchelor won a school scholarship, attending art school in Watford. Her studies were successful but due to a lack of money she was unable to continue and instead began to work. She worked well in an animation studio for three years until it closed, after which she found work at a printing company as a poster designer. She remained with the poster company for six months and met John Halas. After a short trip to John's native Hungary, they returned to Britain where in 1940 they founded Halas and Batchelor studio, and later married. In the 1950s, the studio began work on *Animal Farm*, which became one of its best-known films as well as Britain's first feature-length animation.

① 어린 시절의 어려움에도 학교 장학금을 받았다.
② 돈이 부족하여 학업을 중단하고 일을 시작했다.
③ 인쇄 회사에서 포스터 디자이너로 일한 적이 있다.
④ 만화 영화사를 설립하기 전에 John Halas와 결혼했다.
⑤ 영국 최초의 장편 만화 영화를 제작했다.

Words & Phrases in Use

- **animator** 만화 영화 제작자
- **scholarship** 장학금
- **found** 설립하다
- **feature-length** 장편의

● 22662-0051

Gateway 다음 글의 요지로 가장 적절한 것은?

| 2022학년도 수능 22번 |

Environmental hazards include biological, physical, and chemical ones, along with the human behaviors that promote or allow exposure. Some environmental contaminants are difficult to avoid (the breathing of polluted air, the drinking of chemically contaminated public drinking water, noise in open public spaces); in these circumstances, exposure is largely involuntary. Reduction or elimination of these factors may require societal action, such as public awareness and public health measures. In many countries, the fact that some environmental hazards are difficult to avoid at the individual level is felt to be more morally egregious than those hazards that can be avoided. Having no choice but to drink water contaminated with very high levels of arsenic, or being forced to passively breathe in tobacco smoke in restaurants, outrages people more than the personal choice of whether an individual smokes tobacco. These factors are important when one considers how change (risk reduction) happens.

* contaminate: 오염시키다 ** egregious: 매우 나쁜

① 개인이 피하기 어려운 유해 환경 요인에 대해서는 사회적 대응이 필요하다.
② 환경오염으로 인한 피해자들에게 적절한 보상을 하는 것이 바람직하다.
③ 다수의 건강을 해치는 행위에 대해 도덕적 비난 이상의 조치가 요구된다.
④ 환경오염 문제를 해결하기 위해서는 사후 대응보다 예방이 중요하다.
⑤ 대기오염 문제는 인접 국가들과의 긴밀한 협력을 통해 해결할 수 있다.

Words & Phrases in Use

- hazard 위험 (요인)
- contaminant 오염물질
- reduction 감소
- awareness 인식
- have no choice but to *do* (어쩔 수 없이) ~하는 수밖에 없다
- passively 수동적으로

- promote 조장하다, 촉진하다
- avoid 피하다
- elimination 제거
- measure 조치

- exposure 노출, 접함
- involuntary 자기도 모르게 하는
- societal 사회의

- arsenic 비소

Academic Vocabulary by Topic

- **biodiversity** 생물의 다양성

The mining project threatens one of the world's richest areas of **biodiversity**.

채굴 계획이 세계에서 생물 다양성이 가장 풍부한 지역 중 하나를 위협한다.

- **extinct** 멸종된

The numbers of these animals have been falling steadily and they are now almost **extinct**.

이 동물들의 개체 수는 점차 감소해 왔고, 이제 거의 멸종 상태이다.

- **contaminate** 오염시키다

The drinking water has become **contaminated** with lead. 식수가 납으로 오염되었다.

- **disposal** (무엇을 없애기 위한) 처리

The waste must be taken to an approved **disposal** facility.

쓰레기는 인가된 처리 시설로 보내져야 한다.

- **ecosystem** 생태계

The marine **ecosystem** of the northern Gulf had suffered irreparable damage.

북페르시아만의 해양 생태계는 회복할 수 없는 피해를 입었다.

- **famine** 기근

When **famine** strikes, it is often women and children who suffer the most.

기근이 발생하면, 가장 고통을 받는 것은 여성과 아이들인 경우가 많다.

- **toxic** 유독성의

That process produces very **toxic** chemicals and should be avoided.

그 과정은 유독 화학 물질을 발생시키므로 피해야 한다.

- **infection** 감염, 전염병

Sneezing is the most common way of spreading an **infection**.

재채기는 전염병을 옮기는 가장 흔한 방법이다.

- **prescribe** 처방하다, 처방을 내리다

The doctor **prescribed** three months of physical therapy for my leg injury.

의사는 내 다리 부상에 3개월의 물리 치료를 처방했다.

- **symptom** 증상, 징후

Nurses are taught how to identify and treat the **symptoms** of poisoning.

간호사들은 중독의 증상을 확인하고 치료하는 방법을 배운다.

- **fatal** 치명적인, 죽음을 초래하는

He has not driven since his nearly **fatal** accident earlier this year.

그는 올해 초 거의 죽을 뻔한 사고 이후로 운전을 하지 않았다.

- **immune** 면역성이 있는, ~의 영향을 받지 않는

The vaccination doesn't necessarily make you completely **immune**.

예방 접종이 반드시 여러분을 완전히 면역성을 갖도록 하지는 않는다.

01 다음 글의 밑줄 친 부분 중, 어법상 틀린 것은?

> 9664-0126

There are two forms of strokes — little and big. The only difference between them is that one is the harbinger of ①the other. Many years earlier, before a full-fledged stroke develops, some of the victims may get temporary attacks of weakness of the body, and these are ②what are called 'minor' or 'little' strokes. One hears less about them since it is the big strokes which often kill, and that is why they ③talk of more often. Little strokes occur in some people for a number of years prior to the development of a big event. The strokes are minor in nature and of varying intensity. A number of times these are missed since the symptoms are ④so peculiar and of varying intensity. It is very important ⑤to look for them since early diagnosis and management may prevent the development of a big stroke.

* harbinger: 전조   ** full-fledged: 본격적인

Words & Phrases in Use

- stroke 뇌졸중
- prior to ~ 이전에
- miss 놓치다
- diagnosis 진단

- victim 환자, 희생자
- varying 다양한, 변화하는
- symptom 증상
- prevent 예방하다

- temporary 일시적인
- intensity 강도
- peculiar 특이한, 이상한

02 다음 글의 제목으로 가장 적절한 것은?

○ 22662-0052

Cities harbor an impressive diversity of birds, both residents and migrants, though many species are in decline in urban areas. In Chicago, 5−7 million birds, some 250 species, pass through the city during peak migration times in fall and spring. The city sits smack-dab in the middle of the Mississippi Flyway, an amazing aerial superhighway that connects the Northern and Southern hemispheres. There are so many birds passing through that concerns about collisions with high-rise buildings have prompted the city to initiate a "lights out" campaign, aimed at turning off or dimming these disorienting lights. Studies by the Chicago Field Museum show that the program is effective in significantly reducing the mortality of migrating birds, and although participation in the program is voluntary, companies and building owners are clearly motivated to care for the birds. And of course, there are other benefits, including reducing energy consumption and greenhouse gas emissions and, not least, saving money.

* smack-dab: 정면으로　** mortality: 사망률

① Something Must Be Done to Save Urban Birds
② Turn the Lights Off for Bird and Human Health!
③ Why Migrating Birds Come Back to Chicago Every Year
④ The Flyways of Migrating Birds: A Mystery to Researchers
⑤ A Bird-friendly Effort for Migrating Birds and the Economy

Words & Phrases in Use

- harbor 거처를 주다, 품다
- migrant 철새
- aerial 공중의
- collision 충돌
- aim at ~할 목적이다
- significantly 상당히

- impressive 인상적인
- decline 감소
- superhighway 초고속도로
- prompt 유도하다, 촉발하다
- dim 어둡게 하다
- emission 배출(량)

- resident 텃새
- migration 이주
- hemisphere 반구
- initiate 시작하다
- disorient 방향 감각을 교란하다[혼란시키다]

03 다음 글에서 필자가 주장하는 바로 가장 적절한 것은?

9664-0128

It is an irrefutable feature of our world that everything each and every one of us does affects everyone else, everywhere, because we all share the same air. Little things like recycling your junk mail, installing energy-efficient lightbulbs, and reusing grocery bags, all make a difference, although a seemingly small one. But along with the small changes, making a better future is going to require huge ideas and huge actions. We need to think big, because we are going to have to take big steps as a society. As Rick Smalley put it: "We have to do more with less." We have to provide more food, more water, and more energy to more people, using not just less of Earth's resources — not just less fossil fuel, but no fossil fuel at all. We need to break free of our carbon shackles. I'm sure that if we understand energy and how its production affects the atmosphere, we can do all that.

* irrefutable: 반박할 수 없는 ** shackles: 족쇄

① 에너지 수요 증가에 대비하여 무분별한 자원의 사용을 제한해야 한다.
② 더 나은 미래를 위해 작은 변화와 더불어 큰 생각과 행동이 필요하다.
③ 화석 연료가 고갈되기 전에 재생 에너지를 개발해야 한다.
④ 지속 가능한 미래 사회를 조성하기 위해 탄소 배출을 줄여야 한다.
⑤ 환경을 위해 거창한 계획을 세우기보다 사소한 일부터 실천해야 한다.

Words & Phrases in Use

- junk mail 정크 메일(원치 않는데 일방적으로 보내는 광고물)
- lightbulb 전구
- fossil fuel 화석 연료
- atmosphere 대기
- seemingly 겉보기에는
- break free of ~에서 벗어나다
- affect ~에 영향을 미치다
- resource 자원
- carbon 탄소

04 주어진 글 다음에 이어질 글의 순서로 가장 적절한 것은?　　　　　　　　　○ 9664-0129

> Energy drinks are frequently marketed targeting young adults with declarations of increasing mental and physical energy levels as well as providing a short-term boost to mood and performance.

(A) In another study based on 502 young males and 567 young females, the authors observed that energy drink consumption (100 mL/day) was significantly associated with anxiety (though not depression) in males but not in females.

(B) However, some energy drinks contain almost three times the caffeine of an average carbonated soda. Although the acute mood effects associated with consuming energy drinks are often positive, regular consumption of energy drinks is associated with undesirable mental health effects such as anxiety, depression, and possibly mood disorders.

(C) In one study based on 136 undergraduate students, the authors observed that male students in general consumed more energy drinks than female students. Moreover, students consumed energy drinks when they felt stressed out. However, consuming energy drinks on a regular basis was associated with lower academic performance.

* acute: 단시간의, 급성의

① (A) – (C) – (B)　　　② (B) – (A) – (C)　　　③ (B) – (C) – (A)
④ (C) – (A) – (B)　　　⑤ (C) – (B) – (A)

Words & Phrases in Use

- **target** 대상으로 삼다. 겨냥하다
- **mood** 기분
- **anxiety** 불안, 걱정
- **carbonated soda** 탄산음료, 탄산수
- **disorder** (신체 기능의) 이상, 장애
- **academic** 학업의

- **declaration** 공표, 선언
- **significantly** 상당히, 의미가 있게
- **depression** 우울함
- **regular** 잦은, 자주하는
- **undergraduate** 대학생, 학부생

- **boost** 부양책, 격려, 힘
- **associated with** ~와 관련된
- **average** 보통의, 평균의
- **undesirable** 달갑지 않은, 바람직하지 않은
- **stressed out** 스트레스를 받는

PART

III

수능특강 Light 영어

테스트편

01

다음 글의 목적으로 가장 적절한 것은?

○ 9664-0130

Dear Parent:

It has always been our concern to promote quality health of the students in our school and to control and manage communicable diseases. Head lice have been discovered in your child's classroom. Although head lice do not transmit diseases, they are, nevertheless, a bother and can cause intense itching and discomfort. This condition is nothing to be embarrassed about. Anyone, regardless of personal hygiene, can contract head lice. Please check your child's head closely for head lice or the small white nits that look like dandruff (they do not brush off easily). It takes a special, fine-toothed comb to remove nits. If you should find head lice on your child, please seek treatment and notify the school immediately. Your cooperation will help us keep this situation under control.

Sincerely,

Mrs. Hunter

* hygiene: 위생 상태 ** nit: 서캐(이의 알, 유충) *** dandruff: 비듬

① 교내 머릿니 발생 및 전파 원인에 관해 설명하려고
② 교내 머릿니 발생을 알리고 학부모가 할 일을 설명하려고
③ 머릿니가 발견된 학생의 공결 처리 방침에 대해 안내하려고
④ 학교 보건실에 머릿니 퇴치를 위한 약품 구매를 요청하려고
⑤ 교내 머릿니 전파를 막기 위한 단체 머리 검사를 제안하려고

02

다음 글에 드러난 필자의 심경 변화로 가장 적절한 것은?

○ 9664-0131

I took a deep breath and threw myself into the giant cone. Like a child, I spun and spun inside the cone. For the first time in a long time, I laughed and giggled. This was fun. When I stopped spinning, I held my breath and prepared for the plunge into the pool. A scream of excitement erupted from my throat when I dropped and hit the water. When the cold water hit me, I moved my arms in striding motion to stay afloat as I had seen the kids do. Then suddenly I remembered I couldn't swim. Within minutes, I was neck-deep in water. Desperately I flapped my arms in a useless attempt to stay afloat, but the more I flapped, the deeper I sank. A fear as cold as ice froze my heart when I realized that there was no foothold.

* cone: 원뿔 ** plunge: 떨어짐 *** flap: (날개·팔 따위를) 휘젓다

① joyful → panicked
② jealous → ashamed
③ nervous → relieved
④ worried → regretful
⑤ frustrated → grateful

03 다음 글에서 필자가 주장하는 바로 가장 적절한 것은?

⊙ 9664-0132

One of the best pieces of advice I got when my son was really little was from his nursery school teacher, who told parents to pretend that we liked bugs and worms. The reason: my son's class was doing an earth science unit, and she had found that almost all kids love to dig and play with the dirt. That is, until, at pickup time, their parents scream, "Ewwwww, worms are gross!" — which often squashes their interest in biology. Kids get many of their early ideas and prejudices from us. So how you feel about your own work — and how you talk about it in front of your kid — affects how she views work in general. If you enjoy your job, say so. Even if you don't love your job, you can probably say that you love *having* one. It's important to relay the idea that a job is something to take pride in.

* squash: 꺾다, 짓이기다

① 과거의 실수를 반복하지 않도록 자녀를 훈육하라.
② 갈등이 생길 때는 끈기 있는 대화를 통해 해결하라.
③ 자녀가 일하는 것을 자랑스러운 것으로 여기게 하라.
④ 자녀의 직업을 결정할 때 주변의 조언에 귀 기울이라.
⑤ 타인의 의견에 연연하지 말고 자신이 원하는 것을 선택하라.

04 밑줄 친 the nature of design이 다음 글에서 의미하는 바로 가장 적절한 것은?

⊙ 9664-0133

Though there may be no perfect design, we can still speak of good design. We can admire the brilliant solution, appreciate the ingenious device, and enjoy the clever gadget. Imperfect as they may be, they represent the triumph of the human mind over the world of things, and the achievements of accomplished designers uplift the spirit of us all. The pole-vaulter who sets a new record is no less of a champion because he does not clear the next bar height. He had conceived and executed his run, the planting of his pole, and the arc of his body in the best way that he could for that meet, and for the time being, at least, his best is the best. We applaud what he did achieve, with the expectation that someday he or some other athlete may design a better pole or vaulting technique and so set a new record. That is <u>the nature of design</u>.

* ingenious: 독창적인, 교묘한 ** gadget: 장치 *** pole-vaulter: 장대높이뛰기 선수

① continuing to pursue the newness for the aesthetic
② harmonizing the design's aesthetic with its practicality
③ completing the perfect design through a variety of failures
④ finding merits of the existing design to create a better one
⑤ replacing the existing best design with a more advanced one

05 다음 글의 요지로 가장 적절한 것은? ● 9664-0134

Instant and early conclusions, solutions, suggestions, and statements about "how we solved that in the past" are the enemies of good problem solving. The good is, most often, the enemy of the better. Defining the problem and taking action occur almost simultaneously for most people. The mentally agile survivor paradoxically puts more energy into playing with the problem mentally — defining more creatively. Voluminous research on problem solving shows conclusively that the more effort one puts into the front end of the problem-solving process, the easier it is to come up with a good solution. This doesn't mean being inactive. It means being highly cognitively active in defining the problem more rigorously.

* agile: 민첩한

① 좋은 해결책을 찾기 위해 먼저 문제점을 정확하게 정의해야 한다.
② 직관보다 경험에 의존하여 문제를 해결하는 것이 더 효과적이다.
③ 한번 결정한 일은 지체하지 말고 빨리 시행하는 것이 중요하다.
④ 이미 해결된 문제도 열린 마음으로 다시 살펴볼 필요가 있다.
⑤ 여러 번의 작은 성공의 경험이 큰 성공으로 이어진다.

06 다음 글의 주제로 가장 적절한 것은? ● 9664-0135

Many of the technological innovations with the most profound impact on human society originated in settlements along trade routes, where a rich mix of different cultures ignited new ideas. For example, the printing press, which helped spread knowledge to all social classes, was invented by the German Johannes Gutenberg around 1440. This invention relied on several innovations from China, including paper and ink. Paper traveled along trade routes from China to Baghdad, where technology was developed for its mass production. This technology then migrated to Europe, as did water-based ink from China, which was modified by Gutenberg to become oil-based ink. We have the cross-fertilization of diverse cultures to thank for the printing press, and the same can be said for other important inventions.

* ignite: 불을 붙이다 ** cross-fertilization: (문화 · 학문 분야 따위의) 교류

① role of trade routes in the development of technological innovations
② factors discouraging cultural exchange with nearby countries
③ competition among cultures for technological innovations
④ reasons for the growth of settlements along trade routes
⑤ typical characteristics of successful inventors in history

07 다음 글의 제목으로 가장 적절한 것은?

9664-0136

When you watch a movie first on a large screen in the theater and then on a small video screen, do you see giants on the large screen and Lilliputians on the small screen? Of course not. As with color constancy, which makes us see colors as uniform despite variations, our perception is guided by size constancy, which means we perceive people and their environments as normal sized regardless of whether they appear in a long shot or a close-up on a large movie screen or a small video screen, or whether we are relatively close to or far away from the screen. So long as we know by experience how large or small an object should be, we perceive it as its normal size regardless of screen size, relative image size, or perceived object distance.

* Lilliputian: 소인국 사람

① Larger Objects Feel More Powerful on Screen
② Why We Prefer Larger Screens to Smaller Ones
③ Images on Screen Fool Us into Believing False Things
④ The Size of Objects: The Key to Recognizing Distances
⑤ How We Perceive Something on a Screen as Its Normal Size

08 Charles Sanders Peirce에 관한 다음 글의 내용과 일치하지 <u>않는</u> 것은?

9664-0137

Charles Sanders Peirce (pronounced "purse"), the founder of pragmatism, America's only unique philosophy, was born in Cambridge, Massachusetts. His father, Benjamin, was the leading mathematician of the day, and he took a special interest in his son's intellectual development. Under his direction Charles was reading college-level material, including logic, at age twelve, and Benjamin would challenge the boy with highly complex problems that Charles would solve on his own. Although his most significant education came from his father, Charles went on to attend Harvard University, where he received a Bachelor of Science in chemistry in 1863. Yet, he was not a successful student (he usually placed in the lower quarter of his class), partly because he showed scorn for his professors as inadequately qualified to teach him. This arrogance is likely the main reason Peirce lived a difficult life. He died in poverty at age seventy-four in the then-isolated town of Milford, Pennsylvania.

* pragmatism: 실용주의 ** Bachelor: 학사

① 수학자 아버지에게서 태어났다.
② 12살 때 대학 수준의 글을 읽었다.
③ 대학에서 화학으로 이학사 학위를 받았다.
④ 대학에서 성적이 매우 우수하여 오만했다.
⑤ 외딴 도시에서 가난하게 살다가 사망했다.

09 ADOPT A PET DAY에 관한 다음 안내문의 내용과 일치하지 <u>않는</u> 것은?   ○ 9664-0138

ADOPT A PET DAY

Bring home a new family pet! Snow Broadcasting Company
and Johns Telecommunication Company are hosting the event.

Date and Time
April 15, 10 AM − 6 PM

Adoption Fees
Participating animal shelters across the country will have reduced adoption fees on
April 15 in an effort to increase pet adoptions.
- $20 for a dog
- $10 for a cat

Snow Broadcasting Company and Johns Telecommunication Company teamed up
with nearly 400 animal shelters in more than 100 cities nationwide, and will work
to match up thousands of homeless pets with new homes.

Please find the nearest participating shelter at sbc.com or johnstelecom.com.

---

① 두 개의 회사가 주최하는 행사이다.
② 4월 15일 하루 8시간 동안 진행된다.
③ 참여 동물 보호소들이 입양비를 내릴 예정이다.
④ 개와 고양이의 입양비가 다르다.
⑤ 500개가 넘는 동물 보호소들이 참여할 예정이다.

10 Legend Robotics Camp에 관한 다음 안내문의 내용과 일치하는 것은? ● 9664-0139

Legend Robotics Camp
Lakeside Public Library
(Aug 1st − Aug 5th)

■ A 5-day camp for students aged 12 − 16
■ Time: 9 a.m. − 11 a.m.
■ Cost: FREE

Participants will learn how to code, build, and manipulate a robot using the Legend robotics platform. Participants will work in teams to build, test, and problem solve using their math, computer science and engineering skills.

• We recommend a full course completion for 5 days, but we do not issue a certificate.
• Classes will be held in the Lakeside Public Library computer lab, 2nd floor.
• Registration is required as space is limited. Registration forms must be sent by email to chris@lpl.org.
• This program is funded by a grant from the Community Fund.

For further details, visit www.lpl.org.

---

① 12세 이하의 학생을 대상으로 한다.
② 참가자는 개별 활동으로 문제를 해결해야 한다.
③ 이수증을 받으려면 5일 동안 전 과정을 이수해야 한다.
④ 수업은 도서관 2층의 컴퓨터실에서 진행된다.
⑤ 등록 신청서는 직접 방문하여 제출해야 한다.

Part III 테스트편

11 다음 도표의 내용과 일치하지 <u>않는</u> 것은?　　　　　　　　　　　　　　⊙ 9664-0140

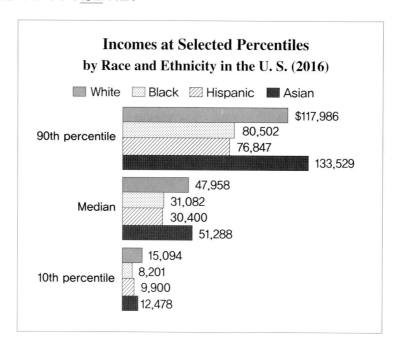

**Incomes at Selected Percentiles
by Race and Ethnicity in the U. S. (2016)**

■ White ▦ Black ▨ Hispanic ■ Asian

90th percentile
$117,986
80,502
76,847
133,529

Median
47,958
31,082
30,400
51,288

10th percentile
15,094
8,201
9,900
12,478

　　The above graph shows respective annual incomes at selected percentiles of four racial and ethnic groups in the U.S. in 2016. ① The median annual income for Asians was $51,288, which was more than the respective median annual incomes of whites, blacks and Hispanics. ② Also, the income of Asians at the 90th percentile was higher than the income of whites at the 90th percentile: $133,529 versus $117,986. ③ In the same percentile, the incomes of blacks and Hispanics were similar, each being more than twice as large as the income of Asians in that percentile. ④ In contrast, Asians at the 10th percentile of their income distribution earned $12,478, less than the income of whites at the 10th percentile. ⑤ Blacks and Hispanics were behind by even more in the 10th percentile, with incomes of $8,201 and $9,900, respectively.

12 다음 글의 밑줄 친 부분 중, 어법상 틀린 것은?

● 9664-0141

If 100 people are interviewed about, say, whether they like a particular brand of peanut butter and it is found that 38 ①do, we are told that 38 percent of people like that brand. Of course this does not mean that everyone in the world ②was asked, but the researcher assumes that if 38 percent of the sample liked that brand then it is likely to reflect the opinion of people generally. However, ③crucial to this assumption is the size of the sample. If you asked just two people if they liked that brand of peanut butter and one did, that would be weak evidence ④that 50 percent of people liked it. You couldn't assume that the views of two people would match the whole population! Generally the larger the sample the more reliable the survey is likely to be. If the study doesn't say how many people were involved, ⑤is suspicious.

13 다음 글의 밑줄 친 부분 중, 문맥상 낱말의 쓰임이 적절하지 <u>않은</u> 것은?

○ 9664-0142

Take a close look at a computer chip sometime. You'll notice that it ①<u>resembles</u> a dense city in miniature, perhaps symbolizing our move toward an ever-more-compact and interactive world. In the same way that microchips are increasing in power by ②<u>providing</u> more communication pathways, we are seeing the power of direct people-to-people communication, and the collapse of traditional bureaucratic hierarchies. This ③<u>forbids</u> us to communicate in far more, and more profound, ways. For example, a century ago, few people traveled outside their own county. Today, some kids have ④<u>more</u> friends around the world that they've "met" via the Internet than they do in their local neighborhoods and schools. That's because they have grown up with technologies of ⑤<u>interactive</u> communication we never imagined.

* bureaucratic hierarchy: 관료주의적 계급제도

● 9664-0143

14   Research from New York University and Tel Aviv University has shown that you're more inclined to think creatively when you imagine yourself _____. Imagining yourself in the mind of somebody else, for example, is a simple way to trick your brain into seeing things in new ways. The act of people watching is one way to do just that. As you watch strangers, you can imagine how they might handle a situation. That thought process allows for ideas that would otherwise be unrealistic or limited by your personal way of thinking. After all, *you* might not act a certain way, but a stranger could. Imagining how a stranger might act makes it possible for you to think of more radical and imaginative ideas than you might be used to, simply because it's not *you* acting them out, but someone else you're watching.

① faced with deadlines all the time
② removed from a problem or situation
③ released from the daily cycle of work
④ engaged in brainstorming with strangers
⑤ compelled to meet other people's expectations

○ 9664-0144

15   For science, technology, engineering, and math (STEM) classes, _____ has a natural place. It is an integral part of teaching design thinking, which centers on applying creativity to realize and solve problems. In order to imagine or identify challenges to be addressed, students have to put themselves into the lives and circumstances of others. They have to ask themselves, "What is this person feeling?" "What is his situation like, and how can we make it better for him?" They use their insights from those reflections to address solution-based thinking. Through various processes (brainstorming, inquiry, etc.), they identify a specific way they can solve the problem. They design and test their prototype, still thinking about the ultimate user and making modifications with the user in mind.

＊prototype: 원형

① logic   ② passion   ③ empathy
④ objectivity   ⑤ creativity

○ 9664-0145

16   Low-productivity firms are often located in industries where the demand is stagnant or falling. This is partly due to the fact that new plants do not need to be built to meet new demands, but it is also due to _____. Dying industries simply cannot be managed as efficiently as growing industries. Growing industries attract bright aggressive managers who want to advance rapidly with their companies. In dying industries promotions are few and far between. Smart young managers know that they should be avoided. Who wants a job where the basic problem is to decide who to fire each day and where new, exciting investments are not happening? In a dying industry everyone is out to protect what they have rather than to build something better.

* stagnant: 침체된

① a lack of skills
② a human problem
③ unfair distribution
④ unwise investments
⑤ a fierce competition

◑ 9664-0146

17 There is an important reason to attract pollinators that has little to do with their pollination services and a lot to do with the fact that _____.
In the natural world everything eats something else in order to survive. Those same insects that pollinate our flowers can also prey on a range of pest insects and help keep them under control. They are in turn prey for birds, frogs or lizards. The honeyeaters, for example, that pollinate our flowers while feeding on the nectar within them, also eat insects from under the bark of trees and might themselves become prey for larger birds. Lizards in the mulch eat a range of garden pests and might end up being eaten by magpies.

* pollination: (식물) 수분 ** mulch: 뿌리 덮개

① they are rare and scarce
② they are part of a food chain
③ they don't like the same species
④ they should change their surroundings
⑤ they are designed to imitate themselves

18

다음 글에서 전체 흐름과 관계 <u>없는</u> 문장은?

9664-0147

In an ideal world all arguments would be decided on their merits and not their presentation. But we aren't in an ideal world. ①There's no getting away from the fact that presentation of an argument is crucial. ②Advertising is all based on persuading you to buy a product that you would not otherwise buy, and most advertising is the triumph of spin over substance. ③Children become the main target for advertisers since they belong to the most naive and easily-influenced age group in the society. ④Many people have won arguments, based on bad grounds, because they've made their points well. ⑤And many people with good points have lost their argument because they failed to make their case attractively.

* spin: (그럴듯한) 의견 제시

19 주어진 글 다음에 이어질 글의 순서로 가장 적절한 것은?

9664-0148

To illustrate both the advantages and disadvantages of an even partly iconographic writing, the Chinese script provides a good example.

(A) This made it, throughout Chinese history, an ideal means of communication in an empire whose people spoke a large number of different dialects yet were all ruled by the same centre.

(B) There is the large number of signs: 3,000 to 4,000 characters for everyday use, 50,000 for scholars studying the classical texts (as compared to the Latin alphabet which now uses some 26 signs).

(C) Why then has the Chinese script been so successful, lasting, apart from comparatively few minor remodellings, well over 4,000 years? Simply because as a concept script Chinese does not depend on the spoken language.

* iconographic: 그림으로 보여 주는

① (A) – (C) – (B)
② (B) – (A) – (C)
③ (B) – (C) – (A)
④ (C) – (A) – (B)
⑤ (C) – (B) – (A)

20 주어진 글 다음에 이어질 글의 순서로 가장 적절한 것은?

▶ 9664-0149

There has been a lot of interest in the idea of emotional intelligence. Many people are not in touch with their emotions and feel incapable of expressing their feelings.

(A) Creativity is not a purely intellectual process. It is enriched by other capacities and in particular by feelings, intuition and by a playful imagination.

(B) This is why being highly educated is no guarantee of emotional intelligence. Yet there is an intimate relationship between knowing and feeling: how we feel is directly related to what we know and think.

(C) The results everywhere are obvious and catastrophic. In part, this is the legacy of the academic illusion. Conventional education separates intelligence from feeling, and concentrates only on particular aspects of the first.

* catastrophic: 비극적인 ** legacy: 유산

① (A) − (C) − (B)
② (B) − (A) − (C)
③ (B) − (C) − (A)
④ (C) − (A) − (B)
⑤ (C) − (B) − (A)

21 글의 흐름으로 보아, 주어진 문장이 들어가기에 가장 적절한 곳은?

◐ 9664-0150

> By contrast, a teacher can carry out educational experiments and a craftsman can look for new solutions to a particular problem during the production process.

The importance of experimental learning depends strongly on the nature of the activity: there are high-risk activities in which the agents have to limit their experiments because they could conflict with the "normal performance" that has to be achieved. (①) Airline pilots or surgeons cannot learn in this way. (②) Similarly, people managing a marshalling yard or regulating the flow of subway train traffic will avoid any type of experiment in the normal course of their work. (③) The error element of their professional trial-and-error is rarely consequential at least insofar as outcomes can be rapidly assessed and methods adapted. (④) The fact of being able to carry out this type of learning depends on the nature of the risk and the immediacy (or delay) of the effect. (⑤) Thus, explicitly cognitive learning consists of a series of planned but weakly controlled experiments.

* marshalling yard: (철도) 조차장

22 글의 흐름으로 보아, 주어진 문장이 들어가기에 가장 적절한 곳은?

9664-0151

> But blocking occurs most often with people's names.

Blocking can occur in diverse situations. (①) Engaged in casual conversation, you block on a word in the middle of a sentence. (②) Stage actors fear those relatively rare but embarrassing moments in a scene when they block on their lines. (③) And students are afraid of the awful realization that they have blocked on an exam answer they studied diligently, and might even recall spontaneously after finishing the test. (④) In surveys that probe different types of memory failures in everyday life, blocking on the names of familiar people invariably emerges at or near the top of the list. (⑤) Name blocking is especially troublesome for older adults: the single biggest complaint of cognitive difficulties by adults past age fifty — by far — involves problems remembering the names of familiar people.

* blocking: 갑작스럽게 생각나지 않는 것

23 다음 글의 내용을 한 문장으로 요약하고자 한다. 빈칸 (A), (B)에 들어갈 말로 가장 적절한 것은?

○ 9664-0152

A date or time by which the goal is to be accomplished should be specified. The presence or absence of a deadline is a critical attribute of any goal-setting exercise. Deadlines stimulate action, and the closer the deadline, the more motivation to act. The absence of a deadline makes the urgency of the goal indefinite and hence less motivating. For example, there are a disproportionately large number of plays during the last few minutes of a football game because the team that is behind faces a deadline for scoring more points or losing the game. Similar increases in activity occur toward the end of the trading period each day on the New York Stock Exchange. Think of your own behavior when a test date is rapidly approaching, and you begin to increase your preparation activities.

⬇

> The ____(A)____ of deadlines leads to increased motivation to ____(B)____ the goal.

	(A)		(B)
①	establishment	⋯⋯	achieve
②	establishment	⋯⋯	modify
③	removal	⋯⋯	achieve
④	extension		modify
⑤	extension		ignore

다음 글을 읽고, 물음에 답하시오.

When you are busy creating a new habit, there is a pitfall you should know about, because if you don't, you will (a) fail again and again and again. Let me illustrate it with an example. Suppose you want to learn a new move in tennis. In the beginning, will you get better or worse results with your new move?

You will get (b) worse results of course. So the result curve will go down and only after a certain amount of time will it become level and then your results may (c) improve beyond your old habit. Okay. Now back to the starting point: the new move, will it cost more or less energy than the old move?

It will cost (d) less of course, it being a new move. After a while you get used to it, it becomes a habit, and it will cost less energy. So now let's look at the area between the downward curve of the results and the upward curve of the energy. Suppose you are at point 'X'. You have been busy with the new habit for a while. The results are getting worse all the time. You have to put (e) more energy into it than before. What is your conclusion?

＊pitfall: 함정

24 윗글의 제목으로 가장 적절한 것은? ▶ 9664-0153

① What Makes a Habit More Valuable?
② Why It Is Difficult to Form New Habits
③ How Do Small Habits Improve Our Lives?
④ How to Let Go of What You Can't Maintain
⑤ When to Make a Habit and When to Change It

25 밑줄 친 (a)~(e) 중에서 문맥상 낱말의 쓰임이 적절하지 <u>않은</u> 것은? ▶ 9664-0154

① (a)　　　② (b)　　　③ (c)　　　④ (d)　　　⑤ (e)

[26~28] 다음 글을 읽고, 물음에 답하시오.

(A)

When Linda Birtish was 28, her doctors discovered she had an enormous brain tumor. They told her that her chances of surviving an operation were about 2 percent. They chose to wait six months. (a) She knew she had great artistry in her. So during those six months she wrote and drew eagerly. All of her poetry was published. All of her pictures, except one piece, were shown and sold.

* tumor: 종양

(B)

The next morning Mrs. Birtish was looking at him and said, "You know, I'm sure I've seen you somewhere before, but I don't know where." All of a sudden (b) she remembered. She ran upstairs and pulled out the last picture Linda had drawn. It was a portrait of her ideal man. The picture was virtually identical to this young man who had received Linda's eyes.

(C)

Furthermore, he wanted to thank the parents of the donor. He was given the name of the Birtish family and flew to see them on Staten Island. He arrived unannounced. After he made his introduction, Mrs. Birtish embraced him. She said, "Young man, if you've got nowhere to go, my husband and I would love for you to spend your weekend with us." He stayed, and as he was looking around Linda's room, he saw that (c) she'd read Plato. He'd read Plato in Braille. She'd read Hegel. He'd read Hegel in Braille.

* Braille: 점자

(D)

At the end of six months, (d) she had the operation. The night before the operation, in case of her death, she wrote a "will" in which she donated all of her body parts to those in need. Her operation was fatal. (e) Her eyes went to an eye bank in Bethesda, Maryland, and to a recipient in South Carolina. A young man, age 28, went from darkness to sight. He wrote a thank-you letter to the eye bank.

26 주어진 글 (A)에 이어질 내용을 순서에 맞게 배열한 것으로 가장 적절한 것은?

9664-0155

① (B) − (D) − (C)
② (C) − (B) − (D)
③ (C) − (D) − (B)
④ (D) − (B) − (C)
⑤ (D) − (C) − (B)

27 밑줄 친 (a)~(e) 중에서 가리키는 대상이 나머지 넷과 <u>다른</u> 것은?

9664-0156

① (a)   ② (b)   ③ (c)   ④ (d)   ⑤ (e)

28 윗글에 관한 내용으로 적절하지 <u>않은</u> 것은?

9664-0157

① Linda가 쓴 모든 시가 출판되었다.
② Birtish 부인은 젊은 남성을 어디선가 본 적이 있다고 확신했다.
③ 젊은 남성은 Linda의 집에 머물라는 제안을 받았다.
④ 젊은 남성은 자신과 Linda의 독서 취향이 다름을 발견했다.
⑤ Linda는 자신의 모든 신체 부위를 기증한다는 유언장을 썼다.

memo

올림포스

[국어, 영어, 수학의 EBS 대표 교재, 올림포스]

2015 개정 교육과정에 따른 모든 교과서의 기본 개념 정리
내신과 수능을 대비하는 다양한 평가 문항
수행평가 대비 코너 제공

국어, 영어, 수학은 EBS 올림포스로 끝낸다.

[올림포스 16책]

국어 영역 : 국어, 현대문학, 고전문학, 독서, 언어와 매체, 화법과 작문
영어 영역 : 독해의 기본1, 독해의 기본2, 구문 연습 300
수학 영역 : 수학(상), 수학(하), 수학Ⅰ, 수학Ⅱ, 미적분, 확률과 통계, 기하

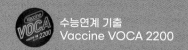
수능연계 기출
Vaccine VOCA 2200

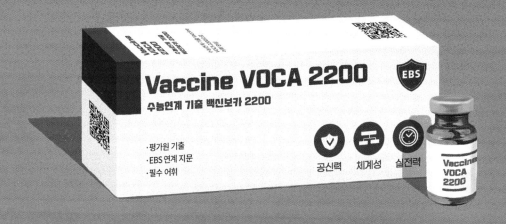

○ 수능 영단어장의 끝판왕!
10개년 수능 빈출 어휘 + 7개년 연계교재 핵심 어휘

○ 수능 적중 어휘 자동암기 3종 세트 제공
휴대용 포켓 단어장 / 표제어 & 예문 MP3 파일 / 수능형 어휘 문항 실전 테스트

휴대용 **포켓 단어장** 제공

EBS

정답과 해설

수능특강 Light

영어

인터넷·모바일·TV
무료 강의 제공

수능특강Light
영어

정답과
해설

01 | 글의 목적 파악

Gateway 본문 8~9쪽

정답 | ③

해석 | Larson 씨께

저는 귀하의 현 멤버십에 대한 새로운 정보를 가지고 귀하께 편지를 씁니다. 지난해 귀하께서는 특별 할인을 제공하는 우리 박물관 멤버십에 가입하셨습니다. 지난 소식지에서 명시된 대로 올해 저희의 50주년을 기념하게 되어 기쁩니다. 그래서 저희는 귀하께 추가 혜택을 제공하고 싶습니다. 이는 귀하의 다음 방문 때 10명까지 무료입장과 박물관 상품의 20% 할인을 포함합니다. 또한 올해 열리는 모든 새로운 전시회 개막에 할인된 가격으로 초대됩니다. 귀하께서 이 제안들을 누리시길 바랍니다. 어떤 질문이라도 있으면 주저하지 말고 저희에게 연락해 주십시오.

Stella Harrison 드림

Exercises 본문 10~13쪽

01 ④   **02** ⑤   **03** ②   **04** ③

01

정답 | ④

소재 | 도서 출판 제안서 관련 문의

해석 | Jones 씨께

저는 귀하께서 Sue Smith의 *How to Raise Poodles for Fun and Profit*의 편집자임을 알고 있습니다. 건강, 복종, 털 다듬기에 중점을 둔 푸들에 관한 책의 제안서를 보는 것을 고려해 주시겠습니까? 저는 12년 동안 푸들 케어를 전문으로 하는 가게인 Oodles of Poodles의 소유주였습니다. 저희 가게는 털 자르기, 맵시 내기, 목욕, 발톱 다듬기를 하고 푸들 '매력 학교'를 운영하며, 저는 푸들 주인들에게 이런 문제들에 대한 많은 소중한 조언을 제공할 자격이 있는 유일한 사람입니다. 푸들 주인을 목표로 하고 그들의 푸들 애완견 돌보기에 관한 논픽션의 손수 하기 책에 대한 제안서를 보내 드려도 되겠습니까? 답장을 위한 반신용의 우표가 붙여진 봉투가 동봉되어 있습니다.

감사합니다.

Dick Smithers 드림

Solution Guide |

필자는 푸들 애완견을 관리해 주는 가게를 12년 동안 운영해 오고 있는 푸들 관리 전문가로 자신을 밝히면서 푸들 관리에 대한 책의 출판 제안서를 검토해 볼 의향이 있는가를 묻고 있다.

그러므로 글의 목적으로 가장 적절한 것은 ④이다.

Structure in Focus |

- Would you consider looking at a proposal for a poodle book [that focuses on health, obedience, and grooming]?

  [ ]로 표시된 부분은 a poodle book을 수식하는 관계절이다.

- For 12 years, I have been the owner of Oodles of Poodles, [a boutique {specializing in poodle care}].

  [ ]로 표시된 부분은 Oodles of Poodles를 부연 설명하는 동격어구이며, { }로 표시된 부분은 a boutique를 수식하는 분사구이다.

02

정답 | ⑤

소재 | 지불 계획 조정 요청

해석 | Diamond 씨께

4개월 전에 저는 당신의 가게에서 기타 한 대를 샀습니다. 저는 훌륭한 서비스에 만족했고 그 기타가 마음에 듭니다. 구매 당시 저는 세금을 포함하여 800달러의 구매 가격에 동의했습니다. 당신은 무이자 할부를 제안하고 있었고, 저는 그 총액이 전액 지급될 때까지 매번 100달러씩 8번 지불하는 것에 서명했습니다. 저는 예상치 못한 몇 건의 의료비가 필요하게 되었고, 앞으로 4개월 동안 100달러씩 지불하는 것이 어렵다는 것을 알게 되었습니다. 제가 각각 50달러씩 8번 더 지불할 수 있도록 저의 지불 계획이 재구성될 수 있겠습니까? 당신이 저를 도울 수 있기를 바랍니다.

Ken Smith 드림

Solution Guide |

예기치 못한 상황을 설명하고 구입한 물건의 지불 계획을 조정해 줄 것을 요청하고 있다. 그러므로 글의 목적으로 가장 적절한 것은 ⑤이다.

Structure in Focus |

- At the time of purchase, I agreed to a purchase price of $800, [including tax].

  [ ]로 표시된 부분은 a purchase price of $800를 부연 설명하는 전치사구이다.

- I have had some unexpected medical bills and find [that **it** is difficult {for me to make the $100 payment for the next four months}].

  [ ]로 표시된 부분은 find의 목적어 역할을 하고, 그 안의 it은 형식상의 주어이며 { }로 표시된 부분이 내용상의 주어이다.

03

정답 | ②

소재 | 청소비 인상 통보

해석 | D.K. 엔터테인먼트 귀중

저희는 기쁜 마음으로 지난 3년 동안 귀하의 회사에 청소 서비스를 제공했습니다. 그 기간 동안 저희의 가격은 일정하게 유지되었습니다. 그러나 비용 증가로 인해 저희는 요금을 인상할 수밖에 없습니다. 귀사께 가능한 최상의 서비스를 계속해서 제공하기 위해서 저희는 최상의 직원과 일해야 하고 최상의 재료들을 사용해야 합니다. 이러한 이유로 저희는 요금을 7% 인상할 예정입니다. 하지만, 저희는 저희의 가격이 귀사께서 받으시는 서비스에 비해 경쟁력 있는 요금이라고 생각합니다. 이 변동 사항은 3월 1일부터 시행될 것입니다. 어떤 질문이라도 있으면 전화를 주시기 바랍니다. 저희는 귀사에 계속해서 가능한 최선의 서비스를 제공할 수 있기를 기대합니다.

서비스 매니저 Kevin Shaw 드림

Solution Guide |

청소 서비스를 제공하는 회사가 직원 고용 비용과 재료 비용의 인상으로 기존의 청소 서비스 요금을 인상할 예정이라고 알리는 글이므로, 글의 목적으로 가장 적절한 것은 ②이다.

Structure in Focus |

- In order to continue giving you the best possible service, [we must work with the best employees] and [we must use the best materials].

  [ ]로 표시된 두 개의 절이 and로 연결되어 있다.

- Still, we think this is a competitive rate for [the services {you receive}].

  [ ]로 표시된 부분은 전치사 for의 목적어이며 그 안의 { }로 표시된 부분은 the services를 수식하는 관계절이다.

04

정답 | ③

소재 | 상품 불량에 대한 사과 및 후속 조치 알림

해석 | Carfax 씨 귀하

귀하께서 회사의 연말 기념 행사를 위해 주문한 꽃이 받아들일 수 없는 상태로 도착한 점에 대해 죄송하게 생각합니다. 날짜가 적힌 사진에 감사드립니다. 저희가 문제를 사정하는 데 도움이 되었습니다. 우리 상점과 귀하의 업체 사이의 어디에선가 꽃들이 그 주에 있었던 영하의 온도에 노출된 것으로 보입니다. 이럴 경우 사진에서 보이는 시들고 갈색이 된 모습의 결과를 가져올 것입니다. 저희는 저희 배송 직원들과 함께 이 문제에 대한 후속 조치를 하는 중입니다. 귀하의 연말 기념 행사 시간에 맞추기에는 너무 늦었지만, 저희는 첫째, 귀하의 신용카드에 꽃값을 전액 입금하고 둘째, 귀하의 다음 행사에 같은 가격의 꽃을 무료로 제공하는 것으로 보상을 해 드리고자 합니다. 귀하의 거래에 감사드리며 다음에도 저희가 귀하께 다시 도움이 되기를 바랍니다.

ABC사 영업 매니저 Lorraine Mortis 드림

Solution Guide |

배달된 꽃이 시들고 갈색으로 변한 것에 대해 사진을 보내 항의를 받자, 이렇게 된 사유를 설명하고 이에 대한 보상 조치(전액 환불과 차후 무료 꽃 제공)를 제시하고 있으므로 글을 쓴 목적으로 ③이 가장 적절하다.

Structure in Focus |

- **It** appears [that somewhere between our store and yours, the flowers were exposed to the below-zero temperatures {we had that week}].

  It은 형식상의 주어이며 [ ]로 표시된 부분이 내용상의 주어이다. { }로 표시된 부분은 the below-zero temperatures를 수식하는 관계절이다.

- It is too late to save your holiday celebration, but we would like to make amends by, first, [crediting your charge card for the entire amount of the flowers] and, second, [offering you complimentary flowers of equal value for your next occasion].

  [ ]로 표시된 두 부분이 and로 연결되어 by의 목적어 역할을 한다.

④ 따분하고 실망한

⑤ 부끄럽고 창피한

Structure in Focus |

- His grasp of English improved markedly, and **so did his status in the village**.

  「so+do+주어」는 '~도 역시 그렇다'라는 의미이다.

- He knew he had benefited greatly from the esteem [in which his master, Chatree, was held].

  [ ]로 표시된 부분은 the esteem을 수식하는 관계절이다.

02 | 분위기 · 심경 · 어조 파악

Gateway

본문 14~15쪽

정답 | ①

해석 | 또다시 나는 피아노 경연에서 친구에게 졌다. Linda가 이겼다는 것을 알았을 때 나는 매우 힘들고 기분이 좋지 않았다. 불편함으로 몸이 떨리고 있었다. 나의 심장이 빠르게 뛰었고 얼굴이 빨개졌다. 나는 마음을 진정시키기 위해 콘서트홀을 빠져나와야 했다. 나는 계단에 홀로 앉아 선생님이 하신 말씀을 기억해 냈다. "인생은 승리에 대한 것이지만, 반드시 다른 사람을 상대하여 이기는 것이 아니라 너 자신에게서 승리하는 것이란다. 그리고 그 승리를 이루는 방법은 네가 누구인지를 이해하고 최선을 다하는 것이다." 선생님이 정말로 옳으셨다. 나는 내 친구와 겨룰 아무 이유가 없었다. 대신에 나는 나 자신과 나 자신의 발전에 집중해야 한다. 나는 천천히 숨을 내쉬었다. 나의 손은 이제 흔들림이 없었다. 마침내 나의 마음이 평화로웠다.

Exercises

본문 16~19쪽

01 ①	**02** ④	**03** ⑤	**04** ④

01

정답 | ①

소재 | 배움을 통한 자신감 성취

해석 | Sumbart는 그 멋진 곳에서 매우 많은 것을 배웠다. 그는 자동차 정비사가 되는 일에 대해 많이 배웠고 물건을 고쳐서 그것들을 다시 쓸모 있게 만드는 일의 만족감을 소중하게 여기도록 배웠다. Chatree는 그에게 물건들이 왜 그런지 의문을 갖도록, 그리고 그것들이 작동하는 방식을 단순히 아는 것에 만족하지 않도록 권했다. 조금씩 눈치채지도 못하게 그는 점점 자신에 대해 자신감을 느끼기 시작했다. 그의 영어 이해력은 현저하게 좋아졌고, 그 마을에서 그의 위치도 그러하였다. 그는 자기의 스승 Chatree가 받았던 존경으로부터 크게 혜택을 받았다는 것을 알고 있었다. 그가 작다는 것이 더는 중요하지 않았고, 그것이 조금도 중요하지 않았다.

Solution Guide |

Sumbart는 그의 스승인 Chatree로부터 자동차 정비일을 배우면서 물건을 고쳐서 다시 쓸모 있게 만드는 일의 만족감을 소중히 생각하며 점점 자신감을 느끼기 시작했고, 영어 이해력도 현저하게 좋아져서 자신이 작다는 사실이 중요하지 않을 만큼 자부심을 느꼈다는 내용의 글이다. 따라서 Sumbart의 심경으로 가장 적절한 것은 ① '고무받고 자랑스러운'이다.

② 감격하고 놀란

③ 만족스럽고 차분한

02

정답 | ④

소재 | 아들의 당황스러운 행동

해석 | "여보, 무슨 일이에요?" 나는 전화로 아내의 정신없는 목소리를 듣자마자 바로 물었다. 그녀는 소리 지르고 있었고 발작에 가까웠다. 곧바로 내 심장이 마구 뛰기 시작했다. 마침내 아내가 내뱉었다. "Kevin이에요!" '오, 안 돼!' 나는 생각했다. "그 아이가 수영장에 빠졌나요?"라고 내가 물었다. 그것은 내 최악의 악몽이 현실이 되었다는 것이었다. 나의 18개월 된 아들이 우리 집 뒷마당에서 물에 빠져 죽는 것 말이다. "아니요." Sandy가 말했다. "그 아이의 발톱이요." 내가 맞게 들었는지 확신할 수가 없었다. "그의 발톱이요?" "네." 그녀가 말했다. "발톱이 '보라색'이에요!" "보라색?" 이제 나는 정말 혼란스러웠다. "무슨 일이에요? 누가 그 아이를 때렸나요?" "아니요, 그 아이가 매직펜으로 발톱을 색칠했어요." 나는 참을 수가 없었다. 웃음을 터뜨리고 말았다. 귀여운 Kevin은 늘 예술적인 성향을 보여 왔지만, 이 창의적인 행동이 그 모든 것을 능가했다. "뭐가 그렇게 웃기죠?" Sandy가 충격에 빠져 물었다. "남자아이들은 그런 짓을 해요." 내가 답했다. "내가 들어본 중 가장 웃기는 일이군요!"

Solution Guide |

아내가 흥분해서 전화를 걸어와서 아들 Kevin에게 불행한 일이 생겼을 것을 걱정하는 마음이었으나 남자아이의 우스운 장난이었다는 것을 알게 되고 마음이 놓이는 상황을 묘사하고 있으므로, 'I'의 심경 변화로 가장 적절한 것은 ④ '걱정스러운 → 안도하는'이다.

① 짜증나는 → 죄책감이 드는

② 화나는 → 후회하는

③ 지루한 → 깜짝 놀란

⑤ 실망한 → 겁먹은

Structure in Focus |

- I asked immediately [**upon** hearing my wife's frantic voice on the phone].

[ ]로 표시된 부분은 「upon+-ing」의 형태로서 '~하자마자' 라는 의미로, 주절에 시간에 관한 부가적인 정보를 더해 준다.

- It was [my worst nightmare coming to life].
  [ ]로 표시된 부분은 「의미상의 주어+동명사」의 형태로, 문장의 보어 역할을 하고 있다.

03

정답 | ⑤

소재 | 농장에 있는 말을 보고 싶어 하는 Chase

해석 | Chase는 약속된 날에 일찍 일어났다. 그는 토끼, 개, 고양이에게 먹이를 주고, 뒷마당에서 나뭇잎을 갈퀴로 긁어모을 시간까지 찾았다. Chase와 그의 어머니가 집을 떠나기 전에, 그는 자신을 기다리고 있을 것이라고 알고 있던 금색 갈기의 암말을 위해 그의 재킷 주머니를 각설탕으로 채웠다. Chase에게는 어머니가 차를 돌려 큰길에서 벗어나서 Raker 농장으로 가는 좁은 길을 따라 가기 전에 시간이 영원한 것처럼 보였다. 간절히 바라며 Chase는 그토록 사랑했던 암말을 언뜻 보기 위해 눈을 크게 떴다. 그들이 농가와 헛간으로 더 가까이 갈 때 그가 보았지만 Lady는 어디에서도 볼 수 없었다. 말 트레일러를 찾았을 때 Chase의 맥박이 세차게 고동쳤다. 그것은 거기에 없었다. 트레일러와 말 둘 다 사라졌다. 그의 최악의 악몽이 현실이 되어 있었다. 누군가가 틀림없이 그 말을 샀고, 그는 그 말을 다시는 보지 못할 것이었다.

Solution Guide |

Chase는 엄마의 차를 타고 자신이 그렇게 사랑하는 암말을 보러 가는 시간이 영원처럼 느껴졌는데, 농장에 도착해서는 자신이 보고 싶어 하던 암말을 누군가가 사 갔으므로 말을 다시는 보지 못하리라는 것을 알게 된다는 내용이다. 그러므로 Chase의 심경 변화로 가장 적절한 것은 ⑤ '기대하는 → 실망스러워하는'이다.

① 지루한 → 신이 난
② 감사하는 → 놀란
③ 부러워하는 → 좌절감을 느끼는
④ 불만족한 → 안도하는

Structure in Focus |

- He fed his rabbits, dogs and cats, and even found time [to rake leaves in the backyard].
  [ ]로 표시된 부분은 time을 수식하는 to부정사구이다.
- Before Chase and his mother left the house, he filled his jacket pocket with sugar cubes for the golden-maned mare, [who {he knew} would be waiting for him].
  [ ]로 표시된 부분은 the golden-maned mare를 부연 설명하는 관계절이며, { }는 관계절 내에 삽입된 어구이다.

04

정답 | ④

소재 | 두려움을 주는 어느 집 주변의 모습

해석 | 그들의 뒤에서 잿빛으로 서 있는 그 집은 그들이 그것을 마주 보았을 때 그랬던 것보다 훨씬 더 무서운 존재였다. 그들은 합의하에 마른 나뭇잎 사이로 빠르게 걸으며 약간 서둘렀다. 바람도 이제 그들의 뒤에서 불면서 그들의 다리 주위와 귀에다 펄럭거리는 것들을 내던졌다. 그들은 주위를 둘러보는 것도 두려웠지만, 뒤를 힐끗 돌아보지 않고 계속 가는 것도 두려웠다. 진입로의 중간 아래쪽에서도 또한 나무 사이로 바스락거리는 소리가 들렸는데, 바람에 의한 소리보다 더 큰 바스락거리는 소리가 났다. Brian은 가만히 멈추었고, Comethup은 왜 그의 심장이 계속 목구멍으로 뛰어올라 그를 거의 질식시키려 하는지 궁금했다. 그때 나무 그늘 사이로부터, 완전히 흰색인 작은 형상이 나왔는데, 심지어 Comethup보다 더 작았지만 그런 식으로 그리고 그 시간과 그 장소에 나타나서 매우 끔찍한 형상이었다.

Solution Guide |

잿빛으로 서 있는 집 주변에서 느끼는 두려움과 흰색의 작은 형상이 그 시간과 그 장소에 나타난 것이 매우 끔찍했다고 했으므로, 이 글의 분위기로 가장 적절한 것은 ④ '긴장되고 무서운'이다.

① 차분하고 편안한
② 생기 있고 축제 분위기의
③ 엄숙하고 신성한
⑤ 낭만적이고 신비한

Structure in Focus |

- The house behind them, [standing up gray], was a **far** more terrible thing than it had been when they faced it.
  [ ]로 표시된 부분은 The house를 부연 설명하는 분사구문이다. far는 '훨씬'의 의미로 비교급 more terrible을 강조한다.
- Then, [from among the shadows of the trees], came a little figure all in white — [a figure smaller even than Comethup, but very terrible coming in that fashion, and in that hour and in that place].
  첫 번째 [ ]로 표시된 부분의 전치사구가 문두에 나와 「동사(came)+주어(a little figure all in white)」의 어순으로 도치되었다. 두 번째 [ ]로 표시된 부분은 주어 a little figure all in white를 구체적으로 설명하는 동격어구이다.

03 | 함축된 의미 파악

Gateway

정답 | ②

해석 | 여러분의 작업 습관에서 여러분이 할 수 있는 한 가지 가장 중요한 변화는 창조적인 일을 먼저 하고 대응적인 일은 그 다음에 하는 쪽으로 전환하는 것이다. 이는 전화기와 이메일을 끈 채, 여러분 자신의 우선순위에 있는 창조적인 작업을 위해 매일 많은 시간을 차단한다는 것을 의미한다. 나는 성공하지 못한 작가였다. 이런 전환을 하는 것이 나를 생산적인 작가로 만들었다. 하지만 하루도 빠짐없이 내가 기사나 블로그 게시글 혹은 책의 한 챕터를 쓰려고 앉을 때마다 반드시 일련의 사람들이 내가 그들에게 답장을 주기를 기다리고 있었다. 그것은 쉽지 않았고, 특히 "'2시간 전에' 이메일을 보냈어요...!"라고 시작하는 전화 메시지를 받을 때는 아직도 쉽지 않다. 당연히, 이러한 접근 방식은 다른 사람들의 기대와 그들이 여러분에게 가하는 압박을 거스르는 일이다. 단 한 시간 동안이라도 세상에 대한 스위치를 끄는 데는 의지력이 필요하다. 그것은 불편한 느낌이 들고, 때로 사람들이 기분 상하기도 한다. 그러나 빈 수신함을 위해(수신함을 늘 비어 있게 하려고) 자신의 꿈을 포기하는 것보다, 사소한 것에 대해 몇 사람을 실망하게 하는 것이 더 낫다. 그렇게 하지 않으면, 여러분은 전문성이라는 환상을 위해 자신의 잠재력을 희생하는 것이다.

Exercises

본문 22~25쪽

01 ⑤   **02** ③   **03** ④   **04** ①

01

정답 | ⑤

소재 | 요즘 학생들의 책을 읽지 않는 경향

해석 | 학생 행동에서 두드러진 최근의 한 가지 변화가 있다면, 그것은 자진해서 오랜 시간 동안 책을 읽으려는 마음의 감소이다. 그 이유는 단순히 독서가 직면한 경쟁이다. 1980년대 중반까지만 해도, 학교가 정말로 겨뤄야 했던 경쟁자는 텔레비전밖에 없었다. 우리는 인쇄된 글을 읽고 쓸 수 있는 능력을 옹호하던 세상에 여전히 살았던 것이었다. 독서가 주었던 경험에 대한 집단적 기억과 그 가치에 대한 집단적 합의가 여전히 존재했다. 그러한 합의가 빠르게 사라지고 있다. 오늘날 교사가 소설을 나눠 주면, 모든 학생의 마음에 생기는 첫 번째 질문은 "이것에 대한 영화가 있나?"이다. 그렇지 않으면, 그다음 찾아가는 곳은 몇몇 웹사이트가 짤막한 장(章)별 요약, 비평, 그리고 분석을 무료로 제공해 줄 인터넷이다. 이 사이트들은 요약 기사 안에 들어 있는 엄청난 수의 광고(요약해 놓은 지겨운 글로부터의 훌륭

한 시각적 기분 전환)로 스스로에 대한 경제적인 지원을 얻는다. 오늘날 문학 작품을 읽는 것은 문학 작품에 대해 읽는 것(실제로 책을 읽지 않고 책에 대한 대중의 세부 사항을 얻는 것)을 의미한다.

Solution Guide |

문학 작품에 대해 읽는다는 것은 문학책을 읽지는 않고 그 책에 대한 영화를 보거나 짧막한 요약, 비평, 분석을 읽는 것을 말한다는 내용이므로, 밑줄 친 어구가 글에서 의미하는 바로 가장 적절한 것은 ⑤ '실제로 책을 읽지 않고 책에 대한 대중의 세부 사항을 얻는 것'이다.

① 최대한 많은 책을 계속 읽는 것
② 번역본보다 원문에 집중하는 것
③ 다양한 문화의 다양한 장르의 문학 작품을 읽는 것
④ 글을 읽는 것뿐만 아니라 모든 관련 정보를 수집하는 것

Structure in Focus |

- If not, the next stop is the Internet [where some websites will provide short chapter-by-chapter summaries, commentaries, and analysis free of charge].

  [ ]로 표시된 부분은 관계절로 the Internet을 수식한다.

- These sites support themselves with the extensive advertising [embedded within the summary articles] (a good visual distraction from the boring text summary).

  [ ]로 표시된 부분은 분사구로 the extensive advertising을 수식한다.

02

정답 | ③

소재 | 예술로서의 요리

해석 | 음악이 예술이고, 회화가 예술이고, 연극이 예술이라는 것은 전통적으로 받아들여지고 있으며, 문학도 마찬가지이고 이제는 1세기 이상 영화도 마찬가지이다. 요리는 왜 그렇지 않겠는가? 영양을 공급하는 그것의 핵심적인 기능은 우리가, 위대한 요리사의 손에서, 사랑 노래가 우리를 감동하게 하듯 식사가 우리를 감동하게 할 수 있고, 기쁨을 주고, 가끔 심지어 우리를 분노하도록 움직일 수 있다는 것을 잊어버리게 만들어 왔다. 요리가 (반복에 바탕을 두어 그것을 장인의 직업이나 기술의 지위에 두고자 노력하는) 전통으로부터 벗어나는 한, 그리고 그 목적이 감정을 불러일으키는 것인 한, 그것은—모든 예술 중에서 그것만이 모든 감각을 동시에 자극하므로—예술의 동료들로부터 제외될 수 없다.

Solution Guide |

예술로 인정받는 여러 가지를 제시하고, 요리가 현재 예술로 인

6 EBS 수능특강 Light 영어

정받지 못하고는 있지만 오감을 동시에 움직이며, 사람의 마음을 감동하게 할 수 있다는 면에서 요리가 예술이 되어 마땅하다는 내용의 글로, 밑줄 친 부분의 their company는 '여러 예술 분야의 동료'를 가리킨다. 그러므로 밑줄 친 부분이 글에서 의미하는 바로 ③ '예술과 다른 것으로 여겨질'이 가장 적절하다.
① 고립된 예술 형태로 다뤄질
② 전문적인 요리사에 의해서만 이루어질
④ 그 시대의 예술적인 경향에 의해 영향을 받을
⑤ 전통적으로 되어 온 방식으로부터 자유로워질

Structure in Focus |

- Its essential function of providing nourishment has caused us to forget [that, in the hands of a great cook, a meal is capable {of touching us as a love song **does**}, {of giving us joy}, occasionally even {of moving us to anger}].

  [ ]로 표시된 부분은 forget의 목적어인 that절이다. { }로 표시된 세 부분은 capable과 연결되는 전치사구이며, does는 touches us를 대신하여 사용되었다.

- [To the extent that it detaches itself from tradition (which works to assign it to the status of an artisanal trade or craft, based on repetition)] and [insofar as its purpose is to stir the emotions], **cooking** — which alone among the arts stimulates all of the senses at once — **cannot be excluded** from their company.

  [ ]로 표시된 두 부분은 '~하는 한'이라는 비슷한 의미를 표현하고 있으며, 문장의 주어는 cooking이고 이와 연결되는 술어 동사는 cannot be excluded이다.

03
정답 | ④
소재 | 수면에 있어서 멜라토닌의 역할
해석 | 멜라토닌은 유기체 전체에 어둠의 신호를 체계적으로 보냄으로써 수면이 일어나는 때의 '타이밍'을 조절하는 데 도움을 준다. 그러나 멜라토닌은 수면 자체의 '생성'에 거의 영향을 미치지 않는데, (이 사실과 관련하여) 많은 사람들이 잘못된 가정을 하고 있다. 이 차이를 분명히 하기 위해, 수면을 올림픽 100m 경주라고 생각해 보자. 멜라토닌은 '선수, 제자리에'라고 말한 뒤 경주를 시작하게 하는 출발 신호용 총을 발사하는 출발 심판의 목소리이다. 그 '타이밍' 심판(멜라토닌)은 경주(수면)가 시작되는 시간을 관리하지만, 경주에 참여하지는 않는다. 이 비유에서 단거리 선수 자체는 활발하게 수면을 '생성하는' 다른 뇌 영역과 과정이다. 멜라토닌은 이러한 두뇌의 수면 생성 영역을 취침 시간의 출발선에 놓는다. 멜라토닌은 단순히 수면이라는 시합을 시작하게 할 공식적인 지시를 제공하지만, 수면 경주 자체에는 참여하지 않는다.

Solution Guide |
멜라토닌은 수면 발생 시점을 조절하는 데 도움을 주고, 수면 생성 자체에 거의 영향을 미치는 않는다는 내용으로부터 출발 심판의 목소리라는 밑줄 친 부분이 글에서 의미하는 바로 ④ '수면 생성이 아니라 언제 수면이 시작되는지를 조절하는 도우미'임을 알 수 있다.
① 수면 기간을 결정하는 심판
② 전체 수면 과정 동안에 실제적인 참여자
③ 뇌의 의식하는 부분이 꺼지는 순간
⑤ 경주의 공정한 출발을 위해 없어서는 안 될 신호와 방아쇠

Structure in Focus |

- Melatonin is the voice of the timing official [that says "Runners, on your mark," and then fires the starting pistol {that triggers the race}].

  [ ]로 표시된 부분은 the voice of the timing official을 수식하는 관계절이다. { }로 표시된 부분은 the starting pistol을 수식하는 관계절이다.

- Melatonin simply provides the official instruction [to commence the event of sleep], but does not participate in the sleep race itself.

  [ ]로 표시된 부분은 the official instruction을 수식하는 to부정사구이다.

04
정답 | ①
소재 | 나쁜 감정을 다루는 방법
해석 | 우리는 나쁜 감정을 회피하려고 온갖 종류의 것들을 하는데 흔히 이러한 시도의 대가는 우리가 인생을 즐길 수 없게 된다는 것이다. (이것 말고) 선택할 수 있는 것은 우리의 인생을 즐기기 위해 우리의 감정을 받아들이는 것이다. '받아들임'은 여러분이 무엇을 좋아하거나, 그것을 원하거나, 또는 심지어 그것을 즐긴다는 의미가 아니다. 그것은 '주어진 것을 받아들이는 것'이며, 그 자체를 인정하는 것이며, 그것을 있는 그대로 내버려 두려는 의지를 갖는 것이다. 여러분의 감정을 받아들이는 것은 그것(감정)과 그만큼 싸울 필요가 없도록 그것을 위한 공간을 만드는 것을 수반한다. 나는 감정을 '참는 것'에 대해 말하는 것이 아니라 그것을 '반갑게 맞이하는 것' 또는 그것을 '포용하는 것'을 말하는 것이다. 그것은 단지 아는 사람을 용인하는 것이 아니라 친구, 동반자를 환영하는 것이다. 우리의 감정을 회피하기 위해 우리가 하는 건강하지 않은 습관은 전적으로 정상적인 것이다. 그러나 그것(감정)이 매우 불쾌한 것일 수 있더라도 여러분 스스로가 그저 자신의 감정을 느끼게 한다면 여러분은 건강하지 않은 습관이 필요하지 않을 것이다. 다시 말해서

여러분은 전령으로부터의 메시지를 받고 있지만 그 메시지가 여러분의 길을 장악하거나 바꾸게 하지는 않고 있는 것이다.

Solution Guide |
나쁜 감정을 회피하기보다 그것을 인정하고 있는 그대로 받아들이게 되면, 감정을 회피하기 위해 하게 되는 건강하지 않은 습관이 필요 없게 되고, 나쁜 감정이 전달되더라도 그것이 우리의 길을 장악하거나 바꾸게 하지는 않게 된다는 내용이다. 그러므로 밑줄 친 부분의 의미로 가장 적절한 것은 ① '나쁜 감정도 있는 그대로'이다.
② 다른 사람들의 원하지 않는 간섭
③ 전문가로부터의 비효율적인 지도
④ 새로운 여정으로서의 인생의 도전
⑤ 가족으로부터의 정서적 지지

Structure in Focus |
- *Acceptance* doesn't mean you like something, want it, or even enjoy it; it's ["taking what is given]," [acknowledging what is], and [having a willingness to let it be as it is].

  세 개의 [ ]로 표시된 부분은 대등하게 연결되어 it's에 이어진다.

- The unhealthy habits [we do to avoid our feelings] are totally normal; however, if you allow yourself [to just feel your feelings, as yucky as they may be], you wouldn't need unhealthy habits.

  첫 번째 [ ]로 표시된 부분은 The unhealthy habits를 수식하는 관계절이다. 두 번째 [ ]로 표시된 부분은 allow의 목적격 보어 역할을 하는 to부정사구이다.

04 | 요지·주장 파악

Gateway
본문 26~27쪽

정답 | ③

해석 | 21세기는 정보와 지식의 시대이다. 그것은 기업들에게 경쟁우위를 가져다주는 중요한 자원으로서의 지식에 의해 특징지어지는 시대이다. 이 모든 지식과 정보를 얻기 위해 조직은 자신들이 저장하는 데이터에 의존해야 한다. 기본 요소인 데이터는 매일 다양한 입력 출처로부터 모인다. 정보는 이러한 데이터의 출처로부터 추출되거나 습득되며, 이 획득된 정보는 결국 행동이나 결정을 촉발하는 데 사용되는 지식으로 변환된다. 대체로 대부분의 조직들은 데이터가 풍부하기 때문에 충분한 데이터를 갖지 못하는 것과 같은 문제는 전혀 없다. 하지만 문제는 많은 조직이 정보와 지식이 부족하다는 것이다. 이러한 사실은 조직들이 직면하게 되는 가장 큰 어려움 중 하나가 되는데, 미가공 데이터를 어떻게 정보로, 궁극적으로 어떻게 지식으로 변환할 것인가이며, 이는 올바르게 활용되면 고객의 행동과 비즈니스 동향을 예측하는 능력을 제공한다.

Exercises
본문 28~33쪽

01 ③	**02** ⑤	**03** ②	**04** ②
05 ⑤	**06** ④		

01

정답 | ③

소재 | 국적이 기업 행위에 미치는 영향력

해석 | 우리가 전에는 다국적 기업이라고 부르던 것이 점점 더 세계적인 기업이 되어가고 있다. 기업들 사이에서 국적 확인으로 통하는 것은 역사와 그들의 회사의 본부가 우연히 어디에 위치해 있느냐에 달려 있다. 그러나 후자는 점점 더 경제적 기능성보다는 현지의 과세 제도에 의해 더 많이 결정되는 문제가 되어가고 있다. 최근 미국 기업들이 세금을 낮추기 위해 자신들의 법적인 본부를 버뮤다로 이전하는 것과 관련된 소동은 단지 하나의 예에 불과하다. 국적의 확인은 기업의 행동을 예측하는 일에 관한 한 거의 의미가 없다. (기업의) 출신지나 최고 경영자들이 보유한 여권의 국적은 실질적인 결정을 내리는 일에 관한 한 점점 덜 중요해지고 있다. 많은 경우 소유권은 겉으로 보이는 것이 아니다. 노키아는 핀란드 회사로 보이지만, 핀란드인들보다 미국인들이 노키아의 주식을 더 많이 소유하고 있다.

Solution Guide |
국제적인 기업의 본부 위치는 본부가 위치하게 될 현지의 과세 제도에 의해 결정되며, 최고 경영자의 여권 국적과 기업의 출신지가 기업이 결정을 내리는 데 점점 덜 중요해지고 있다는 내용의 글이다. 그러므로 글의 요지로 가장 적절한 것은 ③이다.

Structure in Focus |

- Among firms, what passes for national identification depends upon [history] and [where their corporate headquarters happen to be located].

  두 개의 [ ]로 표시된 부분은 and로 연결되어 전치사 upon의 목적어를 이룬다.

- Place of origin or the nationality of the passports [held by the top managers] makes less and less difference when it comes to making real decisions.

  [ ]로 표시된 부분은 the nationality of the passports를 수식하는 분사구이다.

02

정답 | ⑤

소재 | 칭찬을 자연스럽게 받아들이지 못하는 경향

해석 | 우리는 자신의 업적에 대해 칭찬을 받거나 심지어 받아 마땅한 칭찬을 받아들이는 것을 꺼리게 하는 약간의 불편함이 우리 대부분의 내부에 있다. 실험을 해 보라. 여러분이 아는 누군가에게 그들이 가진 장점이나 여러분이 진정으로 감사하는 그들이 한 일에 대해 진심에서 우러난 칭찬을 하라. 종종 그들의 첫 반응은 그들의 기여나 노력을 경시하는 것이다. "오, 저는 단지 제 일을 하고 있었을 뿐이었어요." "누구든 똑같이 했을 거예요." "아무것도 아니에요." 우리가 한 훌륭한 일에 대해 칭찬을 받아들이는 것을 불편하게 만드는 것은 무엇인가? 우리는 자신의 성취와 기술에 대해 자부심을 느끼지만, 허풍쟁이처럼 보이거나 잘난 체하는 사람처럼 보이지 않으면서 품위 있게 그것들에 대해 칭찬을 받는 법을 모른다.

Solution Guide |

사람들은 자신의 업적에 대해 칭찬을 받아들이는 것을 불편해하며 칭찬을 자연스럽게 받아들이지 못하는 경향이 있다는 글이므로, 글의 요지로 가장 적절한 것은 ⑤이다.

Structure in Focus |

- There is some discomfort in most of us [that makes us reluctant {to take credit for our accomplishments} or {to even accept a well-deserved compliment}].

  [ ]로 표시된 부분은 some discomfort를 수식하는 관계절이고 두 개의 { }로 표시된 부분은 or에 의해 대등하게 연결되어 reluctant에 이어진다.

- Give someone [you know] a genuine compliment [about a quality they have] or [about something they have done that you truly appreciate].

  첫 번째 [ ]로 표시된 부분은 someone을 수식하는 관계절

이고 두 번째와 세 번째 [ ]로 표시된 부분은 a genuine compliment를 수식하는 전치사구이다.

03

정답 | ②

소재 | 천천히 말하는 것의 중요성

해석 | Newmont Mining Corporation의 회장이며, 사장이자 최고 경영자인 Gordon Parker는 매우 신중하게 말하는 방식을 갖고 있다. 내가 그것에 대해 그에게 물어보니, "사람들은 당신이 말할 때 생각하고 있다고 생각하면 더 주의 깊게 듣습니다."라고 설명했다. 나는 그에게 동의하는 경향이 있다. 비록 사람들이 우리가 말할 수 있는 것보다 두세 배 더 빨리 들을 수 있지만, 우리 대부분은 말할 때 속도를 늦출 필요가 있다. 서두르는 것은 우리의 말을 덜 중요하게 보이게 하고 우리의 생각이 가장 짧은 분량의 방송 시간(말하는 시간) 이상의 가치도 없다고 우리가 생각한다는 인상을 준다. 우리는 말할 더 가치 있는 것을 가진 누군가가 말할 수 있도록 서둘러 끝내려는 것처럼 보이게 된다. 속도를 늦추라. 몇 번의 중단과 얼마간의 침묵을 고려하라. 사람들이 더 주의 깊게 듣고 자신들이 듣는 것을 더 존중하게 될 것이다.

Solution Guide |

급하게 한 말은 듣는 사람이 덜 중요하다고 생각해서 경청하지 않기 때문에 천천히 말해야 한다는 내용의 글이므로, 글의 요지로 가장 적절한 것은 ②이다.

Structure in Focus |

- Hurrying makes our words seem less important and gives the impression [that we do not think {our ideas deserve more than the briefest amount of airtime}].

  [ ]로 표시된 부분은 the impression과 동격 관계이고, { }로 표시된 부분은 think의 목적어로 쓰인 명사절이다.

- We appear to be rushing to finish **so that** someone with something more valuable to say **can** speak.

  「so that ~ can ...」은 '~가 …할 수 있도록'이라는 의미이다.

04

정답 | ②

소재 | 창작 활동 직업군의 표현에 대한 검열

해석 | 창작 활동을 하는 직업군의 본질은 작가와 미술가의 직업 활동이 예술 작품의 형태로 그들이 표현한 것에 관하여 그들을 끊임없이 박해의 위험을 겪게 하는 그런 것이다. 창작자의 생각과 발상의 표현은 이러한 직업의 실행에서 가장 중요하며, 작가의 정신은 모든 문학 작품과 미술 작품을 위한 원 재료를 제공한다. 그와 동시에 이러한 표현은 지속해서 사회적 용인성

의 기준에 따른 평가를 받아야 한다. 구소련에서처럼 이러한 기준이 극히 제한적일 때 작가가 자유로이 창작하는 것이 현실적으로 불가능해진다. 이러한 이유로 창작의 표현에 대한 검열은 법과 관습에 의해 제한되는 것이 특히 중요하다. 검열은 창작 활동을 하는 직업군의 활동을 방해하거나 막을 만큼 강력하게 되거나, 검열이 너무 침해가 되어서 작가와 미술가의 사회에 대한 기여가 실현되지 않고 남아 있으면 안 된다.

Solution Guide |

창작 활동을 하는 작가와 미술가의 창작 표현은 그들의 직업에서 매우 중요하며 창작에서의 예술가의 표현이 검열로 인해서 방해받거나 막히면 그들의 사회에 대한 기여가 실현되기 어려우며, 예술가의 창작 표현에 대한 검열은 법과 관습에 의해 제한되어야 한다는 내용의 글이다. 따라서 필자가 주장하는 바로 가장 적절한 것은 ②이다.

Structure in Focus |

■ The nature of the creative professions is such that the professional activities of writers and artists [constantly subject **them** to the danger of persecution for {what they have expressed in the form of a work of art}].

[ ]로 표시된 부분은 that절에서 술어 역할을 하며 them은 writers and artists를 가리킨다. { }로 표시된 부분은 목적어 역할을 하는 명사절로, 선행사를 포함한 관계사 what이 이끌고 있다.

■ Censorship should not become [**so** powerful **as to** inhibit or prevent the exercise of the creative professions], or [**so** invasive **that** the contribution of writers and artists to society remains unrealized].

두 개의 [ ]로 표시된 부분은 or로 연결되어 should not become에 이어진다. 첫 번째 [ ] 안의 「so ~ as to ...」는 '...할 만큼 너무 ~한'이라는 의미를 나타내고 두 번째 [ ] 안의 「so ~ that ...」은 '매우 ~해서 ...하다'라는 의미를 나타낸다.

05

정답 | ⑤

소재 | 자녀의 모습을 사진으로 찍기

해석 | 이제 저는 여러분, 즉 엄마들께 제 선례를 따라 사진에 또는 스크랩북에 여러분의 기억을 보존하는 데 약간 중독되어야 한다고 말씀드리는 것은 절대 아닙니다. 하지만, 저는 여러분이 자녀의 삶을 기록하고 그 기억들을 저장하기 위해 사진을 많이 찍어야 한다고 강력히 제안하고 있습니다. 그들은 매일 변하고 있습니다. 물론 여러분은 살아가느라 너무 바빠서 아마 알아차릴 시간이 없었을 거예요! 하지만 이 점에 대하여 저를 믿

으세요. 여러분은 이 사진들을 평생 소중히 간직할 것입니다. 시간을 들여 사진을 정리할 수 없더라도, 사진을 많이 찍으세요. 라벨을 붙이고 (사진이 변형되지 않도록) 중성 종이로 만든 상자에 순서대로 보관하세요. 그러고 나서 20~30년 후에 시간이 날 때, 여러분은 그것들을 통해 되돌아보고 그것들이 불러일으키는 강한 감정과 기억을 즐길 수 있습니다.

Solution Guide |

자녀의 삶을 기록하고 그 기억들을 저장하기 위해 사진을 많이 찍어야 한다는 내용의 글이므로, 필자의 주장으로 가장 적절한 것은 ⑤이다.

Structure in Focus |

■ I am strongly suggesting [that you take a lot of pictures of your children {to document their lives and save those memories}].

[ ]로 표시된 부분은 suggesting의 목적어 역할을 하는 명사절이고, 그 안에서 { }로 표시된 부분은 목적을 나타내는 to부정사구이다.

■ Of course you are **so** busy trying to keep life together **that** you probably have not had time to notice!

「so ~ that ...」 구문은 '매우 ~해서 ...하다'라는 의미를 나타낸다.

06

정답 | ④

소재 | 다양한 문화 체험 기회의 필요성

해석 | 많은 학생들은 다른 문화의 사람들이 다르게 살아가고, 행동하고 믿는다는 것을 상상하기 위한 삶의 경험이 부족하다. 온라인 공동 작업은 학생들이 전혀 경험해 보지 못한 장소에 대해 배울 수 있는 믿을 만한 방도를 마련해 준다. 예를 들어, 다른 기후권의 초등학교 간 국경을 넘는 교류를 통해 한쪽 학교의 학생들은 한 번도 본 적이 없는 눈에 대해 궁금증을 가지고 있었으며, 반면에 상대편 학생들은 야외에 있는, 연중 운영되는 학교를 상상하려고 노력하고 있었다는 점이 드러났다. 작은 차이라도 그 차이를 전혀 접해 본 적이 없는 학생들에게는 작지 않다. 대부분의 학생들이 어른이 되어서 국제 시장에서 일하게 될 것이라는 점을 고려하면, 그들이 학교에 다니는 동안 다른 문화 양식을 더 많이 접할수록, 성인이 되었을 때 더 성공적으로 전환할 것이다.

Solution Guide |

성인이 되어서 국제 사회에서 활동할 학생들을 위해, 다른 문화 양식을 경험할 기회를 많이 제공해야 한다는 것이 이 글의 중심 내용이다. 따라서, 글의 요지로 가장 적절한 것은 ④이다.

Structure in Focus |

■ For instance, a cross-national sharing between

elementary schools in different climates revealed [that students in one school had questions about snow, {which they had never seen}, **while** the partner students were trying to imagine open-air, year-round schools].

[ ]로 표시된 부분은 revealed의 목적절이다. 그 안의 { } 로 표시된 부분은 관계절로 snow를 부연 설명하고 있다. while은 '~인 반면에'라는 뜻을 갖는 역접의 접속사이다.

- [**Given that** most students will, as adults, work in international markets], **the more** exposure they receive to different cultural patterns during school years, **the more** successfully they will make the transition as adults.

[ ]로 표시된 부분은 '~를 고려하면'이라는 의미의 given that에 의해 유도되는 조건의 부사절이다. 「the+비교급 ~, the+비교급 ...」 구문은 '더 ~할수록 그만큼 더 …하다'라는 의미이다.

05 | 주제 파악

Gateway
본문 34~35쪽

정답 | ⑤

해석 | '문제 표현하기'는 여러분이 '어떤' 문제를 해결하려고 하고 있는지 정의하는 것에 해당한다. 이것은 중대한 활동인데, 왜냐하면 여러분이 선택하는 틀이 그 문제에 대한 여러분의 이해에 강하게 영향을 미치고, 그로 인해 그것을 해결하기 위한 여러분의 접근법을 결정하기 때문이다. 한 가지 실례로, 사람들에게 어떤 지역 사회의 범죄를 줄이는 방안을 요청했던 Thibodeau와 Broditsky의 일련의 실험을 생각해 보라. 그들은 범죄를 묘사하는 데 사용된 은유가 바이러스인지 혹은 야수인지에 따라 응답자들의 제안이 크게 달라진다는 것을 발견했다. 범죄를 자신들의 도시에 침입하는 바이러스에 비유하는 은유를 제시받은 사람들은 예방과, 빈곤 퇴치와 교육 개선 같이 문제의 근본 원인을 다루는 것을 강조했다. 반면에, 야수의 은유를 제시받은 사람들은 교정, 즉 경찰력과 교도소의 규모를 늘리는 것에 중점을 두었다.

Exercises
본문 36~39쪽

01 ⑤   **02** ③   **03** ⑤   **04** ⑤

01

정답 | ⑤

소재 | 학업 능력과 지능에 대한 혼동

해석 | 기술 혁명에 속도가 붙으면서 교육과 훈련이 모든 것에 대한 해답으로 여겨진다. 그것들이 그렇기는 하지만, 우리는 그 문제를 이해해야 한다. 더 많은 사람들을 훨씬 더 높은 수준으로까지 교육을 하는 것은 아주 중요하다. 하지만 우리는 또한 그들을 다르게 교육해야 한다. 문제는 현재의 (교육의) 확대가 근본적인 오해, 즉 학문적 능력과 지능을 혼동하는 것에 바탕을 둔다는 것이다. 수년 동안 학문적 능력은 지능과 하나로 합쳐져 왔고, 이러한 개념이 검증 시스템, 시험, 선발 절차, 교사 교육 및 연구로 제도화되었다. 그 결과, 지능이 높은 많은 사람들이 그렇지 않다는 느낌을 받으며 교육을 거쳤다. 학문적으로 유능한 많은 사람들은 그들의 다른 능력을 결코 발견하지 못했다.

Solution Guide |
교육이 중요하다고 여겨지면서 확대되어 왔지만 학문적 능력과 지능을 혼동함으로 인해 지능이 높은 많은 사람들이 그렇지 않다는 느낌을 받으며 교육을 거쳤으며, 학문적으로 유능한 많은 사람들이 그들의 다른 능력을 발견하지 못했다는 내용이다. 그러므로 글의 주제로 가장 적절한 것은 ⑤ '학문적 능력과 지능을 혼동하는 것과 관련된 문제들'이다.

① 평가 시스템을 빈약하게 이해한 것으로부터 나온 결과
② 학문적 능력과 지능이 창의성에 영향을 미치는 방식
③ 학문적 능력과 지능 간의 상관관계
④ 교육이 기술 혁명에 미치는 영향

Structure in Focus |

▪ They are, but we have to understand the question.

are 뒤에 the answer to everything이 생략된 것으로 이해할 수 있다.

▪ As a result, many highly intelligent people have passed through education [feeling {they aren't}].

[ ]로 표시된 부분은 주절이 기술하는 상황에 동반하여 일어나는 상황을 나타내는 분사구문이고, 그 안에서 { }는 feeling의 목적어이다. aren't의 뒤에는 intelligent가 생략된 것으로 이해할 수 있다.

02

정답 | ③

소재 | 식품 마케팅

해석 | 식품 마케팅이란 식품, 음료, 또는 식당 산업에 있는 회사가 자사 제품의 구입을 장려하기 위해 수행하는 모든 활동을 말한다. 식품 선호도는 매우 이른 나이에 주로 학습 과정을 통해 생긴다. 일단 확립되면, 이런 식사 패턴은 바꾸기 어렵다. 부모는 음식 선호의 초기 발달에 중요한 영향을 끼친다. 그러나 외부의 영향력은 특히 유년기 중반부와 청소년기에 점점 더 중요해진다. 식품 마케팅은 매우 먹고 싶지만 건강에 좋지 않은 상품을 젊은이들에게 홍보한다. 식품 마케팅을 지나치게 접하게 되면 젊은이들에게 보건 문제가 생긴다. 담배와 술 소비의 경우와는 달리, 젊은이들은 이런 음식을 섭취하는 것이 만족감을 준다는 것을 배울 필요가 없다. 태어날 때부터 인간은 설탕, 지방, 그리고 소금(즉, 가장 흔하게 광고되는 음식)이 많은 음식의 맛을 선호하기 때문이다.

Solution Guide |

식품 마케팅이 유년기 중반부와 청소년기 아이들의 식품 선호도 형성에 큰 영향을 미친다는 내용이므로, 글의 주제로 가장 적절한 것은 ③ '식품 마케팅이 음식 선택 형성에 미치는 영향'이다.

① 효과적인 식품 마케팅을 만들기 위한 조언
② 소비자 주도의 식품 마케팅의 변화
④ 아동에 대한 식품 마케팅을 개선하기 위한 새로운 전략
⑤ 유해한 식품 마케팅으로부터 아이들을 보호하는 방법

Structure in Focus |

▪ Food marketing refers to any activity [conducted by a company in the food, beverage, or restaurant industry {to encourage purchase of its products}].

[ ]로 표시된 부분은 any activity를 수식하는 분사구이고 { }로 표시된 부분은 목적을 나타내는 to부정사구이다.

▪ Unlike tobacco and alcohol consumption, young people do not need to learn [that consuming these foods is rewarding].

[ ]로 표시된 부분은 learn의 목적어 역할을 하는 명사절이다.

03

정답 | ⑤

소재 | 벽 정원의 이점

해석 | 영양과 공기 질은 양호한 전반적 건강 상태의 가장 중요한 두 가지 동인이다. 채소 상자 여러 개를 서로 (연결되게) 매달아 벽을 만들어 그것을 야외 생활 공간 옆이나 창 근처에 설치하라. 그러면 두 가지 요소 모두 충분한 양을 얻게 될 것이다. 이산화탄소를 들이마시고 산소를 내뿜는 식물로 가득한 살아있는 벽 정원은 생활 공간을 둘러싼 공기를 걸러내는 데 도움을 주는 멋진 방법이다. 도시 주민이 발코니에 앉아 있거나 창문을 열어둔 채 집 안에 앉아 있으면 이 산소가 살아있는 벽을 가진 그에게 도달한다. 집 안에서 수직 벽 정원을 보는 것은 스트레스를 줄여 주기도 하고 (볼 수 있는) 녹색 경관을 늘려 주기도 할 것이다. 무엇보다도, 정원에서 채소를 재배하는 것은 여러분과 여러분의 가족에게 영양상으로 믿을 만한 음식을 또한 제공하리라는 것을 의미하기 때문에, 살아있는 벽은 단순한 아름다움을 넘어 폭넓은 이익을 제공한다.

Solution Guide |

채소 상자로 만드는 살아있는 벽 정원은 생활 공간의 공기를 걸러내 주고, 스트레스를 줄여 주며, 녹색 경관을 늘려 주고, 채소를 제공하는 등 여러 다양한 이점을 제공한다는 내용의 글이다. 따라서 글의 주제로 가장 적절한 것은 ⑤ '살아있는 벽 정원의 다양한 이점'이다.

① 원예 도구에 대한 안전 문제
② 식물에 함유된 필수 영양소
③ 가정 인테리어 디자인의 고려 사항
④ 도시 녹색 공간 제공 정책

Structure in Focus |

▪ Living wall gardens, [full of plants that breathe in carbon dioxide and breathe out oxygen], are a fantastic way to help filter the air [surrounding a living area].

첫 번째 [ ]로 표시된 부분은 Living wall gardens에 대해 부연 설명하는 형용사구이다. 두 번째 [ ]로 표시된 부분은 the air를 수식하는 분사구이다.

▪ This oxygen reaches a city dweller with a living

wall if he or she is [sitting on the balcony] or [sitting inside the home {with the window open}].

두 개의 [ ]로 표시된 부분은 or로 대등하게 연결되어 is에 이어진다. { }로 표시된 부분은 sitting inside the home의 행위와 동시에 일어나는 상황을 나타내는 「with＋명사구＋분사구」의 구조에서 open 앞에 being이 생략된 것으로 이해할 수 있다.

04

정답 | ⑤

소재 | 민속 음악과 민족주의의 관계

해석 | 민속 음악이 자연의 산물이라는 생각은 음악적인 민족주의의 부상에서 중요한 역할을 했고 그것은 낭만적인 민족주의의 뿌리에 있는 생각의 복합체의 일부였다. 독일 낭만주의 운동에서, 민요는 '순수하게 인간적인' 것의 표현으로 여겨졌다. 그러나 그 표현은 보편적인 대신 나라마다 다른 것으로 생각되었다. 민요는 한 민족의 특유한 신비스러운 특징의 반영이며 아득한 옛날로 거슬러 올라간다고 여겨졌다. 이러한 체계에서, 인류가 민족들로 분열되는 것은 자연스러운 사실이었다. 모든 민족은 깊이 뿌리박힌 자신만의 정체성, 즉 '민족적인 정신'을 가진다고 했다. 민속 음악은 민족적인 특징의 가장 분명한 표현, 즉 모든 민족에서 소중히 간직된 대표적인 특징이라고 생각되었다.

Solution Guide |

민속 음악은 순수한 인간 본성의 산물이며, 이 본성이 민족마다 고유하게 표출되어 '민족적인 정신'을 나타내는 것이라는 의식이 음악적 민족주의의 중요한 부분이라는 내용의 글이므로, 글의 주제로 ⑤ '민속 음악이 민족적 정체성을 나타낸다는 관점'이 가장 적절하다.

① 음악이 인간에게 고유한 것이라는 믿음
② 민속 음악을 수집하고 보존하는 것의 장애물
③ 음악을 보편적인 것으로 보는 것의 잘못
④ 민속 음악과 고전 음악 간의 차이

Structure in Focus |

■ [The idea {that folk music is a product of nature}] played an important part in the rise of musical nationalism, and it was part of the complex of ideas at the root of romantic nationalism.

[ ]로 표시된 부분은 문장의 주어이며 { }로 표시된 부분은 The idea와 동격을 이루는 절이다.

■ Folk music **was believed to be** [the clearest expression of the national character], [a typical feature enshrined in every nation].

「be believed＋to부정사」 구문이 사용되어 '~라고 생각되다[믿어지다]'의 의미를 나타냈다. [ ]로 표시된 두 부분은 동격을 이루는 명사구이다.

06 | 제목 파악

Gateway

정답 | ①

해석 | 물건을 고치고 수선하는 것에는 흔히 최초의 제작보다 훨씬 더 많은 창의력이 필요하다. 산업화 이전의 대장장이는 인접한 마을의 사람들을 위해 주문에 따라 물건을 만들었고, 제품을 주문 제작하는 것, 즉 사용자에게 따라 그것을 수정하거나 변형하는 것이 일상적이었다. 손님들은 무언가 잘못되면 물건을 다시 가져오곤 했는데, 수리는 제작의 연장이었다. 산업화, 그리고 결국은 대량 생산과 함께, 물건을 제작하는 것은 제한된 지식을 가진 기계 관리자의 영역이 되었다. 하지만 수리는 설계와 재료에 대한 더 폭넓은 이해, 즉 전체에 대한 이해와 설계자의 의도에 대한 파악을 계속 요구했다. 1896년 *Manual of Mending and Repairing*은 "제작하는 사람들은 모두 기계나 노동의 엄청난 세분화로 일하고, 말하자면 손으로는 일하지 않는다."라고 설명했다. "하지만 모든 수리는 손으로 '해야만' 한다. 우리는 기계로 손목시계나 총의 모든 세부를 만들 수 있지만, 그것이 고장 났을 때 기계는 그것을 고칠 수 없으며, 괘종시계나 권총은 말할 것도 없다!"

Exercises

본문 42~45쪽

01 ①   **02** ④   **03** ②   **04** ⑤

01

정답 | ①

소재 | 경제생활에 있어서 창의력의 중요성

해석 | 우리가 다른 사람들에게 우리가 할 생각을 하게 해서는 안 되는 것처럼, 우리는 창의적이 되는 것을 다른 사람들에게 의존할 수는 없다. 모두가 능력이 있고, 참여와 지원을 통해 기여하는 것은 모두의 책임이다. 오늘날, 모든 판매원, 컴퓨터 프로그래머, 중소기업 소유주들은 성공하기 위하여 그들의 타고난 창의력을 사용해야 한다. 변화하는 경제에 적응하려면 예산, 일정, 원하는 품질 수준 내에서 가장 기본적인 업무를 수행하는 새로운 방법을 만들어 내야 한다. 다른 사람에게 창의성을 맡긴다면 큰 성과를 거두지 못할 것이고, 새로운 경제에서 소외될 것이다. 전 세계 창의력 격차에 대한 최근 연구에 따르면 10명 중 8명이 창의력을 발휘하는 것이 경제 성장에 중요하다고 느끼고 있으며 응답자 중 3분의 2가 창의력이 사회에 소중하다고 느끼고 있는 것으로 나타났다. 그러나 4명 중 1명만이 자신이 창의적 잠재력에 부응하고 있다고 믿고 있다.

Solution Guide |

모두가 능력이 있고 책임이 있는데 다른 사람에게 창의성을 맡긴다면 큰 성과를 거두지 못할 것이고 새로운 경제에서 소외될 것이라는 내용의 글이다. 따라서 이 글의 제목으로 ① '우리의 창의성을 사용하는 것이 오늘날 필수적이다'가 가장 적절하다.
② 창의성이 경제 성장을 보장하지는 않는다
③ 우리 모두는 창의성의 과중한 부담으로 고통을 받는가?
④ 책임감에서 창의성으로 가는 현재의 변화
⑤ 평범한 사람과 창의적인 사람의 차이는 종이 한 장 차이이다

Structure in Focus |

- [Adapting to our changing economy] requires [that we invent new ways of doing our most basic tasks — all within our budget, timetable, and desired level of quality].

  첫 번째 [ ]로 표시된 부분은 문장의 주어 역할을 하는 동명사구이다. 두 번째 [ ]로 표시된 부분은 requires의 목적어 역할을 하는 that절이다.

- According to a recent study about the global creativity gap, eight out of ten people feel [that {unlocking creativity} is critical to economic growth], and two-thirds of respondents feel creativity is valuable to society.

  [ ]로 표시된 부분은 동사 feel의 목적어이다. { }로 표시된 부분은 that절의 주어 역할을 하는 동명사구이다.

02

정답 | ④

소재 | 과거의 기억

해석 | 기준점 설정과 조정은 우리의 회고적인 개인 기억력에 아주 큰 영향을 미칠 수 있다. 그러한 기억은 '실제로 일어났던 것'을 자기 성찰적으로 '들추는' 과정이지만, 그것은 우리의 현재 믿음과 느낌에 의해 크게 기준점이 설정되어 있다. 이 원리는 심리학 실험실과 조사 두 가지 모두에서 잘 확립되어 왔다. 결국, 회상할 때 우리가 가지는 것은 과거의 경험에 대한 단편(기억의 흔적)을 포함하는 우리의 현재 상태일 뿐이며, 이 단편들은 우리가 의식적으로 알고 있는 것보다 훨씬 더 크게 지금 진실이라고 믿는 것(또는 느끼는 것)에 의해 편향되어 있기 때문이다. 게다가, 이러한 과거의 경험의 단편들이 의미 있는 패턴으로 조직되는 것은 우리의 현재 믿음과 기분에 훨씬 더 많은 영향을 받는다. 우리가 특히 우울하거나 고무될 경우 더 그렇다.

Solution Guide |

과거의 기억은 우리의 현재 믿음과 분위기에 의해 영향을 받아 재조직된 것이라는 내용이므로, 글의 제목으로 가장 적절한 것은 ④ '현재에서 과거의 기억 재조직하기'이다.
① 여러분이 보는 것이 여러분을 속일 수 있다
② 문화적 편향이 기억에 미치는 영향
③ 기억은 우울함을 향해 편향되어 있다
⑤ 나이는 단지 숫자에 불과하다: 여러분의 뇌를 활동적인 상태로 유지하라

Structure in Focus |

- [What we have at the time of recall] is, after all, only our current state, [which includes fragments (memory traces) of our past experience]; these fragments are biased by what we now believe (or feel) to be true to an extent much greater than we know consciously.

  첫 번째 [ ]로 표시된 부분은 문장의 주어 역할을 하고 두 번째 [ ]로 표시된 부분은 our current state를 부연 설명하는 관계절이다.

- Moreover, [the organization of these fragments of past experience into meaningful patterns] is even more influenced by our current beliefs and moods — especially if we are particularly depressed or encouraged.

  [ ]로 표시된 부분은 문장의 주어 역할을 하는데, 주어의 핵인 the organization이 단수이므로 단수 동사 is가 이어진다.

Culture Note |

anchoring and adjustment(기준점 설정과 조정): anchoring effect(정박 효과)를 설명할 때 흔히 사용되는 말이다. anchoring effect(정박 효과)란 배가 어느 지점에 닻을 내리면 그 이상 움직이지 못하듯이, 인간의 사고가 처음에 제시된 하나의 이미지나 기억에 박혀서, 어떤 판단을 할 때 그 영향을 받아 새로운 정보를 수용하지 않거나 이를 부분적으로만 수정하는 행동 특성을 가리킨다. '기준점 설정과 조정(anchoring and adjustment)'은 이럴 때 쓰이는 말로 기준점을 설정하고 그 기준점에 따라 판단을 조정한다는 의미이다.

03

정답 | ②

소재 | 빨간색을 이용한 판매량 늘리기

해석 | 진열대의 한쪽 끝에서 다른 쪽 끝까지 배치된 여러 녹색 채소들을 가진 제품 생산자로서는, 직선형의 진열대 양쪽 끝에서 더 많이 팔리고, 중간에서 더 적게 팔릴 듯하다. 소비자들은 양쪽 끝에서 구매하는 경향이 있다. 목표는 가게의 전체 설치물을 따라(진열대 전체에서) 판매를 극대화하는 것이다. 따라서 소비자를 끌어들이고 판매량을 올리기 위해 진열대 중앙에 빨간색이 사용된다. 왜 빨간색인가? 빨간색은 소비자의 머릿속에 숨겨진 메시지를 가지고 있다. 그것은 위험, 중단, 또는 열정을 나타낼 수 있다. 그 메시지가 무엇이든 간에, 빨간색은 두드러져 보이고 눈길을 그쪽으로 끈다. 목표는 소비자의 시선을 전시

된 것의 중앙으로 끄는 것이다. 그것은 효과가 있으니 가판대에서 시도해 보라. 중간에 빨간색 제품을 놓으라. 빨간색 제품을 사용할 수 없는 경우 동일한 결과를 얻기 위해 진열대 중앙에 빨간색의 휘장을 사용하라.

Solution Guide |

소비자들은 진열대의 양쪽 끝에서 구매하는 경향이 있기 때문에 판매를 늘리기 위해서는 사람들의 눈길을 끄는 색인 빨간색을 진열대의 중앙에 놓을 필요가 있음을 설명하는 글이다. 그러므로 글의 제목으로 가장 적절한 것은 ② '판매량을 늘리기 위해 빨간색을 전략적으로 배치하기'이다.
① 다양한 색상을 이용한 판매 전략
③ 색과 위치 중에서 어느 것이 판매량에 영향이 더 큰가?
④ 소비자의 취향을 알아내기: 우선적으로 해야 할 일
⑤ 빨간색: 인간의 감정을 지배하는 가장 강력한 색

Structure in Focus |

- ~ **the chances are that** more are sold at the ends of the linear display and **less** in the middle.
  「the chances are (that) ~」는 '~인 것 같다'의 의미를 나타낸다. less 다음에는 are sold가 생략되어 있다.

- [Whatever **the message**], red stands out and attracts the eye to it.
  [   ]로 표시된 부분은 양보를 나타내는 부사절이고, 그 안에서 the message 뒤에 is가 생략된 것으로 이해할 수 있다.

04

정답 | ⑤

소재 | 데이터의 양과 가설 검증

해석 | 주어진 가설을 확인하기 위해 우리는 그 가설과 관련된 데이터가 필요하다. 실험실 환경에서는 그 필요한 데이터를 생성하려고 실험이 세심하게 설계된다. 사실, 많은 경우에 실험은 가설이 현실과의 대면에서 살아남는지 보기 위해 가설의 틀림을 입증하려고 설계된다. 그런 실험을 만들어 내는 것이 가능한 것은 우리가 사전에 가설을 가지고 있기 때문이다. 그러나 가설을 생성하기 위해 데이터에 의존한다면 (대개 편의주의적인 방식으로) 수집된 데이터가 가설을 증명하거나 반증하는 데 필요한 데이터인지 확인할 수 없다. 더 많은 데이터를 가지는 것은 딜레마를 초래하는데, 그것은 알맞은 데이터를 확보할 더 많은 기회를 제공하지만, 그것은 또한 훨씬 더 많은 잠재적 가설도 제공한다. 가설의 수가 데이터보다 더 빠르게 늘어나기 때문에, 단순히 점점 더 많은 측정값을 수집하는 것으로는 따라잡을 가망이 없다.

Solution Guide |

사전에 가지고 있는 가설을 확인하기 위해 필요한 데이터를 생성하는 경우와 달리, 데이터를 수집해서 가설을 생성하려는 경우에는 데이터가 많을수록 그보다 더 많은 가설이 생겨나기 때문에 딜레마에 빠지게 된다는 내용의 글이다. 따라서 글의 제목으로 가장 적절한 것은 ⑤ '가설 검증에 더 많은 데이터가 항상 더 나은가?'이다.
① 더 많은 데이터는 과학에서 정확성을 향상시킨다
② 데이터와 가설 중 어느 것이 우선인가?
③ 더 나은 분석을 위해 불량 데이터를 제외하는 방법
④ 가설: 이론을 증명하기 위한 디딤돌

Structure in Focus |

- To check a given hypothesis, we need data [relevant to the hypothesis].
  [   ]로 표시된 부분은 바로 앞의 **data**를 수식하는 형용사구이다.

- But if we rely on data to generate hypotheses, we cannot **make sure that** the data gathered (usually in an opportunistic manner) is the data [needed to prove or disprove the hypothesis].
  「make sure that ~」은 '~을 확인하다'라는 의미이다. [   ]로 표시된 부분은 the data를 수식하는 분사구이다.

07 | 도표 정보 파악

Gateway 본문 46~47쪽

정답 | ④

해석 | 위의 도표들은 2015년의 지역별 전 세계 중산층의 점유율과 2025년의 그것의 예상 점유율을 보여 준다. 아시아 태평양의 전 세계 중산층 점유율은 2015년에 46%에서 2025년에 60%로 증가할 것으로 예상된다. 2025년의 아시아 태평양의 예상 점유율은 여섯 개 지역 중에서 가장 큰데, 같은 해의 유럽의 예상 점유율보다 세 배 넘게 더 많다. 유럽과 북미의 점유율은 둘 다 감소할 것으로 예상되는데, 유럽은 2015년에 24%에서 2025년에 16%로 감소할 것이고, 북미는 2015년에 11%에서 2025년에 8%로 감소할 것이다. 중남미는 전 세계 중산층 점유율에서 2015년에서 2025년 사이에 변화할 것이라고 예상되지 않는다. 2015년에 그러했듯이, 2025년에 중동과 북아프리카의 점유율은 사하라 이남의 아프리카의 점유율보다 더 클 것이다.

Exercises 본문 48~51쪽

01 ④	**02** ④	**03** ⑤	**04** ⑤

01

정답 | ④

소재 | 전 세계 연간 물 수요의 예상 증가량

해석 | 위의 도표는 2005년에서 2030년까지의 전 세계 연간 물 수요의 예상 증가량을 지역별 및 부문별로 보여 준다. 2005년에서 2030년까지, 연간 물 수요는 중국, 인도, 사하라 이남 아프리카, 나머지 아시아 각 지역에서 4,000억 세제곱미터(m^3) 넘게 증가할 것으로 예상된다. 그러나 그것은 같은 기간에 유럽, 남미, 중동과 북아프리카, 오세아니아 각 지역에서 2,000억 세제곱미터(m^3) 안 되는 물만큼만 증가할 것으로 예상된다. 시와 가정 부문 면에서는 인도의 연간 물 수요의 증가량이 다른 지역의 증가량을 앞설 것으로 예상된다. 그러나 산업 부문에 관해 말하자면, 북미가 가장 큰 증가를 겪고, 중국이 바로 그 뒤를 이을 것으로 예상된다. 사하라 이남 아프리카는 농업 부문의 증가량에서 다른 지역들에 앞설 것으로 예상된다.

Solution Guide |

산업 부문에서 중국이 가장 큰 증가를 겪고, 북미가 바로 그 뒤를 이을 것으로 예상되므로, 도표의 내용과 일치하지 않는 것은 ④이다.

Structure in Focus |

- In terms of the municipal and domestic sector, India's increase in annual water demand is expected to lead **the other regions**'.

the other regions' 뒤에는 increases in annual water demand가 생략되었다.

- As for the industry sector, however, North America is expected to experience the largest increase, [immediately followed by China].

[ ]로 표시된 부분은 experience the largest increase의 부수적인 상황을 나타내는 분사구문이다.

02

정답 | ④

소재 | G20 11개 국가의 국내 총생산 대비 정부 지출 비율

해석 | 위의 표는 2006년과 2016년에 G20 국가 중 11개 국가의 일반 정부 부문 지출을 보여 준다. 두 해 모두, 프랑스가 목록의 가장 높은 곳을 차지했으며, 그것의 정부 지출은 국내 총생산의 절반보다 많은 부분을 차지했다. 2006년에, 5개 국가의 정부 지출은 국내 총생산의 40% 미만이었다. 2016년에 정부 지출이 국내 총생산의 40% 미만이었던 국가의 수는 또한 다섯이었고, 한 국가, 즉 아일랜드는 정부 지출이 국내 총생산의 30% 미만을 차지했다. 2006년에서 2016년 사이에, 스페인은 국내 총생산에서 정부 지출의 비율에서 가장 큰 증가를 기록했고, 그다음이 프랑스였다. 2006년에서 2016년 사이에, 4개 국가가 국내 총생산에서 정부 지출의 감소를 경험했고, 아일랜드는 11개 국가 중에서 가장 큰 감소를 기록했다.

Solution Guide |

2006년에서 2016년 사이에 국내 총생산에서 정부의 지출이 차지하는 비율에서 가장 큰 증가를 보인 국가는 일본(4.0%)이고, 두 번째로 가장 큰 증가를 보인 국가는 스페인(3.9%)이므로 ④는 표의 내용과 일치하지 않는다.

Structure in Focus |

- In 2016, [the number of countries {whose government spending was less than 40 percent of their GDP}] was also five, and one country, Ireland, had government spending that was less than 30 percent of its GDP.

[ ]로 표시된 부분은 앞 절의 주어이고 { }로 표시된 부분은 countries를 수식하는 관계절이다.

03

정답 | ⑤

소재 | 미국 뉴스 소비자들의 소셜 미디어 뉴스 참여도

해석 | 위 도표는 미국 뉴스 소비자들이 소셜 미디어의 뉴스에 얼마나 많이 관여하는지를 보여 준다. 소셜 네트워킹 뉴스 소비

자의 약 4분의 1 정도가 소셜 미디어 뉴스 기사 링크를 자주 클릭하는 반면, 그들 중 절반 이상이 가끔 클릭한다. 그러나 응답자 중 16%만이 종종 뉴스 기사를 '좋아한다'고 했으며, 소셜 미디어에 뉴스 기사를 공유하거나 다시 게재하는 경우는 심지어 더 적었다. 소셜 미디어 뉴스 소비자 중 뉴스 기사에 대해 자주 또는 때때로 코멘트를 하는 소비자 비율과 뉴스 기사 자체에 대한 링크를 자주 또는 때때로 게시하는 소비자 비율은 거의 같다. 조사된 사람 중 30% 이상이 뉴스에 나온 이슈에 대해 소셜 미디어 사이트에서 자주 또는 때로는 토론한다고 응답했다. 그럼에도 불구하고 소셜 미디어 뉴스 사용자 중 뉴스 사건에 대한 자신이 찍은 사진이나 동영상을 때때로 게시할 정도로 뉴스에 깊이 관여하는 사람은 5%도 안 된다.

Solution Guide |

주어진 도표에서 소셜 미디어 뉴스 사용자 중 뉴스 사건에 대한 자신의 사진이나 동영상을 때때로(sometimes) 게시할 정도로 뉴스에 깊이 관여하는 사람은 16%이기 때문에 ⑤는 도표의 내용과 일치하지 않는다.

Structure in Focus |

- About a quarter of social networking news consumers often click on links to news stories on social media, while more than half of them sometimes **do**.

  do는 대동사로서 주절의 동사구(click on links to news stories on social media)를 대신한다.

- Over 30% of those [surveyed] responded [that they either often or sometimes discuss issues in the news on social media sites].

  첫 번째 [ ]로 표시된 부분은 those를 수식하는 분사구로 surveyed 앞에 who were가 생략된 것으로 볼 수 있다. 두 번째 [ ]로 표시된 부분은 that절로 responded의 목적어이다.

04

정답 | ⑤

소재 | 2001년과 2012년 싱가포르의 쓰레기 유형별 재활용 비율

해석 | 위의 표는 2001년과 2012년 싱가포르의 쓰레기 유형별 재활용 비율과 2001년에서 2012년 사이 재활용 비율의 변화를 보여 준다. 2001년부터 2012년 사이, 비철금속과 플라스틱을 제외한 모든 쓰레기 유형들은 재활용 비율에 있어 향상을 보였다. 비철금속의 재활용 비율은 2001년 85%에서 2012년 79%로 떨어진 반면, 플라스틱의 재활용 비율은 두 개 년도 모두 10%로 똑같이 유지되었다. 나무/목재 쓰레기의 재활용 비율은 2001년부터 2012년까지 61퍼센티지 포인트의 증가를

보였다. 음식물 쓰레기의 재활용 비율이 2001년에서 2012년 사이 두 배가 되기는 했지만, 2012년 목표 재활용 비율에는 훨씬 못 미쳤다. 2012년에 싱가포르에서 최상위 재활용 비율 두 가지는 건설 잔해와 비철금속에서 나오는 쓰레기에서 보였는데, 반면에 음식물 쓰레기와 플리스틱 쓰레기는 가장 낮은 순위를 차지했다.

Solution Guide |

2012년 재활용 비율이 가장 높은 쓰레기 유형은 건설 잔해와 철금속이다. 따라서, ⑤는 표의 내용과 일치하지 않는다.

Structure in Focus |

- In 2012, the top two recycling rates in Singapore were seen in the waste [from construction debris and non-ferrous metals], **while** food waste and plastics ranked the lowest.

  [ ]로 표시된 부분은 the waste를 수식한다. while은 '~인 반면에'라는 뜻을 가진 역접의 접속사이다.

08 | 내용 일치 · 불일치

본문 52~53쪽

Gateway

정답 | ③

해석 | 이탈리아의 Fermignano에서 태어난 Donato Bramante는 어린 시절에 그림을 그리기 시작했다. 그의 아버지는 그에게 그림을 공부하라고 권했다. 나중에, 그는 Urbino에서 Piero della Francesca의 조수로 일했다. 1480년경에 그는 Milan에서 새로운 양식의 여러 교회들을 건축했다. 그는 Leonardo da Vinci와 가까운 관계였고, 그들은 그 도시에서 함께 작업했다. 건축이 그의 주요한 관심사가 되었지만, 그는 그림 그리기를 포기하지 않았다. Bramante는 1499년에 Rome으로 이주해서 Pope Julius II의 Rome 재개발 계획에 참여했다. 그는 Rome의 새로운 성 베드로 대성당을 계획했는데, 그것은 인류 역사상 가장 야심 찬 건축 프로젝트 중 하나였다. Bramante는 1514년 4월 11일에 사망했고 Rome에 묻혔다. 그의 건축물들은 수 세기 동안 다른 건축가들에게 영향을 끼쳤다.

Exercises

본문 54~57쪽

01 ④　　**02** ④　　**03** ④　　**04** ⑤

01

정답 | ④

소재 | Baird의 삶

해석 | Scotland의 Helensburgh에서 태어난 Baird는 Glasgow에 있는 왕립 기술 대학에서 전기 공학을 공부한 다음 Glasgow 대학교에 다녔다. 그의 좋지 않은 건강으로 인해 그는 제1차 세계 대전 중 현역 군복무를 하지 못했고 전쟁이 끝난 후 몇 년 동안 다양한 사업 계획을 끝마치지 못했다. 1922년 건강이 쇠약해진 후 Hastings로 물러나 사진 전송에 관한 아마추어 실험을 했다. 그는 원시적인 장비를 사용하여 몇 피트 떨어진 거리에 이미지를 전송하는 데 성공했고, 1926년에 한 집단의 과학자들 앞에서 그의 장치를 보여 주었다. 인정이 뒤따랐으며 그다음 해에 그는 London과 Glasgow 사이의 전화선으로 사진을 전송했다. 같은 해에 그는 Baird 텔레비전 개발 회사를 설립했다. 그는 (자신이 만든 장치의) 개선품을 작업하는 일을 계속했으며 1929년 9월 30일에 최초의 BBC 실험 방송을 했다.

Solution Guide |
1926년에 과학자들 앞에서 자신의 장치를 보여 주었다는 내용이 나오므로 ④는 일치하지 않는다.

Structure in Focus |
- His poor health **prevented** him [**from** active service during World War I] and [**from** completing various business enterprises in the years following the war].
두 개의 [ ]로 표시된 부분은 and에 의해 연결되어 prevented him에 이어진다. 「prevent+목적어+from +-ing」 구문은 '~가 …하지 못하게 하다'의 의미이다.

- [Using primitive equipment] he succeeded in transmitting an image over a distance of a couple of feet, ~.
[ ]로 표시된 부분은 he가 의미상의 주어인 분사구문으로 주절에 대한 부가적인 정보를 나타낸다.

02

정답 | ④

소재 | Green Farm 투어의 날

해석 | 　　　　　Green Farm 투어의 날
여러분은 음식이 어디에서 오는지, 그리고 누가 그것을 생산하는지 궁금해한 적이 있나요? 제4회 연례 Green Farm 투어의 날에서 알아보세요.
무료이며 가이드가 동반하지 않는 이 투어에 동참하세요.
10월 19일 토요일 오전 9시부터 오후 4시까지
10월 20일 일요일 오전 10시부터 오후 4시까지(포도주 양조장은 일요일 정오에 개방)
여기 당신의 하루 투어를 더 즐겁게 만들도록 도와줄 몇 가지 조언이 있습니다.
- 방문 장소에 들르는 동안 아이들을 감독하고 소유지, 식물, 동물에 대한 존중을 장려하세요.
- 반려동물은 집에 두고 오세요.
- 일부 장소에는 판매용 제품이 있을 것이므로 여러분의 대형 손가방을 잊지 마세요.

주의 사항: 동물의 건강을 보호하기 위해, 이 행사 전 9일 이내에 외국을 여행했다면, 올해에는 참여를 삼가세요.
더 많은 정보를 위해서는 gftd@greenfarm.org로 우리에게 연락하세요.

Solution Guide |
반려동물은 집에 두고 오라고 했으므로 안내문의 내용과 일치하지 않는 것은 ④이다.

Structure in Focus |
- Have you ever wondered [where your food comes from] and [who produces it]?
두 개의 [ ]로 표시된 부분은 and에 의해 대등하게 연결되어 wondered의 목적어 역할을 한다.

- [**In order to** protect animal health], if you have traveled from a foreign country within nine days prior to this event, please **refrain from** participating this year.

[ ]로 표시된 부분은 「in order to부정사」의 어구를 사용하여 목적의 의미를 나타내고 있다. 「refrain from+-ing」는 '~하는 것을 삼가다'의 의미이다.

03

정답 | ④

소재 | 학교 티셔츠 디자인 공모전

해석 |
Springfield 고등학교 티셔츠 디자인 공모전
2022년 7월 18일 ~ 8월 12일

Springfield 고등학교의 모든 사람이 여러분의 미술 작품을 입고 있는 것을 보고 싶습니까? 여러분은 그렇게 할 수 있습니다! 여러분의 재능을 뽐내고 여러분의 디자인을 제출하세요.

지침
- 현재 Springfield 고등학교에 재학 중인 모든 학생은 자기 자신의 독창적인 디자인을 제출할 수 있습니다.
- 각 디자인에는 학교명이나 학교 로고, 혹은 둘 다가 있어야 합니다.
- 두 가지 색상까지 사용할 수 있습니다.
- 제출할 수 있는 출품작의 수에 제한이 없습니다.
- 최종 디자인은 볼펜, 마커 펜, 크레용, 혹은 다른 색칠 재료로 (제작)되어야 합니다.

단지 한 개의 디자인만 우수작으로 선택될 것입니다. 우승 디자인은 내년 학교 티셔츠를 위해 사용될 것입니다.

우승자는 지역 서점의 100달러 상품권을 받게 될 것입니다.

더 많은 정보를 원하시면, 학교 웹사이트를 방문하세요.

Solution Guide |
우승 디자인은 내년 학교 티셔츠에 사용될 것이라고 했으므로, 안내문의 내용과 일치하는 것은 ④이다.

Structure in Focus |
- Every student [currently enrolled in Springfield High School] is welcome to submit their own original designs.

  [ ]로 표시된 부분은 Every student를 수식하는 분사구이다.

04

정답 | ⑤

소재 | 공유 자동차 사용 안내

해석 |
Orange 자동차 공유 서비스를 사용하는 방법
여러분의 Orange 배지를 키오스크의 카드 판독기에 갖다 대서 터치스크린을 활성화하십시오.
- 사용 가능한 자동차의 충전 스테이션의 불이 파란색으로 변할 것입니다.
- 손상이 없는지 확실하게 하기 위해 자동차를 확인하십시오.

여러분의 배지를 자동차 카드 판독기에 대고 흔들어 자동차를 잠금 해제하십시오.
- 판독기는 자동차의 운전자 후방 인식 거울 옆 유리창에 위치해 있습니다.

자동차의 플러그를 뽑으십시오.
- 자동차의 충전구를 열기 위해, 여러분의 신용카드를 충전 스테이션 위에 대고 흔드십시오.
- 충전 케이블을 뽑은 다음 그것을 충전 스테이션의 고리에 걸어 주십시오.

자동차의 충전구를 닫으십시오.
- 이제 자동차를 사용하실 준비가 되었습니다.
- 핸들 근처의 스크린은 재충전이 필요하기 전까지 갈 수 있는 거리를 보여 줍니다.

Solution Guide |
안내문의 끝부분에 The screen near the steering wheel shows the miles you can go before needing to be recharged.라고 쓰인 것으로 보아 핸들 근처의 스크린에 다음 충전 전까지 갈 수 있는 거리가 표시되므로 ⑤는 안내문과 일치한다.

Structure in Focus |
- Touch the card reader on the kiosk with your Orange badge [to activate the touch screen].

  [ ]로 표시된 부분은 목적의 의미를 나타내는 to부정사구이다.

09 | 어법 정확성 파악

정답 | ④

해석 | 개체 전체와 마찬가지로, 세포도 수명을 가지고 있다. 그것의 생명 주기(세포 주기) 동안에, 세포의 크기, 모양, 물질대사 활동이 극적으로 변할 수 있다. 세포는 모세포가 분열하여 두 개의 딸세포를 생성할 때, 쌍둥이로 '탄생'한다. 각각의 딸세포는 모세포보다 더 작으며, 특이한 경우를 제외하고는 각각 모세포만큼 커질 때까지 자란다. 이 기간 동안, 세포는 물, 당, 아미노산, 그리고 다른 영양소들을 흡수하고 그것들을 새로운 살아있는 원형질로 조합한다. 세포가 적절한 크기로 성장한 후, 그것은 분열할 준비를 하거나 혹은 성숙하여 특화된 세포로 분화하면서 그것의 물질대사가 변화한다. 성장과 발달 둘 다 모든 세포 부분을 포함하는 일련의 복잡하고 역동적인 상호 작용을 필요로 한다. 세포의 물질대사와 구조가 복잡할 것임은 놀라운 것이 아니겠지만, 실제로 그것들은 꽤 간단하고 논리적이다. 가장 복잡한 세포조차도 그저 몇몇 부분만을 가지고 있는데, 각각은 세포 생명의 뚜렷하고, 명확한 측면을 맡고 있다.

01 ③   **02** ⑤   **03** ④   **04** ⑤

01

정답 | ③

소재 | 작은 성공이 주는 성취감과 행복감

해석 | 안타깝게도, 큰 목표는 흔히 더 작은 목표보다 훨씬 더 많은 시간과 에너지가 필요하기 때문에 큰 목표만 세우는 것은 압도적인 느낌이 들 수 있다. 그러므로 큰 목표를 더 작고, 더 이해할 수 있고 다루기 쉬운 덩어리로 나누어라. 각각의 더 작은 목표를 달성함에 따라, 여러분은 궁극적으로 더 큰 전체적인 목표를 달성하기 위해 남겨진 것을 계속하도록 영감을 받고 동기가 부여될 것이다. 각각의 더 작은 성공은 여러분에게 큰 성취감과 엄청난 행복감을 가져다줄 것이다. 아마도 여러분은 친구들과 더 많은 시간을 보내고 싶어 할 것이다. 아마도 좋아하는 취미에 보내는 시간을 늘리고 싶을 것이다. 아니면 명상을 하거나 요가를 연습하는 시간을 늘리고 싶을지도 모른다. 이 모든 것들은 겉보기에는 작지만 타당하고 가치 있는 목표들이다. 때때로 인생에서 더 작은 것들이 우리에게 가장 큰 기쁨을 가져다준다!

Solution Guide |

(A) setting only big goals가 overwhelm의 행위자이므로 현재분사 overwhelming이 적절하다.

(B) 앞에 선행사로 삼을 만한 명사구가 없으므로 전치사 with의 목적어 역할을 하면서 선행사를 포함하고 있는 관계사인 what이 적절하다.

(C) 주어인 smaller things in life의 핵이 복수형인 smaller things이므로 이와 호응하는 복수형 술어 동사 bring이 적절하다.

Structure in Focus |

- Unfortunately, [setting only big goals] can feel overwhelming because they often take a lot more time and energy than smaller goals.

  [ ]로 표시된 부분은 문장의 주어 역할을 하는 동명사구이다.

- All of these, [although seemingly small], are valid and worthy goals.

  [ ]로 표시된 부분은 although they are seemingly small로 풀어 쓸 수 있다.

02

정답 | ⑤

소재 | 연극 놀이를 통한 아이들의 사고력 향상

해석 | 연극 놀이는 아이들이 생각을 탐색해 보고 실험해 보며, 자신의 기술을 시험해 보고 평가하면서, 자신만의 방식으로 환경을 늘리고 변화시킬 수 있는 위험이 없는 무대를 제공해 준다. 역할극에서 아이들은 가능성을 상상해 보고 저울질하며 다른 사람인 것처럼 행동한다. 이것은 그들이 다른 관점에서 상황을 분석하도록 도와준다. 다른 사람인 척하는 것은 그에 수반하는 모든 몸짓과 행동, 말과 더불어 아이들이 하는 척할 수 있는 여러 가지 것들을 고려할 때 발산적으로 사고하는 연습을 할 수 있도록 해 준다. 아이들이 무엇을 어떻게 놀지 결정하고 나면, 그들의 관심은 그들이 계획한 놀이를 무대에 올리는 데로 옮겨간다. 그들의 사고는 더 수렴적이 된다. 창의성과 혁신은 발산적 사고에 크게 의존하지만, 목표를 달성하기 위해서는 수렴적 사고 역시 필요하다. 역할극을 하는 데 많은 시간을 보낸 어린 아이들이 창의성 척도에서 높은 점수를 받는다는 것을 연구가 보여 주는 것은 당연하다.

Solution Guide |

⑤ that 이하의 절에서 주어의 핵은 young children이므로 동사는 has가 아니라 have가 적절하다.

① 주어진 단어 뒤의 관계절에서 선행사인 a risk-free stage는 장소를 나타내는 부사어구로 사용되었으므로 관계부사인 where는 적절하다.

② help는 준사역동사로 목적격 보어로 동사원형이 올 수 있다. 그러므로, analyze는 적절하다.

③ shifts 뒤에 있는 to는 전치사이므로 동명사인 staging을 목적어로 취해야 한다.

④ 동사 rely를 수식하는 부사로 heavily는 적절하다.

Structure in Focus |

- Dramatic play provides a risk-free stage [where children can {explore and experiment with ideas}, {test and evaluate their skills}, and {add to and change the environment in their own ways}].

  [ ]로 표시된 부분은 a risk-free stage를 수식하는 관계절이다. 그 안에 { }로 표시된 세 부분은 and로 연결되어 can 에 이어진다.

- Pretending to be someone else, [with all the gestures, actions, and language that involves], gives children practice thinking divergently [as they consider different things {they can pretend to do}].

  첫 번째 [ ]로 표시된 부분은 주어와 동사 사이에 삽입된 전치사구이다. 두 번째 [ ]로 표시된 부분은 '~할 때'로 해석되는 접속사 as로 시작되는 부사절이다. 그 안의 { }로 표시된 부분은 different things를 수식하는 관계절이다.

03

정답 | ④

소재 | 자연 경관을 보는 것이 집중에 미치는 영향

해석 | 많은 극한의 환경들은 집중을 필요로 할 뿐만 아니라 고독, 그리고 일상적인 산만함으로부터의 해방과 같은, 그것을 촉진하는 조건도 제공한다. 대부분의 극한 활동이 일어나는 자연환경도 사람들이 주의를 집중하는 데 도움을 주는 역할을 할 수 있다. 연구에 따르면 자연경관을 보는 것이 우리가 오랜 기간의 집중으로 인한 정신적 피로에서 회복하도록 도움을 준다. 한 실험에서, 사람들은 그들이 정신적으로 지치고 수행능력이 떨어질 때까지 지속된 주의를 필요로 하는 일상적인 과업을 수행했다. 그러고 나서 그들은 과업으로 돌아가기 전에 10분이 안 되는 시간 동안 사진을 보았다. 과수원, 강, 산과 같은 자연 풍경 사진을 본 참가자들은 도시 풍경이나 기하학적 형태를 본 사람들에 비해 두 번째 과업에서 상당히 더 정확했다. 이것과 다른 결과들은 단순히 자연 경관을 보는 것만으로도 우리의 집중 능력을 강화할 수 있다는 것을 시사한다.

Solution Guide |

④ mundane tasks를 수식하는 분사구를 이끄는 분사가 필요한데, mundane tasks가 sustained attention을 필요로 하는 (require) 주체이므로 능동 관계가 되어야 한다. 따라서 required를 requiring으로 바꾸어야 한다.

① 앞서 언급된 focus를 가리키는 대명사 it은 적절하다.

② The natural environments를 수식하는 관계절을 이끄는

관계사가 필요한데, which 다음에 완전한 절(most extreme activities occur)이 이어지므로, 「전치사＋관계사」의 형태인 in which는 적절하다.

③ that절의 주어는 viewing natural scenes인데, 그중 주어의 핵은 동명사 viewing이므로 단수 동사 helps는 적절하다.

⑤ 비교급인 more accurate을 수식하는 부사 significantly 를 쓰는 것은 적절하다.

Structure in Focus |

- Research suggests [that viewing natural scenes helps us {to recover from the mental fatigue ⟨caused by long periods of concentration⟩}].

  [ ]로 표시된 부분은 동사 suggests의 목적어 역할을 하는 명사절이며, 그 안에서 { }로 표시된 부분은 helps의 목적격 보어 역할을 하는 to부정사구이고, ⟨ ⟩로 표시된 부분은 the mental fatigue를 수식하는 분사구이다.

- Participants [who viewed pictures of natural landscapes, such as orchards, rivers, and mountains], were significantly more accurate in their second set of tasks, compared to people [who had viewed urban landscapes or geometric shapes].

  첫 번째와 두 번째 [ ]로 표시된 부분은 각각 Participants 와 people을 수식하는 관계절이다.

04

정답 | ⑤

소재 | 잊기 위해 말하지 않기

해석 | 우리는 이야기를 기억하기 위해 그것을 말하는 것만은 아니다. 동전의 반대편도 사실이다. 우리는 이야기를 잊기 위해 이야기를 만들지 않는다. 우리에게 어떤 불쾌한 일이 발생하면, 우리는 흔히 "나는 그것에 대해 이야기하지 않는 것이 낫겠어." 라고 말하는데, 왜냐하면 그것에 대해 말하지 않는 것이 잊는 것을 더 쉽게 만들기 때문이다. 일단 여러분이 자신에게 일어난 것을 말하면, 여러분이 말한 이야기의 그 부분은 덜 잊을 수 있을 것이다. 어떤 의미에서, 이야기를 하는 것은 그것이 다시 발생하도록 만든다. 그러나 애당초 이야기를 하지 않으면, 그것은 그것의 원래의 형태, 예를 들어 초기 처리 과정에서 사용된 정신 구조 속에 분포된 형태로만 존재할 것이다. 따라서, 그것이 재구성될 수 있다는 의미에서, 그 경험이 남아 있다. 그 경험이 나쁜 경험이었을 때, 기억 속에 있는 그 감각은 성가신 심리적 결과를 가질 수 있다.

Solution Guide |

⑤ psychological consequences가 성가시게 하는(annoy) 의 주체이므로 능동 관계가 되어야 한다. 따라서 annoyed를 annoying으로 바꾸어야 한다.

① 부정어구 not only가 문두에 와서 주어와 조동사가 도치된 것은 적절하다.

② 동명사의 부정을 나타내기 위해 동명사 앞에 not이 온 것은 적절하다.

③ 사역동사 make의 목적격 보어로 동사원형인 happen이 쓰인 것은 적절하다.

④ 추상명사 the sense의 내용을 부연 설명하는 동격절을 이끄는 접속사 that이 쓰인 것은 적절하다.

Structure in Focus |

▪ When something unpleasant happens to us, we often say, "I'd rather not talk about it," because [not talking about it] makes **it** easier [to forget].

첫 번째 [ ]로 표시된 부분은 because가 이끄는 부사절의 주어 역할을 하며, it은 형식상의 목적어이고 두 번째 [ ]로 표시된 부분이 내용상의 목적어이다.

▪ Once you tell what happened to you, you will be less able to forget the parts of the story [that you told].

[ ]로 표시된 부분은 the story를 수식하는 관계절이다.

10 | 어휘 적절성 파악

Gateway　　　　　　　　　　본문 64~65쪽

정답 | ④

해석 | 스포츠는 그것의 소비자에게 다른 제품이 좀처럼 일으키지 못하는 종류의 정서적 반응을 촉발시킬 수 있다. 은행 고객이 그들 은행에 대한 충성심을 보여주기 위해 기념품을 구입하거나, 고객이 그들 자동차 보험 회사에 대해 매우 강한 동질감을 가져서 회사 로고로 문신을 한다고 상상해 보라. 우리는 일부 스포츠 추종자들이 선수, 팀, 그리고 그 스포츠 자체에 매우 열정적이어서 그들의 관심이 집착에 아주 가깝다는 것을 알고 있다. 이런 중독은 팬을 팀에 묶어주는 정서적 접착제를 제공하고, 경기장에서 일어나는 실패에 직면해서도 충성심을 유지하게 한다. 대부분의 관리자는 스포츠팬만큼 그들 제품에 열정적인 고객을 가지기를 오직 꿈꿀 수 있을 뿐이지만, 스포츠로 인해 촉발되는 감정은 또한 부정적인 영향을 미칠 수 있다. 스포츠의 정서적 격렬함은 조직이 향수와 클럽 전통을 통해 과거에 대한 강한 애착을 가지고 있다는 것을 의미할 수 있다. 그 결과, 그것(조직)은 효율성, 생산성 및 변화하는 시장 상황에 신속하게 대응해야 할 필요성을 늘릴(→ 무시할) 수도 있다. 예를 들어, 더 매력적인 이미지를 투사하기 위해 클럽 색깔을 바꾸자는 제안은 그것이 전통과의 관계를 끊기 때문에 무산될 수도 있다.

Exercises　　　　　　　　　　본문 66~69쪽

| 01 ③ | 02 ② | 03 ⑤ | 04 ④ |

01

정답 | ③

소재 | 강경한 협상가의 결점

해석 | 나는 자만의 결점이 있는 여러 협상가를 알아 왔다. 그들은 흔히 제 무덤을 파곤 하는데, 이는 그들이 일단 교섭의 여지가 없는 제의를 하고 나면, (협상) 테이블로 돌아감으로써 체면을 구긴다는 생각을 용인할 수 없기 때문이다. 여러분은 상대방에게 강인함과 결의를 보여 주는 것이 중요하다고 주장할 수도 있다. 하지만 강경하다는 평판을 얻는 것이 협상 테이블에서 여러분에게 도움이 되는 것은 아니다. 사실 강경한 협상가로서의 명성은 많은 매우 바람직하지 않은 결과를 낳는데, 예를 들어 상대방이 보통 하게 될 것보다 더 많이 의심하면서 여러분을 대하고, 훨씬 더 강경하게 행동할 것이다. 교섭 평판이 남들이 여러분을 대하는 방식에 어떻게 영향을 미치는지에 대한 연구에서, Cathy Tinsley는 '강경한 사람이 꼴찌이다.'라는 것을 알아냈는데, 이는 사람들이 강경하다는 평판이 있는 사람들과 더 공격적으로 협상한다는 것을 의미한다.

Solution Guide |

(A) 자만한 협상가는 교섭의 여지가 없는 제의를 하고 나서 협상 테이블로 돌아감으로써 체면을 구긴다는 생각을 용인하기 어려울 것이므로 '용인하다'라는 뜻의 tolerate가 적절하다. dismiss는 '(생각 등을) 버리다'라는 뜻이다.

(B) 뒤에 이어지는 사례에서 상대방이 보통 하게 될 것보다 더 많이 의심하고 훨씬 더 강경하게 행동할 것이라고 했으므로, '바람직하지 않은'이라는 뜻의 undesirable이 적절하다. desirable은 '바람직한'이라는 뜻이다.

(C) 강경한 사람이 꼴찌라고 했는데, 이는 협상에서 상대방이 더 공격적이라 협상 과정이 더 어려워져서 그럴 것이므로 '공격적으로'라는 뜻의 aggressively가 적절하다. generously는 '관대하게'라는 뜻이다.

Structure in Focus |

- You may argue that **it**'s important [to display toughness and resolve to the other side].

  it은 that절 안의 형식상의 주어이고, [ ]로 표시된 부분은 내용상의 주어이다.

- Cathy Tinsley found that "tough guys finish last," [meaning that people negotiate more aggressively with **those** {**who** have a reputation for toughness}].

  [ ]로 표시된 부분은 "tough guys finish last"를 부가적으로 설명하는 분사구이다. { }로 표시된 부분은 those를 수식하는 관계절이다. 「those who ~」는 '~하는 사람들'이라는 의미를 가진다.

02

정답 | ②

소재 | 고위험 활동이 불안 수준에 미치는 영향

해석 | 높은 수준의 특성 불안을 가진 일부 사람들은 그들의 불안감을 관리하기 위한 방법으로 극단적인 활동에 의지할 수 있다. 그들은 자신이 성공할 가능성이 더 높은, 익스트림 스포츠와 같은 무척 재미있는 활동을 적극적으로 하기 시작함으로써 일상생활의 문제와 불안을 피하는 것 같다. 이 아이디어를 <u>부정하는(→ 지지하는)</u> 증거는 산악인과 (위험이 낮은 스포츠로 간주되는) 유도 선수를 비교하는 연구에서 나왔다. 그 결과는 일반적 불안 수준이 높은 산악인들은 일단 등산을 마치면 일반적 불안 수준이 상당히 낮아진다는 것을 보여주었다. 역설적이게도, 등산이라는 고위험 활동은 이러한 원래 불안해하는 사람들에게 진정 효과를 주는 것처럼 보였다. 유도 비교 집단에서는 그러한 효과가 관찰되지 않았다. 연구자들은 등산에 필요한 강렬한 집중이 등산객들의 주의를 그들의 만성적인 불안에서 벗어나 자신이 통제할 수 있다고 느끼는 외부적이고 객관적으로

위협적인 상황으로 돌리는 데 도움이 된다고 말했다.

Solution Guide |

산악인과 유도 선수를 비교하는 연구에서 산악인들은 등산을 마치면 불안 수준이 상당히 낮아졌고, 이는 등산이라는 고위험 활동이 진정 효과를 준 것으로 보인다고 하였으므로, 그 연구에서 나온 증거는 익스트림 스포츠와 같은 극단적인 활동이 불안을 관리하고 피할 수 있게 한다는 생각을 지지한다고 해야 문맥상 자연스럽다. 따라서 ②의 denial은 support 정도의 단어로 고쳐야 한다.

Structure in Focus |

- **It seems** [**that** they avoid the problems and anxieties of everyday life by throwing themselves into an absorbing activity, such as an extreme sport, {in which they are more likely to succeed}].

  It은 형식상의 주어이고 [ ]로 표시된 부분은 내용상의 주어로 「It seems that ~」은 '~인 것 같다'는 의미를 가진다. { }로 표시된 부분은 an absorbing activity를 수식하는 관계절이다.

- The researchers suggested [that the intense focus {required for climbing} served to divert the climbers' attention away from their chronic anxieties on to an external and objectively threatening situation {that they felt able to control}].

  [ ]로 표시된 부분은 동사 suggested의 목적어인 명사절이고, 첫 번째 { }로 표시된 부분은 the intense focus를 수식하는 분사구이다. 두 번째 { }로 표시된 부분은 an external and objectively threatening situation을 수식하는 관계절이다.

03

정답 | ⑤

소재 | 산업화 이전의 사회에서 다자녀 가구의 양육 방식

해석 | 우리는 다른 공동체 구성원들이 부모들에게 육아와 관련된 도움을 주는 영장류 사회의 많은 예들을 보아왔다. 많은 산업화 이전의 사회에서, 부모들은 그들이 양육해야 할 아이들이 너무 많을 때 훨씬 더 많은 도움을 받는다. 아이들의 위탁 돌봄, 즉 일시적 입양은 산업화 이전의 사회에서 너무 많은 아이를 가진 가족들에게 흔한 해결책이다. 위탁은 친부모와 자녀 간의 유대가 종결되지 않는다는 점에서 입양과 다르다. 아이는 젖을 떼고 양부모에게 가지만, 그 합의가 잘 진행되지 않으면 언제든지 친부모에게 돌아갈 수 있다. 친부모들은 그들이 위탁 돌봄에 맡긴 아이들과 계속 교류하고 여전히 그들을 걱정하지만, 다른 가족이 그들을 양육할 수 있도록 허락한다. 이런 식으로 아이들은 친부모를 잃지 않고 '아울러' 그들을 더 잘 돌볼 수 있는 개인들

러진다. 부모와 자식 간의 유대 관계를 완전히 분리한 영구적 입양은 이들 사회에서 흔하다(→ 흔치 않다).

Solution Guide |

산업화 이전의 사회에서 부모들이 양육해야 할 아이들이 너무 많을 때 위탁 돌봄(일시적 입양)이 흔한 해결책이라고 했으므로, 영구적 입양은 이들 사회에서 흔치 않다고 해야 문맥상 자연스럽다. 따라서 ⑤의 common은 rare 정도의 단어로 고쳐야 한다.

Structure in Focus |

- Foster care of young, or temporary adoption, is a common solution for families in preindustrial societies [who have too many children].

  [ ]로 표시된 관계절이 선행하는 families를 수식한다.

- Fostering differs from adoption **in that** the bond between biological parents and children is not terminated.

  「in that ~」은 '~이라는 점에서' 또는 '~이니까'라는 의미이다.

04

정답 | ④

소재 | 지식의 상대적 속성

해석 | 주류 사회의 사라지지 않는 근거 없는 믿음 중 하나는 우리가 학교에서 공부하는 지식이 사실에 기반을 두었고 중립적이라는 것이다. 그러나, 우리는 지식이 시간이 지나면서 진화한다는 것과 역사 속 순간과 그것을 받아들이는 사회의 문화적 기준에 의존하고 있다는 것을 알고 있다. 비판적으로 사고하는 것은 어떤 사실이 진실이고 어떤 사실이 거짓인지 알아내기 위해 새로운 정보를 받아들이기만 하는 것 이상을 포함한다. 그것은 또한 그 사실들에 부여되는 사회적, 역사적, 정치적 의미를 알아내는 것을 포함한다. 이렇게 알아내는 것은 여러 집단이 어떤 특정한 역사적 순간에 그 의미들을 발전시키거나 이의를 제기하는 데 투입할지 모를 투자(시간과 노력 등)를 평가하는 것을 포함한다. 예를 들어, 지구가 둥글다는 것이 널리 이해되지 않았던 시기가 있었다. 상식은 우리에게 지구가 평평하다고 말해 줄지도 모르고, 광대한 풍경을 내다보는 사람은 누구라도 이 생각을 거부당하게(→ 확인받게) 될 것이었다. 그러나, 과학적 추론과 지구를 측정하기 위한 보다 정확한 기술적 방법이 등장하자, 지구가 평평하다는 지식 또는 '사실'은 다시 쓰여졌다.

Solution Guide |

이 글은 우리가 진실이라고 믿는 지식이 사실은 시대적, 문화적 가치를 포함한 상대적인 것일 수 있다는 주장을 담고 있으며, 그것을 보여 주는 예로 모두가 진실이라고 믿었던 지구가 평평하다는 지식이 이후에는 거짓임이 밝혀졌다는 예시를 들고 있다.

그 당시 지구가 평평하다는 것은 상식이었을 뿐만 아니라 풍경을 내다보면 그대로 믿게 되었다는 내용이어야 하므로 ④ rejected는 confirmed 정도로 바꾸어야 한다.

Structure in Focus |

- Yet we know that knowledge evolves over time and is dependent on [the moment in history] and [the cultural reference point of the society {that accepts it}].

  [ ]로 표시된 두 부분은 and로 연결되어 on에 이어진다. 두 번째 [ ] 안에 있는 { }로 표시된 부분은 the society를 수식하는 관계절이다.

- For example, there was a time [when **it** was not widely understood {that the Earth is round}].

  [ ]로 표시된 부분은 a time을 수식하는 관계절이다. 그 안의 it은 형식상의 주어이고 { }로 표시된 부분이 내용상의 주어이다.

11 | 빈칸 내용 추론

Gateway

정답 | ①

해석 | 한 대기업의 부사장인 Jeffrey A. Rodgers는 예전에 원기 회복을 위해 잠시 멈추는 간단한 아이디어를 배웠다. 그것은 Jeff가 매일 저녁 직장에서 집으로 차를 몰고 가던 중 자신의 마음이 아직도 업무 관련 프로젝트에 집중되어 있다는 것을 깨달았을 때 시작되었다. 우리는 모두 이 기분을 안다. 우리는 육체적으로는 사무실을 떠났을지 모르지만, 정신적으로는 매우 많이 아직 그곳에 있는데, 왜냐하면 우리의 마음이 오늘의 사건들을 재생하고 이튿날 처리해야 할 필요가 있는 모든 일에 대해 걱정하는 끝없는 루프에 사로잡혀 있기 때문이다. 그래서 지금, 집 문 앞에 이르러, 그는 자칭 '원기를 회복하게 하는 멈춤'을 적용한다. 그는 아주 잠깐 멈춘다. 그는 눈을 감는다. 그는 한 번, 깊게 그리고 천천히 숨을 들이쉬고 내쉰다. 숨을 내쉬면서 그는 일과 관련된 문제를 서서히 사라지게 한다. 이렇게 하고 나면 그는 한 가지 목표에 더 몰두하면서 현관문을 통해 그의 가족에게 걸어갈 수 있게 된다. 그것은 노자가 말한 것으로 여겨지는 다음과 같은 정서를 뒷받침한다. "직장에서는 당신이 즐기는 것을 하라. 가정생활에서는 온전히 참여하라."

Exercises

01 ④	**02** ④	**03** ②	**04** ②
05 ④	**06** ③		

01

정답 | ④

소재 | 몸짓과 언어 능력 간의 연관성

해석 | 몸짓과 언어는 우리의 진화 역사에서 발달할 때 유사한 신경회로를 사용했다. 시카고 대학의 심리 언어학자 David McNeill이 이것을 처음으로 제안했다. 그는 비언어적 기술과 언어적 기술이 서로 다른 행동 영역으로 갈라졌다고 하더라도 그들의 강한 유대감을 유지할 수 있을 거라고 생각했다. 그가 옳았다. 연구들은 그것을 당황스럽게 하는 결과로 확인했는데, 그것은 뇌 손상 후 더 이상 사지를 움직일 수 없는 사람들은 또한 점점 더 구두로 의사소통하는 능력도 잃어 갔다는 것이다. 아기들에 대한 연구는 똑같은 직접적 연관성을 보여 주었다. 우리는 이제 아기들이 미세한 손가락 움직임의 통제가 개선되기 전까지는 더 정교한 어휘를 얻지 못한다는 것을 알고 있다. 그것은 놀랄 만한 연구 결과이다. 몸짓은 "사고과정으로 들어가는 창문"이라고 McNeill은 말한다.

Solution Guide |

뇌 손상 후 사지를 움직일 수 없는 사람이 구두로 의사소통하는 능력을 점점 더 잃어 갔다는 연구 결과가 보여 준 몸짓과 언어 간의 직접적 연관성이 아기들에게도 똑같이 나타난다고 했으므로, 빈칸에 들어갈 말로 가장 적절한 것은 ④ '어휘'이다.

① 기술

② 감각

③ 지식

⑤ 관점

Structure in Focus |

- He thought [nonverbal and verbal skills might retain their strong ties even though they've diverged into separate behavioral spheres].

  [ ]로 표시된 부분은 thought의 목적어인 명사절로, 접속사 that이 생략되어 있다.

- People [who could no longer move their limbs after a brain injury] also increasingly lost their ability [to communicate verbally].

  첫 번째 [ ]로 표시된 부분은 People을 수식하는 관계절이고, 두 번째 [ ]로 표시된 부분은 their ability를 수식하는 to부정사구이다.

02

정답 | ④

소재 | 아이의 활동 범위를 정해 주는 제한

해석 | 믿거나 말거나, 여러분의 아이는 제한을 간절히 바란다. 아이는 유연한 질서 의식을 진심으로 필요로 하고, 그것이 없으면 불안해질 것이다. 제한이라는 것을 울타리를 넓혀 가는 것으로 생각해 보라. 제한은 여러분의 아이가 안전하다고 느끼고 배울 수 있는 물리적 환경을 제공한다. 아이가 능력이 많아질수록, 경계선은 확장될 것이다. 아이는 자궁에서 시작하여, 요람으로, 그리고는 자기 침대로 넓혀 나간다. 여러분은 3살짜리 자녀가 놀이 친구의 집에서 자고 오기에는 너무 어리다고 느낄지 모른다. 그 아이가 5~6세 될 즈음에는 가끔씩 고려해 볼지도 모르고, 10살이 될 즈음에는 파자마 파티에 가는 것을 기꺼이 허락해 줄지도 모른다. 여러분 아이의 준비도는 그 경계선의 확장이 어떠할지를 결정한다. 여러분의 아이는 통제나 지배가 아니라, 자신이 생각하고, 선택하고, 도전하도록 격려해 주는 체계를 원한다.

Solution Guide |

아이들은 제한을 필요로 하고, 아이의 준비도에 따라 아이가 활동할 수 있는 경계선을 확장해 갈 수 있다는 내용의 글로, 아이들이 원하는 것은 통제와 지배가 아니라 활동 범위를 제한해 주는 범위라는 뜻이 되어야 하므로 빈칸에는 ④ '체계'가 가장 적절하다.

① 말

② 친구

③ 자극

⑤ 규율

Structure in Focus |

- Limits provide a physical environment [in which your child can feel safe and can learn].

  [ ]로 표시된 부분은 a physical environment를 수식하는 관계절이다.

- Your child does **not** want control or dominance **but** a structure [that encourages her {to think}, {to make choices}, and {to take chances}].

  '~가 아니라 …'라는 의미의 「not ~ but …」 구문이 사용되었다. [ ]로 표시된 부분은 a structure를 수식하는 관계절로 그 안의 세 개의 { }로 표시된 부분은 and로 연결되어 encourages의 목적격 보어의 역할을 한다.

03

정답 | ②

소재 | 북유럽에서 주식이 되지 못한 감자

해석 | 일단 주요 작물이 자리를 잡게 되면, 사람들은 경제학자들이 소위 '고정화'라고 부르는 것을 겪게 된다. 패턴은 계속되는데 그것은 반복하기에는 저렴하고 재정적으로나 심리적으로나 바꾸기에는 비용이 많이 들 것이기 때문이다. 북유럽 농업 전체는 매우 복잡하지만 매우 효율적인 밀과 알갱이가 작은 곡물 생산 시스템을 기반으로 한다. 쟁기 종류에서부터 빵집과 파스타 공장에 이르기까지 모든 것이 밀을 처리하기 위해 마련된다. 그래서 비록 감자가 일찍 왔고 밀보다 훨씬 더 생산적이고 잘 적응했다고 증명되었지만, 밀은 너무 가난하고 수익이 안 나서 그것을 구입할 경제적 여력이 없는 지역을 제외하고는 주요 식품으로 남아 있다. 경제 상태의 엄격한 통제는 가난한 아일랜드와 폴란드 사람들에게 옛날에는 감자를 먹고 살도록 강요했지만, 그들은 빵을 갈망했고, 지금은 그들이 빵을 살 여유가 있고 감자를 덜 먹고 있다. 감자는 그 시스템(밀과 알갱이가 작은 곡물 생산 시스템)에 스스로를 추가했지만, <u>그것을 파괴하지는 못했다</u>.

Solution Guide |

북유럽 농업 전체는 밀을 중심으로 돌아가고 있어서, 감자가 밀보다 훨씬 더 생산적이고 적응을 잘하는 작물임에도 밀을 구입할 경제적 여력이 없는 지역을 제외하고는 밀이 주요 식품으로 남아 있다. 따라서 가난한 아일랜드와 폴란드 사람들이 옛날에

는 감자를 먹을 수밖에 없었지만 이제 상황이 좋아져 그들이 빵을 먹게 되고 감자를 덜 먹게 되었다는 내용이다. 이를 토대로 볼 때 감자가 주요한 식품에는 속했지만 밀을 기반으로 한 시스템을 파괴하지는 못했다는 결론을 내릴 수 있다. 그러므로 빈칸에 들어갈 말로 가장 적절한 것은 ② '그것을 파괴하지는 못했다'이다.

① 분쟁을 야기했다

③ 경쟁을 피했다

④ 그것을 유지할 수 없었다

⑤ 농부들만 먹었다

Structure in Focus |

- A pattern continues because it [is cheap to replicate] and [would be expensive, both financially and psychologically, to change].

  두 개의 [ ]로 표시된 동사구가 and로 연결되어 주어 it의 술어를 이룬다.

- So, [although the potato came early and proved far more productive and well adapted than wheat], wheat remains the staple food — except in areas [**too** poor and marginal **to** afford it].

  첫 번째 [ ]로 표시된 부분은 양보의 부사절이다. 두 번째 [ ]로 표시된 부분은 areas를 수식하는 형용사구로 which are too poor and marginal to afford it으로 풀어 쓸 수 있는데, '너무 ~해서 …할 수 없다'의 의미를 갖는 「too ~ to …」 구문이 사용되었다.

04

정답 | ②

소재 | 불평등을 정당화하는 경향

해석 | Lee D. Ross와 그의 동료들은 흥미로운 실험을 수행했다. 가능한 한 많은 자원을 움켜잡는 것이 인간의 본성이라는 가정과 반대로, 이러한 실험들은 사람들이 기꺼이 자원을 균등하게 공유한다는 것을 보여준다. 그러나, 더 많이 가진 사람들은 이 불평등을 정당화하는 경향이 있다. 인간은 공정한 세상을 원하지만, 미래의 공정성은 과거의 공정성과는 다르게 판단된다. 우리는 공유가 미래에 존재하는(공유가 미래에 이루어지는) 한 공정을 균등한 공유로 정의하는데, 우리가 다른 사람들보다 더 많이 축적했을 때, 우리는 <u>우리가 그것을 가질 자격이 있다고 믿는</u> 경향이 있다. 사람들이 이득을 좋아하는 것보다 손실을 훨씬 더 싫어하는 경향인 '손실 회피'는 이러한 심리적 선호에 영향을 미쳐서, 우리는 미래에 균등하게 공유하는 것은 개의치 않지만, 우리가 가진 것을 잃는 것은 좋아하지 않는다. 이러한 심리 현상은 보수적인 입장을 강화시켜, 사람들이 자원의 또 다

른 분배를 원하는 사람들을 공격자로 평가하게 만든다.

Solution Guide |

인간은 자신이 아직 갖지 않은 미래의 자원은 타인과 기꺼이 균등하게 공유하고자 하지만, 자신이 이미 가진 것을 잃는 것은 좋아하지 않기 때문에 자신이 더 많이 가지고 있는 상태에서는 불평등을 정당화하고 자원의 분배를 원하는 사람들을 공격자로 평가한다는 내용이다. 따라서 빈칸에 들어갈 말로 가장 적절한 것은 ② '그것을 가질 자격이 있다고 믿는'이다.

① 우리가 가진 것을 나누는

③ 타인을 더 믿는

④ 자신이 가진 것에 덜 신경을 쓰는

⑤ 미래에 대해 더 낙관하는

Structure in Focus |

- Contrary to the assumption [that **it** is the nature of human beings {to grab as many resources as possible}], these experiments show that people are willing to share resources equally.

  [ ]로 표시된 부분은 the assumption과 동격 관계이며, 그 안의 it은 형식상의 주어이고, { }로 표시된 부분은 내용상의 주어이다.

- These psychological phenomena strengthen conservative stances, [leading people to evaluate those who want another distribution of resources as aggressors].

  [ ]로 표시된 부분은 주절이 기술하는 상황의 결과를 나타내는 분사구문이다.

05

정답 | ④

소재 | 밑바닥에서 시작하는 것의 단점

해석 | 밑바닥에서 시작해서 출세한다는 생각이 타당해 보일지 모르지만, 그것에 대한 주된 반대는 이것인데, 밑바닥에서 시작하는 사람들 중에 '기회'가 알아볼 수 있을 만큼 어떻게든 고개를 충분히 높이 드는 것을 절대로 못하는 사람들이 너무 많기 때문에, 그들은 밑바닥에 머물러 있다는 것이다. 밑바닥에서의 전망이 그리 매우 밝거나 고무적이지 않다는 것도 또한 기억되어야 한다. 그것은 야망을 제거하는 경향이 있다. 우리는 그것을 '틀에 박히는 것'이라고 부르는데, 이것은 우리가 매일 일상의 '습관', 즉 마침내 매우 확고해져서 우리가 그것을 떨쳐 버리려는 노력을 그만두는 습관을 형성하기 때문에 우리가 우리의 운명을 받아들인다는 것을 의미한다. 그리고 그것은 밑바닥에서 한두 단계 위에서 시작하는 것이 득이 되는 또 다른 이유다. 그렇게 함으로써, 주위를 둘러보고, 다른 사람들이 어떻게 성공

하는지 관찰하고, '기회'를 알아보고, 그리고 주저 없이 그것을 붙잡는 '습관'을 형성하게 된다.

Solution Guide |

밑바닥에서 시작해서 출세해 간다는 생각의 단점에 관한 글인데, 빈칸에는 밑바닥에서 시작하는 것의 단점을 극복할 수 있어서 득이 되는 경우가 들어가야 하므로, 빈칸에 들어갈 말로 가장 적절한 것은 ④ '밑바닥에서 한두 단계 위에서 시작하는'이다.

① 여러분의 친구들을 그대로의 모습으로 받아들이는

② 일과 삶 사이의 균형을 회복하는

③ 의심하지 않고 여러분의 마음을 믿는

⑤ 근무 시간의 설정에 관한 한 융통성이 있는

Structure in Focus |

- **It** should be remembered, also, [that the outlook from the bottom is not so very bright or encouraging].

  It은 형식상의 주어이고, [ ]로 표시된 부분은 내용상의 주어이다.

- By so doing one forms the *habit* [of looking around], [of observing how others get ahead], [of seeing *opportunity*], and [of embracing it without hesitation].

  [ ]로 표시된 네 개의 부분이 and로 연결되어 the *habit*에 이어진다.

06

정답 | ③

소재 | 내전이 더 쓰라린 이유

해석 | Hobbes는 전쟁이 우리에게 할 수 있는 최악의 것이 무엇인지 우리가 미리 안다면, 그 지식이 효과적인 예방책이 될 것이라고 여겼다. 그는 국제 전쟁이 아니라 확실하게 한정하여 내전에 관해 썼는데, 그 이유는 친밀함이 상처를 입힐 더 큰 잠재력을 준다고 느꼈기 때문이다. 제2차 세계 대전이라는 끔찍한 사건 직후에 시작되어 미국이 발전시킨 독일 및 일본과의 건설적인 관계를 생각해 보라. 그런 다음 여러분이 미국 남부의 거의 어디에서든지 남북 전쟁에 관한 말을 꺼냄으로써 여전히 틀림없이 받을 것이 분명한 격앙된 감정적인 반응과 그것을 비교해 보라. 주들 사이의 전쟁은 거의 한 세기 반이 지난 뒤에도 여전히 국내에서 여러 규모로 일어나고 있는 반면, 50년 전 우리의 외국 적들은 이제 우리의 친구들이다. 이와 비슷하게, 가족 내부의 싸움은 이웃 간의 분쟁보다 더욱 격렬하고 오래간다.

Solution Guide |

빈칸 뒤에서 미국의 남북 전쟁이 일으킨 감정적인 대립과 가족 내의 싸움이 가져오는 악감정을 사례로 들어 설명하고 있으므로 빈칸에 들어갈 말로 ③ '친밀함이 상처를 입힐 더 큰 잠재력

을 준다고'가 가장 적절하다.

① 일단 발발하면, 전쟁은 통제하기 어렵다고
② 세계 전쟁은 국내의 싸움으로 시작될 수 있다고
④ 우리는 낯선 사람들에 대한 타고난 적의를 가진다고
⑤ 갈등은 쉽게 촉발되지만 해결하기는 어렵다고

Structure in Focus |

■ Consider [the constructive relations {the United States developed with Germany and Japan}, {beginning immediately after the terrible events of World War II}].

[ ]로 표시된 부분은 Consider의 목적어인 명사구이다. 첫 번째 { }로 표시된 부분은 the constructive relations를 수식하는 관계절이며 두 번째 { }로 표시된 부분은 the constructive relations를 보충 설명하는 분사구이다.

■ Then compare that with [the overheated emotional reaction {you are still bound to get by bringing up the Civil War just about anywhere in the American South}].

[ ]로 표시된 부분은 전치사 with의 목적어인 명사구이고 { }로 표시된 부분은 the overheated emotional reaction을 수식하는 관계절이다.

---

12 | 흐름에 무관한 문장 찾기

Gateway

정답 | ③

해석 | 다양한 이론적 관점이 이주에 대한 통찰을 제공한다. 행위자들이 효용 극대화에 참여한다고 추정하는 경제학이 하나의 틀을 제시한다. 이 관점에서 보면, 개인은 합리적인 행위자로, 즉 그들은 특정한 지역에 남는 것의 편익뿐 아니라 떠나는 것의 비용과 편익에 대비한 자신들의 비용 평가에 기반하여 이주 결정을 내리는 것으로 추정된다. 편익은 단기 및 장기적인 금전적 이득, 안전, 문화적 표현의 더 큰 자유를 포함할 수도 있지만 이에 국한되지는 않는다. (더 큰 금전적 편익이 있는 사람들은 사치품을 구매함으로써 자신의 사회적 지위를 과시하기 위해 돈을 쓰는 경향이 있다.) 개인적 비용은 이동 비용, 낯선 곳에서 사는 것의 불확실성, 다른 언어에 적응하는 것의 어려움, 다른 문화에 대한 불확실성, 새로운 곳에서 사는 것에 관한 커다란 염려를 포함하지만 이에 국한되지는 않는다. 가족, 친구와의 이별과 미지의 것에 대한 두려움과 관련된 심적 비용 또한 비용 및 편익 평가에 고려되어야 한다.

Exercises

본문 80~83쪽

01 ③   **02** ④   **03** ③   **04** ③

01

정답 | ③

소재 | 소설 읽기를 통한 공감 증가

해석 | 특히 소설을 읽는 것은 공감의 증가와 연결되어 왔다. 우리는 종종 소설 속 인물들의 상황에 반응하여 감정을 경험하기 때문에, 소설을 읽는 것은 우리가 우리 자신의 삶으로 전환되는 방식으로 다른 사람들의 감정 상태에 대한 사회적 이해를 정신적으로 시뮬레이션하고, 조작하고, 아마도 향상시킬 수 있게 해준다고 가정되어 왔다. 관련된 일련의 연구에서, Mar, Oatley, Hirsh, dela Paz, 그리고 Peterson은 많은 소설을 읽는 성인들이 그러지 않는 사람들보다 공감의 객관적인 테스트에서 더 잘 수행한다는 것을 보여주었다. (성인 기초 문해교육 프로그램 참여는 정치적 영역에서의 수많은 혜택과 연결되어 왔다.) 사실, 정보를 제공하는 텍스트를 자주 읽는 성인들은 같은 이점을 보여주지 않기 때문에, 이러한 공감 증가의 발견은 단순히 많이 읽는 것에 귀속될 수 없다. 정보 제공의 정도가 높은 텍스트를 읽는 사람들은 그것을 읽지 않는 사람들에 비해 실제로 더 나쁜 성과를 낼 수 있다!

Solution Guide |

소설 속 인물들의 상황에 반응하여 감정을 경험하기 때문에 소설을 읽는 것은 공감의 증가와 연결된다는 것이 글의 요지이므로, 성인 기초 문해교육 프로그램 참여가 정치적 영역에서의 혜택과 연결된다고 언급하고 있는 ③은 글의 전체 흐름과 관계가 없다.

Structure in Focus |

- ~, **it** has been hypothesized [that reading fiction allows us {to mentally simulate, manipulate, and perhaps improve our social understanding of the emotional states of others in a way ⟨that translates into our own lives⟩}].

  it은 형식상의 주어이고, [ ]로 표시된 부분은 내용상의 주어이다. { }로 표시된 부분은 allows의 목적격 보어 역할을 하는 to부정사구이다. ⟨ ⟩로 표시된 부분은 a way를 수식하는 관계절이다.

- In a related series of studies, Mar, Oatley, Hirsh, dela Paz, and Peterson have shown [that adults {who read a lot of fiction} perform better on objective tests of empathy than {nonreaders}].

  [ ]로 표시된 부분은 have shown의 목적어 역할을 하는 명사절이다. 첫 번째 { }로 표시된 부분은 adults를 수식하는 관계절이고, 두 번째 { }로 표시된 부분 다음에 perform on objective tests of empathy가 생략된 것으로 이해할 수 있다.

02

정답 | ④

소재 | 식품 포장재 쓰레기

해석 | 식품 포장재는 식품 공급에서 생기는 쓰레기 중 눈에 띄는 형태의 것이다. 일단 제품이 소비되고 나면, 포장재는 별도로 처리되도록 남겨진다. 그러나, 소비자의 포장재 쓰레기가 공급 과정에서 (발생하는) 포장재 쓰레기의 유일한 출처가 아니다. 포장재 쓰레기는 음식점, 소매점, 유통업자, 제조사를 포함하여 공급 과정의 각 단계에서 발생한다. 모든 쓰레기가 적절히 처리되는 것은 아니다. 예를 들어, 그 중 일부는 결국 플라스틱 쓰레기가 여기저기 떠다니며 야생 동물을 질식시키고, 꼼짝 못하게 하고, (유독 물질로) 오염시키고 있는 바다를 메우게 되었다. 사용된 포장재는 재활용이나 재사용을 위해 회수될 수도 있다. (음식물 쓰레기는 높은 수준의 염분과 수분을 포함하고 있어서 처리하거나 재활용하는 것이 어렵다.) 이것은 식품과 음료 포장재로부터 발생하는 전체적인 부담을 최소화하고, 어쩌면 새로운 포장재의 자원으로 쓰일 수도 있는 대단히 중요한 방법이다.

Solution Guide |

주어진 글은 식품 포장재가 생겨나는 경로와 문제점에 관한 내용

이므로, 음식물 쓰레기 처리의 어려움에 관해 말하고 있는 ④는 이 글의 전체 흐름과 관계가 없다.

Structure in Focus |

- **Not all** of the waste is managed appropriately; for example, some of it has ended up clogging our oceans [where plastic litter is floating around choking, trapping, and poisoning wildlife].

  Not all은 부분부정을 나타내는 말로 '모두가 ~은 아니다'라는 의미이다. [ ]로 표시된 부분은 our oceans를 수식하는 관계절이다. 그 안의 choking, trapping, poisoning은 and로 연결되어 wildlife를 공통의 목적어로 취하는 분사구이다.

- **It** is difficult [to treat or recycle food waste] [since it contains high levels of salt and moisture].

  It은 형식상의 주어이고 첫 번째 [ ]로 표시된 부분이 내용상의 주어이다. 두 번째 [ ]로 표시된 부분은 이유를 나타내는 부사절이다.

03

정답 | ③

소재 | 한담의 유용성

해석 | 지식의 폭은 여러분이 의미 있는 한담에 참여할 수 있게 해 주는 것이고, O. Henry가 언젠가 말했듯이, 한담은 '생활이라는 맛없는 반죽에 약간의 건포도'를 넣는 것과 비슷하다. 요컨대, 한담에 관하여 사소한 것은 아무것도 없으며, 인간의 모든 대화에서 아주 중요한 사회적 윤활유이다. 따라서, 여러분의 전문 지식의 영역 밖에 있는 광범위한 주제에 대해 알게 되는 것은 사회 교량을 구축하는 데 엄청나게 도움이 될 수 있다. (사회적 이론 접근법은 전문가가 되기 위한 사회적 상황을 이해하는 것의 중요성을 강조한다.) 연구는 사람들이 느끼기에 그들이 가진 공통점이 더 많으면 많을수록 그들이 서로를 더 좋아한다는 것을 보여 주었다. 그래서 여러분의 지식의 폭을 넓힘으로써, 여러분은 더 많은 사람들에게 호의적인 이미지를 더 쉽게 보여 줄 수 있을 것이다.

Solution Guide |

지식의 폭을 넓혀 타인과 공통점을 많이 갖게 된 상태에서 하는 한담은 사회 교량을 구축하는 데 도움을 준다는 내용의 글이다. 그러므로 전문가가 되기 위한 사회적 상황을 이해하는 것의 중요성에 대해 언급한 ③은 글 전체의 흐름과 관계가 없다.

Structure in Focus |

- [Breadth of knowledge is {what enables you to engage in meaningful small talk}], and [small talk, {as O. Henry once said}, is similar to putting "a few raisins into the tasteless dough of existence]."

두 개의 [ ]로 표시된 문장이 and로 연결되어 전체 문장을 이루고 있다. 첫 번째 [ ] 안의 { }는 주격 보어의 역할을 하는 선행사를 포함한 관계절이고, 두 번째 [ ] 안의 { }는 삽입절이다.

- Thus, [being informed on a wide range of topics outside your area of expertise] can be immensely helpful in building social bridges.

[ ]로 표시된 부분은 동명사 being이 이끄는 동명사구로 주어 역할을 한다.

04

정답 | ③

소재 | 비용을 고려한 오염 문제에 대한 접근

해석 | 비용을 고려하지 않을 때 사람들은 보존과 강력한 오염 방지 노력의 필요성에 대해 동의할 수 있지만, 비용을 고려할 때는 상당히 더 적은 동의가 있다. 이 비용 중 몇 가지를 고려해 보자. 그것들은 개인의 행동 제한, 산업과 일자리의 재배치, 새로운 관료 제도, 그리고 값비싼 신기술 개발을 포함한다. 오염 문제를 평가할 때, 혜택뿐만 아니라 비용도 고려되어야 한다. 따라서, 우리가 '무공해' 정책을 시행하기로 결정할 것 같지는 않다. 그것은 실행이 불가능할 것이다. (정책 분석은 정책들이 실제로 어떻게 작동하는지와 경제, 환경, 사회 및 기타 요인에 미치는 영향에 대한 중요한 정보를 의사 결정자에게 제공한다.) 그리고 많은 사람들에게 '작은' 오염의 기준에 근접하는 것조차 너무 비쌀 것이다. 대신에 우리는 오염의 '최적 수준'을 선택할 것 같다.

Solution Guide |

주어진 글은 오염 문제를 평가할 때 비용을 고려하여 오염의 최적 수준을 선택하는 것이 필요하다는 내용인데 ③은 정책 분석이 의사 결정자에게 중요한 정보를 제공한다는 내용이므로 글 전체의 흐름과 관계가 없다.

Structure in Focus |

- They involve [restrictions on individual actions], [relocation of industry and jobs], [new bureaucracy], and [the development of expensive new technology].

네 개의 [ ]로 표시된 부분은 and에 의해 대등하게 연결되어 involve에 이어진다.

- And [even approaching a standard of "little" pollution], for many, would be too expensive.

[ ]로 표시된 부분은 문장의 주어 역할을 한다.

---

13 | 문단 내 글의 순서 파악

Gateway

본문 84~85쪽

정답 | ②

해석 | 시장 반응 모형에 따르면, 공급자가 새로운 공급원을 찾게 하고, 혁신가가 대응하게 하고, 소비자가 아껴 쓰게 하고, 대안이 생기게 하는 것은 바로 가격의 인상이다. (B) 특정 재화나 서비스에 과세하여 가격이 인상되면 이러한 자원의 사용이 줄거나 새로운 공급원 또는 선택사항의 창조적 혁신을 낳을 것이다. 세금을 통해 조성된 돈은 정부가 직접 서비스를 공급하거나 대안을 모색하는 데 사용할 수 있다. (A) 그러한 '환경세'의 많은 예가 존재한다. 예를 들어, 쓰레기 매립 비용, 인건비, 쓰레기 처리를 준비하는 데 관련된 비용에 직면한 일부 도시는 가정이 모든 폐기물을 소비자가 직접 구입한, 각각 흔히 1달러 또는 그 이상씩 드는 특별 쓰레기봉투에 담아 처리하도록 요구해왔다. (C) 그 결과 재활용이 크게 증가했고 소비자가 포장과 폐기물에 더 세심한 주의를 기울이게 되었다. 소비자에게 쓰레기 비용을 자기 것으로 만들게 함으로써, 가정에서 나오는 쓰레기 흐름의 감소가 관찰되었다.

Exercises

본문 86~89쪽

01 ④   **02** ⑤   **03** ④   **04** ⑤

01

정답 | ④

소재 | 화석을 통해 밝혀지는 생물체의 진화 과정

해석 | 오늘날의 과학자들은 화석, 즉 과거 지질 시대의 바위투성이인 생물 유해의 연대를 정확히 추정할 수 있다. (C) 화석이 연대표를 따라 배열되면, 과학자들은 단순한 생명체에서 더 복잡한 생명체로의 점진적인 변화를 볼 수 있다. 어떤 경우에는 수백만 년에 걸쳐 다양한 중간 형태를 거친 진화의 산물이 발견되어 생물의 현재 상태와 비교될 수 있다. (A) 예를 들어 알려진 가장 초기의 말의 종은 약 6천만 년 전에 살았고, 화석 기록에 따르면, 어깨까지의 높이가 20인치(50센티미터) 미만이었다. 연속하는 암석층들은 점점 더 커다란 말의 종의 화석을 내다가 드디어 오늘날의 말이 된다. (B) 크기가 바뀌면서, 말의 해부학적 구조의 다른 측면도 역시 바뀌었는데, 이빨은 풀을 뜯는 데 적응되었고, 아랫다리의 여러 뼈는 하나로 합쳐졌고, 다수의 발가락은 진화해서 발굽으로 둘러싸인 하나의 발가락이 되었다.

Solution Guide |

화석의 연대를 정확히 추정할 수 있어야 화석을 연대표에 따라 배열할 수 있으므로, 화석을 연대표에 따라 배열하는 내용이 언급된 (C)는 화석의 정확한 연대 추정이 언급된 주어진 글 다음에 와야 한다. (A)는 (C)에서 언급된 화석을 통해 점진적인 진화 과정을 관찰하는 사례이므로 (C) 뒤에는 (A)가 와야 한다. (A)에서 언급된 말의 종의 크기 변화를 언급하면서 해부학적 구조의 변화를 언급하는 (B)가 (A) 뒤에 이어져야 글의 흐름이 자연스럽다.

Structure in Focus |

- Successive rock layers yield fossils of increasingly larger horse species, [culminating in the horses of today].

  [ ]로 표시된 부분은 주절의 상황에 이어지는 상황을 부가적으로 설명하는 분사구문이다.

- As size changed, **so did other aspects of the horses' anatomy**: ~.

  「so+do+주어」는 '~도 역시 그렇다'라는 의미이다.

02

정답 | ⑤

소재 | 목표 지향적 학습과 목표 관련적 학습

해석 | 학습에 영향을 줄 수 있는 목표의 범위를 감안하면, 서로 다른 모델들이 목표에 기반을 둔 영향의 서로 다른 유형과 정도를 나타내는 것은 놀라운 일이 아니다. (C) Thagard와 Millgram은 명시적으로 '목표 지향적인' 학습과 '목표 관련적 학습' 사이의 개괄적인 구분을 제안한다. 목표 관련적 처리는 추론자의 목표에 의해 명시적으로 방향이 안내되지 않지만 그럼에도 불구하고 그러한 목표에 관해 유용한 결과로 귀결된다. (B) 따라서, 목표 관련적 처리에서, 바람직한 학습은 일반적인 과업 관련적 처리의 부수적인 효과로 발생할 수 있다. 예를 들어, 추론자는 주위 세상에 대한 정확한 모델을 유지시켜 주는 암시적인 방향을 가질 수 있다. (A) 그에 반해서, 목표 지향적인 학습은 추론자의 분명한 학습의 목표에 의해 추진된다. 그러한 목표는 학습되는 것의 내용에 영향을 미치거나 심지어 결정하기도 한다. 추론자의 목표가 변화함에 따라, 그 결과인 학습도 변화한다.

Solution Guide |

주어진 글은 목표에 근거한 영향의 양상에 따라 서로 다른 학습 모델이 있을 수 있다는 내용이다. (C)에서 이 가운데 두 가지 모델, 즉 목표 지향적 과정과 목표 관련적 과정을 제시하고 이 가운데 목표 관련적 과정에서는 명확한 목표에 의해 학습이 추진되는 것이 아니라는 점을 언급한다. (B)에서 이 목표 관련적 과정에서 학습이 일반적인 과업 관련적 처리의 부산물로 일어난다는 점을 설명한다. 그런 다음 목표 관련적 과정과 대비되는 목표 지향적인 과정에서 학습이 분명한 목표에 의해 추진된다는 (A)가 나오는 순서로 글이 이어지는 것이 자연스럽다.

Structure in Focus |

- Goal-driven learning, in contrast, is driven by explicit learning goals of the reasoner; those goals **influence** or even **determine** [the content of {what is learned}].

  influence와 determine은 모두 주어인 those goals와 연결되는 술어 동사이다. [ ]로 표시된 부분은 influence와 determine의 목적어이고 { }로 표시된 부분은 전치사 of의 목적어이다.

- Goal-relevant processing **is** not explicitly **directed** by the goals of the reasoner, but **results** in outcomes [that are nevertheless useful with respect to those goals].

  is directed와 results는 둘 다 문장의 주어인 Goal-relevant processing과 연결되는 술어 동사이다. [ ]로 표시된 부분은 outcomes를 수식하는 관계절이다.

03

정답 | ④

소재 | 찰스 다윈이 그린 생명의 나무

해석 | 'Beagle' 호의 항해를 막 마치고, 1837년 봄과 여름에 찰스 다윈은 자신의 유명한 진화론이 될 연구의 거대한 통합을 시작했다. (C) 7월 중순에 다윈의 생각은 여전히 정리되지 않았고 그의 기분은 혼란스러운 느낌 중의 하나였다. 그는 수첩에 시험 삼아 한 많은 낙서와 거친 메모 속에서 서서히 머릿속에 형성되는 이론의 개념적 범위를 일거에 포착하게 될 간단한 스케치를 했다. (A) 그 그림은 식물과 동물의 가계의 역사를 전달하기 위해 의도된 '불규칙하게 갈라진' 나무, 즉 생명의 나무를 그린 것이었다. (진화에 대한) 비유로서 그것은 훌륭했고, 생명은 독특하고 자연히 일어나는 사건과 함께 희미하고 먼 과거에서 유래했다는 본질적인 개념을 전달했다. (B) 이 하나의 공통 조상인 나무의 줄기로부터 생명은 시간이 지남에 따라 새로운 종들이 오래된 종들로부터 갈라지면서 연이은 가지치기로 인해 다양해졌다. 나뭇가지의 끝은 공룡이나 도도새처럼 멸종을 나타낸다.

Solution Guide |

주어진 글에서 찰스 다윈이 1837년 봄과 여름에 진화론 연구의 거대한 통합을 시작했다고 했으므로 첫 문장에서 7월 중순과 다윈이 언급되는 (C)가 이어져야 한다. (C)의 두 번째 문장에서 다윈이 간단한 스케치를 그렸다고 했는데, 그 스케치를 불규칙하게 갈라진 생명의 나무라고 설명을 하는 (A)가 이어져야 한다. (A)에서 언급된 생명의 나무 줄기로부터 생명이 시간이 지남에 따라 다양해졌다는 내용인 (B)가 이어지는 것이 자연스럽다. 따라서 주어진 글 다음에 이어질 글의 순서로 가장 적절

Structure in Focus |

- In the spring and summer of 1837, fresh from his voyage on HMS *Beagle*, Charles Darwin began the grand synthesis of his research [that was to become his celebrated theory of evolution].

  [ ]로 표시된 부분은 his research를 수식하는 관계절이다.

- As a metaphor it was brilliant, conveying the essential notion [that life originated in the dim and distant past with a unique, spontaneous event].

  [ ]로 표시된 부분은 the essential notion의 구체적 내용을 설명하는 동격절이다.

04

정답 | ⑤

소재 | 다양한 요소의 영향을 받는 건강

해석 | 건강은 역동적이고 복합적인 상태이다. 그것은 개인의 유전적 체질과 환경적 조건, 개인적 경험 사이의 지속적인 상호작용의 결과물이다. (C) 예를 들어, 유아의 당시의 건강 및 장기적인 건강은 임신한 동안 엄마의 개인적 생활 방식 습관, 가령, 식단 및 술, 담배, 특정 약물의 사용 또는 회피, 일상적인 태아 관리, 그리고 전염성 질병이나 유독한 스트레스에의 노출에 의해 영향을 받는다. (B) 임신 기간 동안 건강한 생활 방식을 유지하지 못하는 엄마들은 조산아나 저체중아, 또는 다양한 특이 문제를 경험하게 될 아이를 낳을 가능성이 높다. 이러한 아이들은 또한 만성적인 건강 문제가 발생하거나 요절의 위험이 상당히 더 높은 상황에 직면한다. (A) 그에 반해서, 건강하게 태어나, 영양을 잘 공급하는 가정에서 성장하고, 영양가 높은 식단을 소비하며, 안전한 환경에서 살아 배우고 즐길 기회가 많은 아이는 건강한 삶을 누릴 가능성이 더 높다.

Solution Guide |

이 글의 중심 생각은 건강이란 여러 가지 요소가 복합적으로 영향을 미치는 역동적인 것이라는 내용이다. 주제를 진술하는 주어진 문장 뒤에 그 한 가지 예로 임신 기간 동안 엄마의 생활 방식이 유아의 건강 상태에 영향을 미칠 수 있다는 점을 소개하는 (C)가 이어지고, 구체적으로 임신 기간 동안 건강한 생활 방식을 유지하지 못한 경우를 설명하는 (B)가 온 뒤, 그에 반해 건강한 환경이 미치는 영향을 설명하는 (A)가 이어지는 것이 자연스럽다.

Structure in Focus |

- In contrast, a child [who {is born healthy}, {raised in a nurturing family}, {consumes a nutritious diet}, {lives in a safe environment}, and {has numerous opportunities for learning and recreation}] **is** more likely to enjoy a healthy life.

  [ ]로 표시된 부분은 a child를 수식하는 관계절이다. 그 안의 { }로 표시된 다섯 부분은 and로 연결되어 who에 이어진다. 주어의 핵이 a child이므로 동사는 단수형 is가 사용되었다.

- Mothers [who fail to maintain a healthy lifestyle during pregnancy] are more likely to give birth to infants [who {are born prematurely}, {have low birth weight}, or {experience a range of special challenges}].

  첫 번째 [ ]로 표시된 부분은 mothers를 수식하는 관계절이다. 두 번째 [ ]로 표시된 부분은 infants를 수식하는 관계절로, 그 안의 { }로 표시된 세 부분은 or로 연결되어 관계절 안의 술어를 구성한다.

14 | 주어진 문장의 적합한 위치 찾기

Gateway

본문 90~91쪽

정답 | ④

해석 | 초기 인류는 매우 제한된 수의 물질, 즉 돌, 나무, 찰흙, 가죽 등 자연적으로 존재하는 물질에만 접근할 수 있었다. 시간이 흐르면서 그들은 자연적인 물질의 특성보다 더 우수한 특성을 가진 물질을 만들어내는 기술을 발견했는데, 이 새로운 물질에는 도자기와 다양한 금속이 포함되었다. 게다가, 물질의 특성이 열처리와 여타 다른 물질의 첨가로 바뀔 수 있다는 것이 발견되었다. 이 시기에, 물질 이용은 주어진 상당히 제한된 일련의 물질 중에서 물질의 특성에 근거하여 용도에 가장 적합한 물질을 결정하는 것을 수반하는 전적으로 선택의 과정이었다. 비교적 최근에서야 비로소 과학자들은 물질의 구조적 요소와 물질 특성의 관계를 이해하게 되었다. 대략 지난 100년 동안 획득된 이 지식으로 그들은 상당한 정도로 물질의 특성을 형성할 수 있는 능력을 가지게 되었다. 따라서 금속, 플라스틱, 유리, 섬유를 포함하여, 현대적이고 복잡한 우리 사회의 요구를 충족하는 상당히 특화된 특성을 가진 수만 가지의 다양한 물질이 생성되었다.

Exercises

본문 92~95쪽

01 ⑤   **02** ⑤   **03** ②   **04** ④

01

정답 | ⑤

소재 | 문학을 통한 아이들의 공감 능력 향상

해석 | 문학을 통한 공감과 사회적 이해를 높이기 위해 고안된 (교육의) 개입 후에 아이들의 공감 능력에서의 향상이 발견되었다. Lysaker, Tonge, Gauson, Miller는 2학년과 3학년 아이들의 다른 사람들의 생각과 감정을 추론하고 상상하는 능력을 증진시키기 위해 소위 '관계 지향적인 읽기 교육'을 이용했다. 사회적 관계에 어려움을 겪고 있어 선정된 아이들에게는 사회 정서적 문제를 겪고 있는 어른이나 어린이를 묘사하는 책이 제공됐다. 교사들은 책의 등장인물들의 생각, 느낌, 의도, 감정과 관련된 토론에 아이들을 참여시켰다. 교사는 등장인물에 대한 공감을 표현했고 등장인물들의 느낌을 어떻게 유추했는지에 대해 자신의 생각을 시범 보였다. 아이들은 똑같이 하도록 요청받았고, 그들은 책에 대한 독자의 반응을 썼다. 8주간의 개입 후, 아이들은 객관적인 공감의 척도에 있어 상당한 향상을 보였다.

Solution Guide |

주어진 문장은 아이들이 똑같이(the same) 하도록 요청을 받았고 책에 대한 독자의 반응을 썼다는 내용이다. ⑤ 앞 문장에서 교사가 등장인물에 대한 공감을 표현하고 그들의 느낌을 어떻

게 유추했는지에 대한 자신의 생각을 시범 보였다는 내용이 나오고, ⑤ 다음 문장에서 아이들이 객관적인 공감의 척도에 있어 상당한 향상을 보였다는 내용이 나오는 것으로 보아 주어진 문장에서 아이들이 똑같이 하도록 요청을 받은 내용이 ⑤ 앞 문장이 기술하는 내용이라는 것을 알 수 있다. 따라서 주어진 문장은 ⑤에 들어가는 것이 가장 적절하다.

Structure in Focus |

- The children, [who were chosen because they were experiencing difficulties with social relationships], were provided with books [depicting adults or children {who were working through social-emotional problems}].

  첫 번째 [ ]로 표시된 부분은 The children을 추가적으로 설명하는 관계절이다. 두 번째 [ ]로 표시된 부분은 books를 수식하는 분사구이고, 그 안의 { }로 표시된 부분은 adults or children을 수식하는 관계절이다.

- The teacher [expressed empathy for the characters] and [modeled her thinking about {how she inferred the characters' feelings}].

  [ ]로 표시된 두 부분은 and로 연결되어 문장의 술어 역할을 한다. 두 번째 [ ]로 표시된 부분 안의 { }는 명사절로 전치사 about의 목적어 역할을 한다.

02

정답 | ⑤

소재 | 문화가 사회적 인식에 미치는 영향

해석 | 사회적 인식에 영향을 미치는 한 가지 요소는 문화다. 다른 문화권 출신의 사람들은 사회 세계에 대해 다른 방식으로 생각한다. 한 연구에서, 연구원들은 미국인과 멕시코계 미국인 모두에게 한 사람의 행동을 묘사하는 일련의 문장을 읽어본 다음, 이 사람이 주어진 특성을 가지고 있는지 여부를 판단하라고 요청했다. 예를 들어, 한 문장에는 "그는 12살 때 첫 미적분학 시험을 보았다."가 쓰여 있었다. (그리고 그들이 반응한 특성은 '똑똑하다'였다.) 또 하나의 문장에는 "그녀는 웨이트리스에게 25%의 사례금을 남겼다."라고 쓰여 있었다. (그리고 그들이 반응한 특성은 '관대하다'였다.) 예측한 대로, 미국인들은 멕시코계 미국인들보다 훨씬 더 빨리 특성 판단을 내렸다. 이것은 상황적 요인을 고려하는 집단주의적 문화권 출신의 사람들(즉, 멕시코계 미국인들)의 경향뿐만 아니라 행동으로 이어지는 데 있어 특성의 역할을 강조하는 미국인들의 강한 경향을 반영한다.

Solution Guide |

주어진 문장은 미국인들이 멕시코계 미국인들보다 특성에 대한 판단을 더 빨리 내렸다는 연구 결과의 기술인데, ⑤ 앞에서 미

국인과 멕시코계 미국인들이 문장을 읽고 특성을 판단하는 연구의 내용이 나오고 ⑤ 뒤에서 미국인들이 행동을 이끄는 특성의 역할을 강조하는 강한 경향이 있음을 반영한 것이라는 연구 결과에 대한 설명을 하고 있으므로, 주어진 문장은 ⑤에 들어가는 것이 가장 적절하다.

Structure in Focus |

- As predicted, Americans made the trait judgments much more quickly than **did** Mexican Americans.
  did는 made the trait judgments를 대신한다.

- In one study, researchers asked both American and Mexican Americans to [read a series of sentences {describing a person's behavior}], and [then judge whether this person had a given trait].
  두 개의 [ ]로 표시된 부분은 and에 의해 대등하게 연결되어 to에 이어지고 { }로 표시된 부분은 a series of sentences를 수식하는 분사구이다.

03

정답 | ②

소재 | 포식과 기생

해석 | 사자, 뱀, 독수리는 다른 생물체를 사냥해서 잡아먹는 생물체인 포식자의 예이다. 먹이를 얻기 위한 최고의 기술을 가진 것들은 성장해서 번식할 가능성이 가장 많은 것들이다. 포식은 한 군집 내의 먹잇감이 되는 동물의 개체 수의 크기와 종의 다양성에 영향을 미친다. 토착종이 아닌 종들이 흔히 심각한 문제인 한 가지 이유는 그들의 새로운 서식지에는 자연 포식자가 없다는 것이다. 털부처손은 그런 종이지만, 그것의 자생지에서는 그 개체 수가 잎을 먹는 딱정벌레와 뿌리를 먹는 바구미에 의해 억제된다. 기생은 포식의 변종인데, 기생 생물은 먹이를 먹고 살긴 하지만, 흔히 숙주를 죽이지는 않고 쇠약하게 한다. 밀의 녹병균 같은 몇몇 기생 생물들은 숙주에 대한 매우 특정한 필요조건을 가지고 있다. 겨우살이 같은 다른 기생 생물들은 다양한 종에 기생한다.

Solution Guide |

② 뒤 문장 속의 such a species는 주어진 문장에서 언급된, 새로운 서식지에서 자연 포식자가 없는 토착종이 아닌 종들을 가리키는 것이므로 주어진 문장이 들어가기에 가장 적절한 곳은 ②이다.

Structure in Focus |

- One reason [nonnative species are often a serious problem] is a lack of natural predators in their new homes.

[ ]로 표시된 부분은 관계절로 One reason을 수식한다.

- Those [that have the best techniques for obtaining food] are the ones [most likely to grow and reproduce].
  첫 번째 [ ]는 관계절로 Those를 수식하고, 두 번째 [ ]는 형용사구로 the ones를 수식한다.

04

정답 | ④

소재 | 고대 도시 Petra

해석 | 요르단의 폐허가 된 도시인 Petra가 '장밋빛 붉은색의 도시이며, 시간 그 자체의 절반만큼이나 오래되었다'라는 말이 있다. 이것은 지구가 형성되기도 전에 그것이 건설되었다는 의미일 것이므로, 그것은 무시하라. 그러나 Petra는 매우 오래되었다. 대략 기원전 200년에서 기원후 400년 사이에 그것은 나바테아인들의 아랍 왕국의 번화한 수도였다. 붉은 사암 언덕 사이에 숨겨지고 절벽들에 둘러싸였기 때문에, 그 도시는 완벽한 사막의 은신처였다. 절벽의 표면에, Petra의 사람들은 수백 개의 정교한 사원, 묘지, 그리고 기념물을 새겼다. 많은 것들이 종종 그리스와 로마의 건물 양식을 모방한 양식으로 만들어진, 눈부신 정면과 조각된 기둥 그리고 상인방을 갖추고 있다. 그것들 중 가장 인상적인 것은 귀중품 보관실의 정면인데, 그것은 폭이 28미터이고 높이가 40미터이다.

Solution Guide |

주어진 문장은 절벽의 표면에 Petra 사람들이 사원, 묘지, 그리고 기념비를 새겼다는 내용인데, ④의 앞까지는 Petra의 역사와 지리적인 위치를 설명하고 있고, ④의 뒤에서 건축물 및 조각에 관한 내용이 제시되고 있으므로 주어진 문장이 ④에 들어가야 뒤의 Many가 주어진 문장의 hundreds of exquisite temples, tombs and monuments와 연결되므로 글의 흐름이 자연스러워진다.

Structure in Focus |

- [Hidden away among red sandstone hills and surrounded by cliffs], it was the perfect desert hideaway.
  [ ]로 표시된 부분은 이유를 나타내는 분사구문으로, Hidden의 의미상 주어는 it(Petra)이며, 수동의 의미를 표현하기 위해 과거분사의 형태가 사용되었다.

- Most impressive of all is the front of the Treasury, [which is 28 metres wide and 40 metres high].
  [ ]로 표시된 부분은 the front of the Treasury를 부연 설명하는 관계절이다.

Culture Note |

Petra(페트라): 요르단 남부의 대상 도시유적으로, 나바테아인 (Nabataeans)이 사암 협곡을 깎아 건설한 산악도시이다. 페트라는 이집트, 아라비아, 페니키아 등의 교차지점에 위치하여 선사시대부터 사막의 대상로를 지배하여 번영을 누렸다. 좁고 깊은 골짜기를 따라서 극장과 온수 목욕탕, 그리고 상수도 시설이 갖추어진 현대 도시 못지않은 도시가 있다. 건축물 가운데 '파라오의 보물창고'라는 뜻을 가진 **Al-Khazneh(알카즈네)**는 유네스코에서 '세계 신7대 불가사의' 중 하나로 지정되었다.

15 | 문단 요약

Gateway

정답 | ③

해석 | 나무를 '심는 것'이 사회적이거나 정치적인 의미를 가질 수 있다는 생각은, 비록 이후에 널리 퍼져나가기는 했지만, 영국인들에 의해 고안된 것처럼 보인다. Keith Thomas의 역사서, *Man and the Natural World*에 따르면, 17세기와 18세기의 귀족들은 자신의 소유지 크기와 그것에 대한 자신의 권리의 영속성을 선언하기 위해 보통 줄을 지어 활엽수를 심기 시작했다. 신사들을 위한 잡지의 편집자는 자신의 독자들에게 "그런 살아 있고 성장하는 증인들의 증언에 의해 여러분 자신의 소유지 경계와 한계가 대대로 보존되고 지속되게 하는 것보다 무엇이 더 즐거울 수 있겠는가?"라고 물었다. 나무를 심는 것은 애국적인 행동으로 여겨지는 추가적인 이점을 가졌는데, 왜냐하면 군주가 영국 해군이 의존하는 경재(활엽수에서 얻은 단단한 목재)가 심각하게 부족하다고 선포했기 때문이었다.

→ 영국의 귀족들에게, 나무를 심는 것은 자신의 땅에 대한 지속적인 소유권을 표시하는 진술의 역할을 했고, 그것은 또한 국가에 대한 그들의 충성심을 표현하는 것으로 여겨졌다.

Exercises

01 ⑤ **02** ① **03** ② **04** ④

01

정답 | ⑤

소재 | 성인과 청소년 간의 전두엽 피질의 활동 차이

해석 | 특이한 뇌 스캔 실험에서, Dartmouth College의 과학자들은 '상어와 수영하기', '머리에 불을 지르기', '지붕에서 뛰어내리기'와 같은 특정 활동들이 '좋은' 생각인지 아닌지에 대한 질문에 응답하기 위해 청소년들이 성인들보다 더 제한된 뇌 영역을 사용하고 더 많은 시간을 필요로 한다는 것을 보여 주었는데, 약 1/6초 더 필요했다. 실험에 참여한 성인들은 질문에 답하기 위해 거의 자동적인 정신 이미지와 본능적인 반응에 의존하는 것으로 보였다. 반면에 청소년들은 답을 '추론하는' 능력에 더 의존했다. 상황의 전반적인 윤곽을 빠르게 파악하고 비용 대비 이익에 대해 잘 판단할 수 있는 능력은 청소년기에 아직 형성 중인 뇌의 부분인 전두엽 피질의 활동에서 비롯된다.

→ 청소년들은 상황을 이해하고 판단을 내리는 것을 담당하는 뇌의 부분인 전두엽 피질이 미성숙하기 때문에 어처구니없는 행동에 대한 질문에 어른들보다 더 지연된 반응을 하기 쉽다.

Solution Guide |

Dartmouth College의 과학자들이 청소년과 성인들을 대상으

로 실시한 뇌 스캔 실험의 결과에 따르면, 상황을 이해하고 판단을 내리는 것에 관련된 뇌의 전두엽 피질이 성인들에 비해 미성숙하여 청소년들이 황당한 질문에 응답하는 반응 시간이 더 걸렸다는 내용의 글이다. 따라서, 요약문의 빈칸 (A)와 (B)에는 각각 delayed와 immature가 들어가는 것이 가장 적절하다.

① 창의적인 – 민감한
② 창의적인 – 의존적인
③ 신뢰할 수 있는 – 미성숙한
④ 지연된 – 민감한

Structure in Focus |

- In an unusual brain-scanning experiment, scientists at Dartmouth College showed [that adolescents use a more limited brain region and take more time than adults—about a sixth of a second more—to respond to questions about {whether certain activities, like "swimming with sharks," "setting your hair on fire," and "jumping off a roof," were "good" ideas or not}].

[ ]로 표시된 부분은 showed의 목적어 역할을 하는 명사절이고, { }로 표시된 부분은 전치사 about의 목적어 역할을 하는 명사절이다.

- The ability [to quickly grasp the general contours of a situation and make a good judgment about costs versus benefits] arises from activity in the frontal cortex, the parts of the brain [that are still under construction during adolescence].

첫 번째 [ ]로 표시된 부분은 The ability의 구체적 내용을 나타내는 to부정사구이고, 두 번째 [ ]로 표시된 부분은 the parts of the brain을 수식하는 관계절이다.

02

정답 | ①

소재 | 놀이를 통한 아동 발달

해석 | 모든 문화에서 어린이들은 놀이를 통해 언어를 습득한다. 그들이 처음으로 언어와 같은 소리(구구 소리나 옹알이)를 내는 것이나 처음으로 하는 말들은 언제나 놀면서 하는 것이다. 나중에 아이들은 장난치듯이 더 복잡한 언어 구조를 연습하고 때로 혼자 있을 때에는 독백을 한다. 그러나, 물론, 그들의 언어 놀이는 문화의 영향을 받는다. 어린아이들은 점차로 그들의 옹알이를 자신들 모국어의 음소로 한정지으며, 나중에는 그 언어의 어휘와 문법 구조를 가지고 논다. 어디에서나 아이들은 만들기 놀이에도 참여하게 되는데, 그렇게 함으로써 무언가를 만들어 내는 인간의 중요한 기술을 사용하지만, 그들이 만들어 내는 것은 그들 주변의 세상에서 본 것에 의해 결정된다. 어느 곳에서나 아이들은 상상하고 추론하는 인간의 정신 능력을 사용하는 방식으로 놀이를 하지만, 그들이 상상하는 광경이나 그러한 놀이에서 연습하는 생각은 문화로부터 나온다.

→ 아이들은 놀면서 언어를 습득하고 무언가를 만들고 상상하는 기술을 연습하는데, 그것은 그들이 주변 세계에서 듣고, 보고, 경험하는 것을 반영한다.

Solution Guide |

아이들은 놀이를 통해 언어를 습득하고 인간의 주요 특성인 무언가를 만들어 내고, 상상하고 추론하는 일을 연습하게 되는데, 이 행동들은 모두 그들이 속한 세계(문화)의 영향을 받는다는 것이 이 글의 주된 내용이다. 따라서, 요약문의 빈칸 (A), (B)에 들어갈 말로 적절한 것은 각각 playing, reflects이다.

② 집중하면서 — 변형한다
③ 운동하면서 — 조사한다
④ 운동하면서 — 관찰한다
⑤ 놀면서 — 분류한다

Structure in Focus |

- Children everywhere also engage in constructive play, thereby [exercising the crucial human skill of building things], but [what they build] depends on [what they see in the world around them].

첫 번째 [ ]는 분사구문으로서 주절의 주어인 Children의 이어지는 행동을 설명하고 있다. 두 번째 [ ]는 but 이하의 절의 주어이며, 세 번째 [ ]는 on의 목적어이다.

- Children everywhere play in ways [that exercise the human mental capacities of imagination and reasoning], but the scenes [they imagine] and the ideas [they rehearse in such play] derive from the culture.

첫 번째 [ ]로 표시된 부분은 ways를 수식하는 관계절이다. 두 번째와 세 번째 [ ]로 표시된 부분은 각각 the scenes와 the ideas를 수식하는 관계절이다.

03

정답 | ②

소재 | 개념을 전달할 소리를 선택할 때 사용된 은유[비유]

해석 | 모든 단어들은 역사의 태곳적 어느 시점에서 단어의 장인에 의해 틀림없이 만들어질 것이다. 단어의 장인은 전달할 생각을 갖고 있었고 그것을 표현할 소리를 필요로 했다. 원칙적으로, 어떤 소리도 괜찮았을 터이므로, 예를 들어, 정치적 제휴를 나타내는 용어를 처음으로 만든 사람은 *glorg* 혹은 *schmendrick* 혹은 *mcgillicuddy*를 사용할 수 있었을 것이다. 그러나 사람들은 갑자기 소리를 기억해 내는 데 서툴러서, 그들은 아마도 그것을 정의해야만 하거나 예를 가지고 설명해야만 하기보다는

새로 만들어진 말에 대한 청자들의 이해를 용이하게 하기를 원했을 것이다. 그래서 그들은 그들에게 그 생각을 상기시켜 주며, 청자들의 머릿속에 비슷한 생각을 만들어 내기를 바라는 비유, 예를 들어 정치적 제휴에 대해서는 *band*(무리)나 *bond*(끈)와 같은 비유적 표현으로 손을 뻗었다. 비유적 힌트는 청자들이 문맥에만 의존해야 했던 경우보다 더 빠르게 그 의미를 이해할 수 있게 해 주었다.

→ 단어의 장인들은 자신들의 생각을 표현할 소리를 필요로 했을 때, 단지 무작위적인 소리가 아니라, 그 생각을 <u>기억해 내는</u> 것을 도울 유용한 소리를 선택했다.

Solution Guide |
단어의 장인이 자신의 생각을 전달할 소리를 선택할 때 아무 소리나 선택하지 않고 청자들의 이해를 용이하게 하기 위해서 그 생각을 상기시켜 주는 비유적 표현을 나타내는 소리를 선택했다는 내용이다. 그러므로 빈칸 (A), (B)에 들어갈 말로 가장 적절한 것은 각각 remember와 random이다.
① 기억해 내다 — 편리한
③ 퍼뜨리다 — 분명한
④ 퍼뜨리다 — 친숙한
⑤ 형성하다 — 독특한

Structure in Focus |
- The wordsmith [had an idea {to get across}] and [needed a sound {to express it}].
두 [ ]로 표시된 동사구가 and로 연결되어, 주어 The wordsmith의 술어를 이룬다. 두 { }는 각각 an idea와 a sound를 수식하는 to부정사구이다.
- So they reached for a metaphor [that reminded them of the idea] and [that {they hoped} would create a similar idea in the minds of their listeners, such as *band* or *bond* for a political affiliation].
두 [ ]로 표시된 관계절이 and로 연결되어 a metaphor를 수식한다. 두 번째 [ ] 안의 { }는 삽입절이다.

04

정답 | ④

소재 | 집단 내의 정보 공유

해석 | 집단 내 구성원의 지위가 중요할 수 있다. 지위가 낮은 집단 구성원은 자신감이 부족할 수 있기 때문에 자신의 의견을 표현하지 않을 가능성이 있다. Wittenbaum은 실제로 더 높은 지위를 가진 집단 구성원이 새로운 정보를 공유할 가능성이 더 높다는 것을 발견했다. 하지만 더 높은 지위를 가진 사람들은 자신이 가지고 있는 정보가 더 타당하거나 더 중요하지 않더라도, 토론을 지배할 수 있다. 지위가 높기 때문에 리더들은 집단 구성원으로부터 공유되지 않은 정보를 얻어 낼 수 있고, 또 예컨대 모든 구성원이 자신의 고유한 정보를 제시하는 데 자유로워야 하며, 각 구성원은 공유해야 할 중요한 정보를 가지며, 그렇게 하는 것이 중요하다는 것을 명확히 함으로써 틀림없이 그렇게 할 것이 분명하다. 리더들은 특히 지위가 낮거나 사회적으로 불안한 집단 구성원의 의견을 얻어 내고 지지할 필요가 있을 것이다.

→ 지위가 더 높은 사람은 토론을 통제할 수 있지만, 집단 내의 정보 공유를 용이하게 하기 위해 지위가 더 낮은 사람에게 그들의 의견을 물을 필요가 있다.

Solution Guide |
이 글의 중심 생각은 집단 내 지위가 낮은 사람이 자신의 의견을 표현하지 않을 가능성이 많기 때문에 토론을 통제할 수 있는 지위가 더 높은 사람이 정보 공유를 용이하게 하기 위해 지위가 더 낮은 사람에게 의견을 구해야 한다는 것이다. 따라서 빈칸 (A)와 (B)에 들어갈 말로 가장 적절한 것은 각각 control과 facilitate이다.
① 피하다 — 제한하다
② 피하다 — 영향을 미치다
③ 관찰하다 — 용이하게 하다
⑤ 통제하다 — 제한하다

Structure in Focus |
- However, those [with higher status] may dominate the discussion, even if the information [that they have] is not more valid or important.
첫 번째 [ ]로 표시된 부분은 those를 수식하는 전치사구이고 두 번째 [ ]로 표시된 부분은 the information을 수식하는 관계절이다.
- Because they have high status, leaders have the ability to solicit unshared information from the group members, and they must be sure to do so, for instance, by making **it** clear [that all members should feel free to present their unique information], [that each member has important information to share], and [that it is important to do so].
it은 형식상의 목적어이고 세 개의 [ ]로 표시된 부분이 내용상의 목적어이다.

16 | 장문 독해 (1)

본문 102~103쪽

정답 | 01 ② 02 ⑤

해석 | 비타민 C의 효과를 조사하는 연구에서, 연구자들은 일반적으로 실험 대상자들을 두 집단으로 나눈다. 한 집단(실험 집단)은 비타민 C 보충제를 받고 다른 집단(통제 집단)은 받지 않는다. 연구자들은 한 집단이 다른 집단보다 감기에 더 적게 또는 더 짧게 걸리는지를 알아내기 위해 두 집단 모두를 관찰한다. 이어지는 논의는 이러한 종류의 실험에 내재한 함정 중 일부와 이를 피하는 방법을 설명한다. 실험 대상자를 두 집단으로 분류할 때, 연구자들은 반드시 각 개인이 실험 집단 또는 통제 집단 둘 중 한 곳에 배정될 확률이 동일하도록 해야 한다. 이는 임의 추출에 의해 달성되는데, 즉 실험 대상자는 동전 던지기나 우연이 포함된 어떤 다른 방법에 의해 동일 모집단에서 임의로 선정된다. 임의 추출은 반드시 결과에 처치가 반영되도록, 실험 대상자의 분류에 영향을 줄지도 모르는 요인은 반영되지 않도록 하는 데 도움이 된다. 중요한 것은, 감기의 비율, 심각성, 또는 지속 기간에서 관찰된 차이가 어떤 식으로든 일어났을지도 모른다는 가능성을 배제하기 위해 감기와 관련하여 두 집단의 사람들이 비슷하고 동일한 기록을 가지고 있어야 한다는 것이다. 예를 들어, 통제 집단이 실험 집단보다 보통 때 감기에 무려 두 배나 많이 걸리는 경우, 연구 결과는 아무것도 입증하지 못한다. 영양분을 포함하는 실험에서, 두 집단의 식단 또한 달라야(→ 비슷해야) 하며, 연구 중인 영양분에 관련해서 특히 그래야 한다. 실험 집단에 속한 사람들이 평소 식단에서 비타민 C를 적게 섭취하고 있었다면, 보충제의 어떤 효과도 분명하지 않을 수 있다.

본문 104~107쪽

01 ④   **02** ⑤   **03** ②   **04** ②

[01~02]

정답 | 01 ④ 02 ⑤

소재 | 눈 결정의 다양한 모양

해석 | 그렇게나 많은 종류의 눈 결정이 있는 이유에 관한 비밀은 구름 속에서 찾을 수 있다. 일반적인 겨울 구름은 아래쪽보다 위쪽이 더 차갑고 높이(변인)의 작용으로 폭넓은 수증기 포화도를 보이며, 이러한 상태는 시간이 흐르는 동안 끊임없이 변화한다. 구름은 또한 아주 다양한 상승기류와 하강기류를 가지고 있고, 이것들 또한 빠르게 변화한다. 초기의 눈 결정은 그러한 구름 속에서 거칠게 (기류를 타고) 이동한다. 처음에는 눈 결정이 아주 가볍고 작기 때문에 떨어지는 속도가 느리고 구름 속

상승기류가 그것을 계속해서 공중으로 되돌려보낸다. 결국, 그것은 충분히 무거워져 가라앉으면서 떨어지기 시작한다. 눈송이는 떨어지면서 그것이 생겨난 층에서와는 아주 다른 온도와 수증기 포화 상태를 지닌 구름층을 통과하여 아래쪽으로 이동할 것이다. 결정의 성장 속도와 습성은 이렇게 아래쪽으로 이동을 하면서 계속 변화할 것이다. 눈 결정이 관찰자의 어두운색 옷소매에 닿을 때에는, 그것은 여러 개의 전혀 다른 성장 주기를 거쳤을 것이고, 그 형태는 그 여정을 숨길(→ 반영할) 것이다. 이것이 눈 결정에 관한 그의 업적으로 알려진 물리학자인 Nakaya가 눈 결정을 '하늘에서 온 편지'라고 하는 바의 의미이다.

Solution Guide |

01 눈 결정의 종류가 다양한 이유는 눈 결정이 빠르게 변화하는 상승기류와 하강기류를 가진 구름 속을 통과하며 다양한 온도와 수증기 포화 상태의 구름층을 지나가게 되고 그로 인해 결정의 성장 속도와 습성이 변화하기 때문이라는 내용의 글이다. 그러므로, 글의 제목으로 가장 적절한 것은 ④ '눈 결정의 여정이 그 형태를 결정짓는다'이다.

① 구름은 기온을 어떻게 변화시키는가
② 눈 결정: 겨울의 전령
③ 눈 결정을 효과적으로 관찰하는 법
⑤ 눈송이는 대기 과학 연구의 열쇠이다

02 눈 결정은 구름 속에서 처음 만들어져 땅에 닿기까지 여러 개의 아주 다른 성장 주기를 거쳐오게 되며, 눈 결정의 형태는 그것이 지나쳐온 여정을 반영하여 보여 준다는 내용의 글이므로 (e)의 conceal을 reflect 정도의 단어로 바꾸어야 한다.

Structure in Focus |

- The cloud also has [wildly varying] up- and down-drafts, [these too varying rapidly].

  첫 번째 [ ]로 표시된 부분은 up- and down-drafts를 수식하는 형용사구이고 두 번째 [ ]로 표시된 부분은 these(up- and down-drafts)를 의미상의 주어로 하여 이것의 부수적인 상황을 설명하는 분사구문이다.

- As the snowflake falls it will travel downward through cloud layers [that have very different temperatures and vapor saturation conditions than at the level {where it originated}].

  [ ]로 표시된 부분은 cloud layers를 수식하는 관계절이고, 그 안의 { }로 표시된 부분은 the level을 수식하는 관계절이다.

[03~04]

정답 | 03 ② 04 ②

소재 | DJ의 리믹싱의 독립된 장르로의 발전

해석 | 그림을 한 장 가져와서, 그것을 조각조각 자르고 작은

조각들을 재배열하라. 최종 결과가 더 이상은 다른 누군가가 만든 것이 아니고 여러분의 작품이 되려면 얼마나 많이 바꾸어야 하는가? 만일 원래의 그림을 좋아한 사람들보다 더 많은 사람이 여러분의 콜라주를 좋아한다면 도움이 될까? 그 콜라주는 진정으로 새로운 예술 작품이 될 수 있을까?

70년대의 끝 무렵, DJ들은 리믹스가 댄스 무대에서 단지 더 '기능을 발휘하게' 하는 데서 더 나아갈 수 있다는 것을 알았다. 그것은 또한 그들에게 음반 업계로 나아갈 수 있는 길과 결국 창조적인 예술가로서의 인정을 획득할 수 있는 방법을 제공했다. 양식상의 비틀기를 제거함(→ 더함)으로써, 그들은 노래에 자신들이 원하는 바로 정확한 음악적인 맛을 줄 수 있었고, 만일 그들의 향상한 부분이 충분히 개성적이면, 이러한 것들은 리믹스를 한 사람 — 원래의 저자/음악가보다는 — 을 트랙 이면에 창조의 힘(만든 이)으로 표시하도록 했다. 만일 그들의 특유한 맛이 일련의 음반을 통틀어 상당히 일관된다면, 리믹스를 한 사람은, 음반을 취입한 다른 예술가들처럼, 심지어 '소리'를 개발할 수도 있었다. 그리고 DJ의 리믹스 작품들이 대개 그가 클럽에서 공연할 때 틀기 위해 선곡한 종류의 음악에 기반해 있으므로 그의 리믹스 작품에 분명한 음악적인 스타일은 그의 디제잉의 음악적인 양식을 강화하고 더 나아가 구분하는 데 도움이 되었을 것이고 그 역도 또한 마찬가지였을 것이다. 리믹싱을 통해 DJ는, 댄스 무대와 녹음실 두 곳에서 모두, 자신의 음악을 뚜렷이 구별되는 방향으로 밀고 갈 방법을 가졌다.

Solution Guide |

03 리믹싱을 통해 DJ들이 자신만의 양식과 맛을 가진 음악을 만들 수 있게 되었고, 독립된 창조적인 장르로 리믹싱이 인정받게 되었다는 내용의 글이므로, 글의 제목으로 ② '제대로 된 장르로의 디제잉의 발전'이 가장 적절하다.

① DJ: 과소평가된 음악가
③ DJ의 성공은 댄스 음악 덕분이다
④ 창의성: 성공적인 리믹싱의 열쇠
⑤ DJ와 저작자 중에서 누가 저작권을 가지는가?

04 리믹싱을 하기 위해서 DJ들이 음악을 잘라내어 변형해서 붙여 나갔다는 맥락이므로 (b) removing은 적절하지 않고 adding 등을 쓰는 것이 적절하다.

Structure in Focus |

▪ By adding stylistic twists, they could give a song [the precise musical flavor {they wanted}], and if their enhancements were individual enough, these would mark out the remixer — rather than the original writer/musician — as the creative force behind a track.

[ ]로 표시된 부분은 give의 직접목적어이며, { }로 표시된 부분은 the precise musical flavor를 수식하는 관계절이다.

▪ And [since a DJ's remixes were usually based on the kind of music {he chose to play when he performed in a club}], [the musical style evident on his remixes] would serve to **reinforce** and further **distinguish** the musical style of his DJing, and vice versa.

첫 번째 [ ]로 표시된 부분은 이유를 나타내는 부사절이고 { }로 표시된 부분은 the kind of music을 수식하는 관계절이다. 두 번째 [ ]로 표시된 부분은 주절의 주어이다. reinforce와 distinguish는 serve에 연결되는 to부정사구를 이룬다.

Gateway

본문 108~109쪽

정답 | 01 ⑤ 02 ② 03 ②

해석 | (A) "축하합니다!" 그것이 아빠가 자신에게 건네준 봉투를 열었을 때 Steven이 본 첫 단어였다. 그는 자신이 에세이 대회에서 우승할 것을 알고 있었다. 매우 신이 나서 그는 "만세!"라고 소리쳤다. 그 순간 상품인 Ace 놀이공원 입장권 두 장이 봉투에서 미끄러져 나왔다. 그는 그것을 집어 들고는 자신의 집 앞 계단에 앉아 편지를 자세히 읽었다. "잠깐만! 내 이름이 아니네!"라고 그는 당황하며 말했다. 그 편지는 자신의 반 친구인 Stephanie에게 보내진 것이었고, 그녀 또한 대회에 참가했었다.

(D) 계속 읽었을 때 Steven은 편지가 잘못 배달된 것을 깨달았다. '불행히도', 그것은 Stephanie에게 갔어야 했고, 그녀가 실제 우승자였다. 그는 입장권을 쳐다본 다음 편지를 쳐다보았다. 그는 그 입장권이 정말 갖고 싶었다. 그는 여동생과 그곳에 갈 계획이었다. Steven은 여동생의 우상이었고, 그는 자신이 시합에서 우승할 것이라고 그녀에게 허풍을 떨었다. 그러나 그녀가 자신의 우상이 우승하지 못한 것을 알게 되면, 그녀는 매우 실망할 것이고, 그는 수치스러움을 느끼게 될 것이었다.

(C) "내가 Stephanie에게 말하지 않으면, 아마 그녀는 결코 알지 못할 거야."라고 Steven은 잠시 생각했다. 그는 우승자는 우편으로만 통보된다는 것을 기억했다. 그가 조용히 있기만 한다면, 아무도 알지 못할 것이다. 그래서 그는 자면서 생각해 보기로 했다. 그다음 날 아침 그는 비참한 기분이었고, 그의 아빠는 즉시 그것을 알아차렸다. "아들, 무슨 일이야?"라고 그의 아빠가 물었다. 처음에는 주저했지만, Steven은 곧 자신의 비밀을 털어놓았다. 주의 깊게 끝까지 다 들은 후, 그의 아빠는 그에게 옳은 일을 하라고 조언했다.

(B) 아빠의 말을 듣고 나자, Steven의 눈에 눈물이 차오르기 시작했다. "제가 바보 같았어요."라고 Steven은 후회하며 말했다. 그는 편지와 상품을 학교로 가져가 Stephanie에게 건네주었다. 그는 그녀를 진심으로 축하해 주었고, 그녀는 몹시 기뻐했다. 방과 후에 집으로 오는 길에 그의 발걸음은 가벼웠고 기쁨으로 가득 찼다. 그날 밤, 그의 아빠는 그가 학교에서 한 행동에 관해 듣고 매우 흡족했다. "나는 네가 매우 자랑스럽단다, Steven."이라고 그는 말했다. 그런 다음 그는 아무 말 없이 Steven에게 Ace 놀이공원 입장권 두 장을 건네주며 윙크를 했다.

Exercises

본문 110~113쪽

| 01 ⑤ | 02 ③ | 03 ④ | 04 ② |
| 05 ⑤ | 06 ④ | | |

[01~03]

정답 | 01 ⑤ 02 ③ 03 ④

소재 | 기계로 일자리를 잃게 된 노새 Rufus

해석 | (A) 멋진 아침 식사 후에 Rufus는 외양간으로 가서 이쑤시개로 사용할 신선한 지푸라기 한 가닥을 찾았다. 그가 거기에 있는 동안, 커다란 엔진 소리가 그 거대한 기계음으로 대기를 채워왔다. Rufus는 흘낏 보기 위해 외양간 밖으로 고개를 쑥 내밀었고 또 다른 기계를 등에 태운 트럭이 한 대 거기 차도에 있었다.

(D) 모든 동물들이 우리에 기대 줄을 서서 호기심을 가지고 그 기계가 내려지는 것을 지켜보았다. 트랙터가 잔디밭에 주차되었기 때문에 Rufus는 가까이 가서 보기로 결정했다. 입구의 빗장을 들어올리고 Rufus는 트랙터로 어슬렁어슬렁 걸어가서 킁킁거리며 냄새를 맡기 시작했다. 몇 차례 빠르게 킁킁거린 후에 Rufus는 노새 말로 우리에게 자신이 생각하기에 그것이 얼마나 역겨운지에 관해 외치기 시작했다.

(C) "어떤 냄새가 나?"라고 Moocher가 물었다. Rufus는 "고무, 가스, 기름, 페인트, 플라스틱 냄새가 나."라고 답했다. 농부가 소리쳤다. "미안하지만, 친구, 이것이 오늘 아침 내가 자네에게 자네와 함께 일해서 얼마나 즐거웠는지 말했을 때 말하고자 했던 것이야." 그가 설명을 계속하자 Rufus의 입이 (벌어져) 땅에 닿았다. "보다시피, Rufus, 이 트랙터가 이제부터 내가 밭을 가는 방법일세. 자네는 농장을 위해 자네의 역할을 다해왔지만 이제 자네는 은퇴해서 목초지로 돌아갈 때일세."

(B) 농부가 트랙터에 올라타고 가버리자, Rufus는 노새 말로 울기 시작했다. 나머지 우리 농장 동물들은 그 소식에 충격받았고 Rufus의 슬픔의 순간에 그에게 동참함으로써 옳은 일을 했다. 농부는 우리가 트랙터를 무서워해서 소란을 피우고 있다고 생각했겠지만 우리는 방금 자신의 일자리를 잃은 우리 친구 Rufus를 위해 울고 있었다.

Solution Guide |

01 아침 식사 후 커다란 엔진 소리를 내며 또 다른 기계를 실은 트럭이 도착한 장면을 묘사한 (A) 뒤에 동물들이 그 기계의 등장을 호기심을 가지고 지켜보고, Rufus가 가까이 가서 킁킁 냄새를 맡았다는 내용의 (D)가 오고, 그 기계의 냄새에 대한 질문에 Rufus가 답한 뒤, 농부가 Rufus에게 그 기계는 트랙터이고 Rufus의 일을 대신하게 될 것이라고 소개하는 내용의 (C)가 온 뒤에, Rufus가 일자리를 잃고 울자 다른 동물들도 함께 울었다는 내용의 (B)가 오는 것이 자연스럽다. 그러므로, 정답은 ⑤이다.

02 (a), (b), (d), (e)는 모두 Rufus를 가리키지만, (c)는 농부를 가리킨다.

03 (C)에서 농부는 트랙터가 밭을 가는 일을 할 것이고 Rufus는 은퇴해서 목초지로 돌아가라고 말했으므로, Rufus에 관한 내용으로 적절하지 않은 것은 ④이다.

Structure in Focus |

- After our wonderful breakfast, Rufus went to the barn to find himself a fresh strand of straw [that he could use as a toothpick].

  [ ]로 표시된 부분은 a fresh strand of straw를 수식하는 관계절이다.

- Rufus poked his head out of the barn for a glance and there in the driveway was a truck [that had another machine {riding on its back}].

  [ ]로 표시된 부분은 a truck을 수식하는 관계절이고, 그 안의 { }로 표시된 부분은 another machine을 수식하는 분사구이다.

[04~06]

정답 | 04 ② 05 ⑤ 06 ④

소재 | 다른 사람을 기쁘게 하기 위한 배려

해석 | (A) Cohen은 어느 금요일 밤 기도회가 시작되기를 기다리며 작은 교회에 앉아 있었다. 기도책에서 고개를 들었을 때, 그는 한 노인이 교회 안을 돌아다니며 사람들에게 자신의 작은 상자로부터 초콜릿 조각을 권하는 것을 보았다.

(C) Cohen은 대부분의 사람들이 정중히 거절하는 것을 보았다. 그 남자의 상자에서 그것을 받아가는 사람은 아주 드물었다. Cohen은 누군가가 그의 권유를 받아들였을 때 그것이 그 남자에게 큰 기쁨을 준다는 것을 알 수 있었다. 그 남자가 자신에게 다가왔을 때, Cohen은 정중하게 "괜찮습니다. 감사합니다."라고 말하고 그 남자가 줄을 따라 걸어 나가는 것을 지켜보았다. 그곳에 Rav Yaakov Friedman이 서 있었는데, Cohen은 그를 대단히 존경했다. Cohen은 그가 어떻게 할지 알아보려고 조심스럽게 지켜보았다.

(B) 너무나도 당연히, Rav Yaakov은 그 남자에게 고개를 끄덕이고 한 조각을 집었고, 그의 어린 아들을 쿡 찔러 똑같이 하도록 했다. 노인이 그다음 줄로 이어서 걸어가자, Rav Yaakov의 아들이 초콜릿을 입에 넣기 시작했다. Rav Yaakov는 부드럽게 아들의 팔에 손을 올리며 그것을 화장지 안에 넣으라고 말했다. 동시에, Rav Yaakov 역시 그 자신의 것을 화장지 안에 넣었다.

(D) "아빠," 어린 아들이 물었다. "아빠가 초콜릿을 집으라고 하셨잖아요. 아빠 스스로도 하나 가져오셨구요. 이제는 왜 그것을 버려야 하나요?" Rav Yaakov가 대답하기를, "사랑하는 아들아, 나는 초콜릿을 먹을 필요가 없단다. 또 네가 그것을 먹게 하고 싶지도 않아. 하지만, 누군가가 상자에서 한 조각을 가지고 갈 때마다 이분이 얼마나 큰 기쁨을 느끼는지를 알게 되었단다. 나는 우리가 그것을 먹지 않을 것이라는 걸 알았지만, 그가

자신이 귀하게 여기는 것을 우리에게 주고 있다는 것을 알고 이분이 기분 좋게 느끼는 것이 더 중요하단다."

Solution Guide |

04 Cohen이 교회 안에서 초콜릿을 권하는 노인을 보았다는 내용의 (A) 뒤에 그가 권하는 초콜릿에 대한 사람들의 반응과 Rav Yaakov를 발견하는 내용의 (C)가 오고, Rav Yaakov가 노인이 권하는 초콜릿을 받아들며 아들에게도 한 조각 집도록 권한 뒤, 노인이 자리를 떠난 뒤 휴지에 버리려고 하는 (B)가 온 다음, 먹지도 않을 초콜릿을 받도록 한 이유에 대해 아버지에게 묻는 Rav Yaakov의 아들과 그에 대한 대답을 하는 내용이 담긴 (D)가 오는 것이 사건의 전개와 시간의 흐름상 가장 자연스럽다.

05 (a), (b), (c), (d)는 Rav Yaakov를 가리키지만, (e)는 노인을 가리킨다.

06 대부분의 사람들이 노인이 주는 초콜릿을 정중히 거절하고 받아먹는 사람은 거의 없었다(Cohen watched as most people politely refused. Only rarely did anyone take it from this man's box.)는 내용으로 보아 ④는 글의 내용으로 적절하지 않다.

Structure in Focus |

- As he looked up from his prayer book, he noticed an elderly man [walking around the shul], [offering each person a small piece of chocolate from his little box].

  첫 번째 [ ]로 표시된 부분은 noticed의 목적격 보어로 현재분사 형태로 사용되었다. 두 번째 [ ]로 표시된 부분은 an elderly man이 교회 안을 돌아다니는 행위에 수반하여 나타나는 an elderly man의 행위를 묘사하는 분사구문이다.

- I knew we would not have it, but **it** is more important [that this man feel good knowing that he is giving us something {he considers precious}].

  it은 형식상의 주어이고, [ ]로 표시된 부분이 내용상의 주어이다. { }로 표시된 부분은 something을 수식하는 관계절이다.

18 | 인물 및 일화

Gateway

본문 116~117쪽

정답 | ②

소재 | 완충 지대

해석 | 나는 한때 아이들에게 완충 지대의 개념을 설명하려고 했다. 우리는 그때 차에 함께 있었고 나는 게임을 이용하여 그 아이디어를 설명하려고 했다. 나는 멈추지 않고 3마일 떨어진 목적지까지 우리가 도착해야 했다고 상상해 보자고 말했다. 우리는 우리 앞과 주위에서 무슨 일이 일어날지 예측할 수 없었을 것이다. 우리는 신호등이 얼마나 오랫동안 녹색으로 켜져 있을지, 아니면 앞차의 운전자가 갑자기 브레이크를 밟을 것인지 몰랐다. 추돌을 막는 유일한 방법은 우리 차와 우리 앞에 있는 차 사이에 여분의 공간을 두는 것이었을 것이다. 이 공간은 완충 지대로 작용한다. 그것은 우리에게 다른 차들의 갑작스러운 움직임에 반응하고 적응할 시간을 준다. 마찬가지로, 우리는 그저 완충 지대를 만들어냄으로써 우리의 일과 삶에서 필수적인 일을 할 때의 마찰을 줄일 수 있다.

Solution Guide |

자동차 운전의 예시를 들어, 예측할 수 없는 일이 일어났을 때 갑작스러운 상황에 반응하고 적응할 수 있는 시간과 여유를 만들어주는 완충 지대의 기능을 설명하는 글이다. 따라서 완충 지대를 만들어준다는 내용의 밑줄 친 부분이 글에서 의미하는 바로 가장 적절한 것은 ② '예상치 못한 사건에 항상 대비하는 것'이다.

① 이기는 것보다 배우는 것이 더 중요하다는 것을 아는 것

③ 우리가 이미 시작한 것을 결코 멈추지 않는 것

④ 우리가 운전할 때 확실한 목적지를 갖는 것

⑤ 다른 사람들과 평화로운 관계를 유지하는 것

Structure in Focus |

- We didn't know [how long the light would stay on green] or [if the car in front would suddenly put on its brakes].

  두 개의 [ ]로 표시된 부분은 or로 연결되어 know의 목적어 역할을 한다.

- The only way [to keep from crashing] was [to put extra space between our car and the car in front of us].

  첫 번째 [ ]로 표시된 부분은 The only way를 수식하는 to부정사구이고, 두 번째 [ ]로 표시된 부분은 was의 주격 보어 역할을 하는 to부정사구이다.

본문 118~121쪽

Exercises

01 ② **02** ② **03** ④ **04** ④

01

정답 | ②

소재 | 공정한 올림픽

해석 | Herodotus가 Elis에서 온 대표단을 받았던 이집트의 Psammis 왕에 관한 이야기를 해 준다. Elis 사람들은 자신들이 올림픽 경기를 조직한 탁월한 방법에 대해 뽐내면서 그것을 더 공정하게 할 수 있는 방법을 이집트인들이 제안해 줄 수 있는지 요청했다. Psammis 왕은 자신의 가장 학식 있는 신하들을 불러 모았고 올림픽 대회를 조직한 데 대한 Elis인들의 설명을 들은 뒤, Elis인들이 Elis 출신의 자국 대표들을 포함하여 그리스의 모든 도시국가의 대표들이 경기에서 겨루도록 하는지 물었다. 모든 그리스인을 환영한다는 말을 듣고 이집트의 회답은 분명 Elis의 선수들이 방문 선수들에 비해 유리하게 될 것이기 때문에, 그러한 원칙은 전혀 공정하지 않다는 것이었다. 이집트인들은 그들이 올림픽에서 진정으로 공정한 경기를 원한다면, 그들이 <u>Elis 출신의 누구도 겨루도록 허가해서는</u> 안 된다고 권고했다.

Solution Guide |

자신들이 조직한 올림픽 경기가 매우 공정하다고 뽐내면서, 더 공정하게 할 수 있는 방법을 제안할 수 있는지 요청한 Elis인들에게, 이집트의 Psammis 왕이 경기에 자국 선수들도 출전할 수 있는지 물은 뒤, 자국 선수들이 방문 선수들에 비해 유리할 것이기 때문에 그것은 전혀 공정하지 않다고 말했다고 했으므로, 공정한 경기를 위해서는 자국 선수들이 출전하지 못해야 한다. 따라서 빈칸에 들어갈 말로 가장 적절한 것은 ② 'Ellis 출신의 누구도 겨루도록 허가해서는'이다.

① 외부 영향력에 의해 영향을 받아서는

③ 자신들의 경쟁자들이 올림픽에 참가하도록 강요해서는

④ 선수들 간 어떤 신체적 충돌도 용인해서는

⑤ 인간 힘의 한계에 도전하는 것을 회피해서는

Structure in Focus |

- The Eleans boasted about the excellent way [in which they organised the Olympic Games], and asked [if the Egyptians could suggest any way {to do it more fairly}].

  첫 번째 [ ]로 표시된 부분은 the excellent way를 수식하는 관계절이고, 두 번째 [ ]로 표시된 부분은 asked의 목적어 역할을 하는 명사절이다. { }로 표시된 부분은 any way를 수식하는 to부정사구이다.

- King Psammis collected his most learned subjects,

and, after listening to the Eleans' explanation of their organization of the Olympic contests, asked [if the Eleans allowed {representatives of all Greek states} {to compete in the Games}, including their own from Elis].

[　]로 표시된 부분은 asked의 목적어 역할을 하는 명사절이다. 그 안의 첫 번째 {　}로 표시된 부분은 allowed의 목적어이고, 두 번째 {　}로 표시된 부분은 목적격 보어 역할을 하는 to부정사구이다.

Culture Note |

Elis: 그리스 남부 펠로폰네소스 반도의 북서쪽에 있던 고대 그리스의 도시국가이다. BC 6세기 전반에 남쪽의 피사 지방을 병합하여 올림피아 제전의 주최자가 되었으며, 스파르타와 협조관계를 유지하면서 트리필리아를 병합했다.

02

정답 | ②

소재 | 지역 사회를 위한 은행을 설립한 Kevin Reynolds

해석 | 사람들을 사랑하는 믿을 수 없을 정도로 열정적인 남자인 Kevin Reynolds는 주요 은행에서 그의 경력을 시작했다. 그는 열심히 일했고, 그가 한 일에 능숙했고, 곧 은행 경력의 사다리를 오르기 시작했다. 그의 미래는 유망해 보였다. 그러나 Kevin은 은행 임원이 되는 것 이상을 원했다. 그는 지역 사회를 일으켜 세워 이득을 주는 은행가가 되기를 원했다. 시간이 지나면서 그는 대기업의 체제를 떠나야 이 일을 가장 잘 해낼 수 있다는 것을 깨닫기 시작했다. Kevin은 오랫동안, 작은 사업을 지원하고 공동체 건설 계획을 후원하면서 지역 사회의 활동적인 일부가 될 은행을 세우는 아이디어에 고무되어 왔다. 몇 명의 동료들과 함께 그는 마침내 Cardinal Bank가 된 작은 지역 사회 은행을 설립하였다. 그 이후로 Kevin과 그의 팀은 27개의 지사를 가진 조직을 만들었고, 그 지사들은 그것들이 운영되는 지역 사회의 중심 부분이 되었다.

Solution Guide |

주어진 문장은 Kevin이 지역 사회에 도움이 되는 은행가가 되기를 원했다는 내용이고 ② 뒤의 문장의 this가 주어진 문장의 내용을 가리키며 이후 지역 사회 은행을 설립한 내용이 이어지고 있으므로, 주어진 문장의 위치로 가장 적절한 곳은 ②이다.

Structure in Focus |

■ Kevin had long been inspired by the idea of building a bank [that would be an active part of the local community, {supporting small business} and {supporting community-building initiatives}].

[　]로 표시된 부분은 a bank를 수식하는 관계절이며, 그 안의 두 개의 {　}는 관계절의 주어 that의 부수적인 상황을 설명하는 분사구문이다.

■ Since then Kevin and his team have created an organisation with 27 branches [that are a central part of the communities {in which they operate}].

[　]로 표시된 부분은 27 branches를 수식하는 관계절이고 {　}로 표시된 부분은 the communities를 수식하는 관계절이다.

03

정답 | ④

소재 | 항공 분야 선구자였던 Igor Sikorsky

해석 | 동부 우크라이나가 러시아의 일부였고, 서부 우크라이나가 오스트리아의 일부였던 시기에 우크라이나의 Kyiv에서 태어난 Igor Sikorsky는 1907년에 Kyiv Polytechnic Institute에서의 학업을 시작했다. 그는 1909년에 (성공하지는 못한) 자신의 첫 번째 헬리콥터를 만들었다. 제1차 세계 대전 동안과 그 이전에 Sikorsky는 러시아에서 비행기를 설계해서 조종까지 했다. 그는 세계 최초의 다발 엔진 항공기를 개발하는 것을 도왔다. 그는 1919년에 미국에 온 후에 고정 날개 항공기에 대한 연구를 계속했다. Sikorsky 이전에 다른 사람들이 헬리콥터를 개발했지만, 그들이 설계한 것 중에 상업적 개발로 이어진 것은 없었다. 1939년에 Sikorsky는 세계 최초의 실용적인 헬리콥터가 될 것을 성공적으로 설계해서 조종까지 했다. 미국의 번창하는 Sikorsky Aircraft Corporation은 그의 업적에 대한 유산이다. 그는 1988년에 미국 우표에, 그리고 1998년에 우크라이나 우표에 실리는 명예를 누렸다.

Solution Guide |

Sikorsky 이전에 다른 사람들이 헬리콥터를 개발했다(Other people had developed helicopters prior to Sikorsky)고 했으므로, 글의 내용과 일치하지 않는 것은 ④이다.

Structure in Focus |

■ [Born in Kyiv, Ukraine at a time {when Eastern Ukraine was part of Russia, and Western Ukraine was part of Austria}], Igor Sikorsky began studies at the Kyiv Polytechnic Institute in 1907.

[　]로 표시된 부분은 주절의 주어인 Igor Sikorsky를 의미상의 주어로 하여 이에 대한 부가적인 정보를 제공하는 분사구문이다. Born 앞에 Being이 생략된 것으로 이해할 수 있다. 그 안의 {　}로 표시된 부분은 a time을 수식하는 관계절이다.

■ In 1939, Sikorsky successfully designed and flew [what was to be the world's first practical helicopter].

[　]로 표시된 부분은 선행사를 포함하는 관계절로 주절의 동

사 designed와 flew의 목적어로 쓰였다.

04

정답 | ④

소재 | 패션에서 멋있음의 의미

해석 | 데이트를 하러 나가려던 내 친구 중 한 명이 자신의 의상에 대해 내가 어떻게 생각하는지 물었다. 내가 대답하기 전에, 그녀는 "근사해 보이고 싶지만 무엇이든 전혀 노력하지 않은 것처럼 보이고 싶어요."라고 덧붙였다. 이런 상충하는 욕구는 멋짐이라는 미적인 덕목의 핵심에 놓여 있다. 우리 중 많은 수가 패션의 변화를 주시하고, 유행에 뒤떨어지지 않으며, 우리의 개성을 드러내는 한편 동시에 잘 알고 있는 특권을 가진 소집단 사람들의 내부에 우리를 데려다 놓을 수 있는 그런 옷을 조심스럽게 고르면서 멋져 보이려고 열심히 노력한다. 그렇지만 유행을 따르는 것을 입는 데 성공하는 많은 사람은 또한 멋있게 되는 데는 실패한다. 사실, 멋지게 보이려고 너무 애쓰는 것은 바로 우리가 멋지게 되는 것을 막는 것일 수 있다. 진짜로 멋진 사람들은, 노력하지 않고도 멋진 것 같다.

Solution Guide |

주어진 문장은 사람들이 유행에 따르는 것을 입지만 멋져 보이지 않는다는 내용이다. ④ 앞의 문장은 우리가 유행을 따르기 위해 애쓴다는 내용이고 ④의 뒤에 오는 문장은 너무 노력하는 것은 멋져 보이는 것을 막을 수 있다는 내용이므로 주어진 문장이 ④에 들어가야 앞선 문장과 Yet이 연결되어 화제의 전환이 이루어지고 ④ 뒤에서 In fact로 주어진 문장의 내용을 받아 화제를 발전시킬 수 있게 되어 글의 흐름이 자연스러워진다.

Structure in Focus |

- Many of us work hard at looking cool, [monitoring shifts in fashion], [carefully choosing clothes {that are not behind the trend}, {that express our individuality while simultaneously positioning us within the privileged subgroup of people ⟨who are in the know⟩}].

  [ ]로 표시된 두 부분은 주절이 기술하는 상황에 동반하여 일어나는 상황을 나타내는 분사구문이다. { }로 표시된 부분은 clothes를 수식하는 관계절이고 ⟨ ⟩로 표시된 부분은 the privileged subgroup of people을 수식하는 관계절이다.

- In fact, [trying too hard to look cool] can be **the very** thing [**that** prevents us from being cool].

  첫 번째 [ ]로 표시된 부분은 문장의 주어이다. 두 번째 [ ]로 표시된 부분은 the very thing을 수식하는 관계절이다. the very가 쓰여 선행사가 매우 구체적인 대상을 가리키게 되어 관계사 that이 사용되었다.

19 | 인문과학

본문 122~123쪽

Gateway

정답 | ③

소재 | 일반화의 유용성과 위험성

해석 | 모든 사람들은 항상 자동적으로 분류하고 일반화한다. 무의식적으로 (그렇게 한다). 그것은 편견을 갖고 있다거나 계몽되어 있다는 것의 문제가 아니다. 범주는 우리가 (정상적으로) 활동하는 데 반드시 필요하다. 그것들은 우리의 사고에 체계를 제공해 준다. 만일 우리가 모든 사항과 모든 시나리오를 정말로 유일무이한 것으로 본다고 상상해 보라. 그러면 우리는 우리 주변의 세계를 설명할 언어조차 갖지 못할 것이다. 그러나 필요하고 유용한 일반화하려는 본능은 우리의 세계관을 왜곡할 수 있다. 그것은 우리가 실제로는 아주 다른 사물들이나, 사람들, 혹은 나라들을 하나로 잘못 묶게 만들 수 있다. 그것은 우리가 하나의 범주 안에 있는 모든 것이나 모든 사람이 비슷하다고 가정하게 만들 수 있다. 그리고 어쩌면 모든 것 중에서 가장 유감스러운 것은, 그것이 우리로 하여금 몇 가지, 또는 심지어 고작 하나의 특이한 사례를 바탕으로 전체 범주에 대해 성급하게 결론을 내리게 만들 수 있다는 것이다.

Solution Guide |

③의 앞까지는 분류하고 일반화하려는 본능이 우리의 삶에 필요하고 유용한 이유를 설명하고 있고, 그 뒤로는 범주화가 야기할 수 있는 오류나 부작용에 대해 설명하고 있어 글의 흐름이 갑자기 바뀌므로 연결이 자연스럽지 않다. 일반화하려는 본능이 우리의 세계관을 왜곡할 수 있다는 내용의 주어진 문장이 ③에 들어가 이곳에서 글의 내용이 전환되어 범주화와 일반화가 야기하는 부정적 측면의 기술이 이어지는 것이 자연스러우므로 주어진 문장이 들어가기에 가장 적절한 곳은 ③이다.

Structure in Focus |

- It can make **us** [mistakenly group together things, or people, or countries {that are actually very different}].

  us는 make의 목적어이고, [ ]로 표시된 부분은 목적격 보어이다. { }로 표시된 부분은 things, or people, or countries를 수식하는 관계절이다.

- And, maybe, most unfortunate of all, it can make **us** [jump to conclusions about a whole category based on a few, or even just one, unusual example].

  us는 make의 목적어이고, [ ]로 표시된 부분은 목적격 보어이다.

본문 124~127쪽

Exercises

01 ④ 02 ③ 03 ① 04 ④

01

정답 | ④

소재 | 통합적 추론을 강화하기 위한 방법

해석 | 자신이 큰 그림을 그리는 구상자나 세밀한 성향이 있는 사람이라고 생각하는 것은 잘못된 믿음이다. 뒷받침하는 사실을 모른 채 큰 그림을 구상할 수 없으며, 그렇지 않으면 허풍선이가 될 것이다. 집중과 관련된 지적 능력은 사실, 내용 및 당면한 상황의 처리를 필요로 한다. 사실을 수집하여 그것을 새로운 처리 방법을 지원하는 데 사용하는 것은 통합적 추론과 더 깊은 수준의 사고를 강화하는 데 필수적이다. 그러나 관점을 발전시키는 것은 언제 더 많은 정보를 수집할지를 아는 것과 언제 더 많은 사실을 찾는 것을 중단할지를 아는 것의 미묘한 균형이다. 중요한 것은 고차원적인 아이디어를 형성하기 위해 막대한 양의 처리되지 않은 세부 사항들을 이리저리 맞추어 보는 것이다. 모든 사실을 이해하는 것으로는 충분하지 않다. 그것들을 더 큰 인지적 틀에 맞추는 것이 매우 중요하다.

Solution Guide |

주어진 문장은 관점을 발전시키는 것은 언제 더 많은 정보를 수집할지, 중단할지를 아는 것의 미묘한 균형이라는 내용으로 연결사 however가 문장의 앞부분에 있다. 그러므로, 사실을 수집하여 사용하는 것이 필수적이라는 내용의 문장 다음에, 고차원의 아이디어를 형성하기 위해 처리되지 않은 세부내용들로부터 (균형 있게) 왔다 갔다 하는 것이 핵심이라는 내용으로 주어진 문장을 부연 설명하는 문장 앞인 ④에 들어가는 것이 가장 적절하다.

Structure in Focus |

- However, **it**'s a delicate balance of [knowing when to gather more information] and [knowing when to stop looking for more facts] [to develop a point of view].
  첫 번째와 두 번째의 [ ]로 표시된 두 개의 동명사구가 and로 연결되어 of의 목적어 역할을 한다. it은 형식상의 주어이고 세 번째 [ ]로 표시된 to부정사구가 내용상의 주어이다.
- [Gathering facts and using them to support a novel approach] is essential to [enhancing integrated reasoning and deeper level thinking].
  첫 번째 [ ]로 표시된 부분은 문장의 주어 역할을 하는 동명사구이며, 두 번째 [ ]로 표시된 부분은 전치사 to의 목적어 역할을 하는 동명사구이다.

02

정답 | ③

소재 | 언어 감소

해석 | 언어 감소에 대해 걱정하는 여러 가지 이유가 있다. 언어는 각 사람의 정체성의 핵심적인 부분이고 집단의 문화적, 사회적 유산의 필수적인 요소이다. 자신들의 언어를 잃어버린 지역 사회는 그것에 대하여 자아의식의 상실을 동반하는, 문화와 깊이 관련된 손실이라고 일컫는다. 자신들의 언어가 멸종 위기에 처하지 않은 화자들도 역시 정체성의 표지로서 언어의 중요성을 잘 알고 있어서, 방언과 발화 양식에서의 유사성(→ 차이점)에 큰 관심을 기울인다. 그러므로 아마도 언어의 멸종 위기에 대해 걱정하는 가장 설득력 있는 이유 중 하나는 그들 유산 중 이 부분을 상실한 화자들이 그것에 대해 깊이 유감스러워하고 비통해한다는 것이다. 이러한 이유로, 현재 세계의 아주 많은 서로 다른 공동체들이 언어 재활성화 노력에 열중하고 있다. 자신들의 언어가 멸종된 그 무리 중 일부는 이제 지금까지 남아 있는 기록이라면 무엇이든지 그것으로부터 언어를 부활시키려는 시도를 하고 있다.

Solution Guide |

이 글은 언어가 개인이나 사회의 정체성과 깊은 관련이 있다는 내용으로, 언어를 잃어버릴 위험에 처하지 않은 화자들도 자아 정체성을 나타내 주는 표지로서 언어의 중요성을 인식하고 자신들의 언어가 가진 방언이나 발화 양식에서의 남다른 점에 주목한다는 내용이어야 하므로 ③ similarities(유사성)를 differences(차이점) 정도로 바꿔야 한다.

Structure in Focus |

- Local communities [who have lost their language] speak about it as a deeply cultural loss [which is accompanied by a loss of a sense of self].
  첫 번째 [ ]로 표시된 부분은 Local communities를 수식하는 관계절이며, 두 번째 [ ]로 표시된 부분은 a deeply cultural loss를 수식하는 관계절이다.
- Thus perhaps one of the most compelling reasons [to be concerned about language endangerment] **is** [that the speakers {who lost this part of their heritage} deeply regret it and grieve over it].
  첫 번째 [ ]로 표시된 부분은 the most compelling reasons를 수식하는 to부정사구이다. 주어의 핵이 one이므로 동사는 단수형 is가 사용되었다. 두 번째 [ ]로 표시된 부분은 is의 주격 보어 역할을 하고 있다. 그 안의 { }로 표시된 부분은 the speakers를 수식하는 관계절이다.

03

정답 | ①

소재 | 부주의한 녹색 소비

해석 | 사람들이 녹색 소비에 참여할 때, 자신들의 행동에 주의를 기울이고 있지는 않다. 녹색 소비의 핵심적인 측면 중 하나

는 사람들이 언제나 생활에 더 효율적인 방법을 찾아야 한다는 사고방식이다. 이것은 끊임없는 제품의 소비와 교체로 이어진다. 이는 주의 깊은 관행이 아닌데, 사람들이 자신의 행동의 결과를 진정으로 이해하기 위해 시간을 들이고 있지 않기 때문이다. 전기차의 예가 이 점을 완벽하게 보여 준다. 주의 깊은 사람은 전기차나 하이브리드 차량의 생산 비용이 온실가스 배출의 감소를 무시해도 되는 것으로 만들기 때문에, 전기차를 사는 것이 비윤리적이고, 자신이 이미 소유한 차량이 무엇이든지 그것이 더 이상 작동하지 않을 때까지 계속해서 사용해야 한다는 점을 이해할 것이다.

Solution Guide |

이 글은 환경을 위한 녹색 소비가 생활에 더 효율적인 방법을 찾아야 한다는 사고방식으로 인해 계속적인 제품의 소비와 교체로 이어져 실제로 그로 인한 효과가 무의미한 것이 되도록 한다는 점을 전기차의 예를 들어 설명하고 있다. 그러므로, 이 글의 제목으로 가장 적절한 것은 ① '녹색 소비의 역설'이다.
② 녹색 소비에 영향을 미치는 요소들
③ 전기차: 자동차의 미래
④ 주의 깊은 소비: 경제 발전의 열쇠
⑤ 주의 깊은 소비가 되도록 소비자 행동을 변화시키기

Structure in Focus |

- One of the key aspects of green consumption is the mindset [that people must always search for more efficient ways to live].

  [ ]로 표시된 부분은 the mindset과 동격 관계의 that절이다.

- A mindful individual will understand [that buying an electric car is unethical] and [they ought to continue to use {whatever vehicle they already own} until it is no longer operational], because the production cost of an electric car or hybrid vehicle makes [the reduction of greenhouse gas emissions] [negligible].

  첫 번째와 두 번째 [ ]로 표시된 부분은 and로 이어져 understand의 목적어 역할을 한다. { }로 표시된 부분은 use의 목적어 역할을 하는 명사절이다. 세 번째와 네 번째 [ ]로 표시된 부분은 각각 makes의 목적어와 목적격 보어이다.

04

정답 | ④

소재 | 일상의 유익과 해로움

해석 | 일상은 우리가 별생각 없이 일을 처리할 수 있게 해 주기 때문에 유익하다. 예를 들어, 만약 매일 아침 스스로 옷을 입거나 아침을 요리하는 법을 다시 배워야 한다면, 여러분은 결코 제시간에 출근하지 못할 것이다. 그러나, 만약 일상이 우리가 새로운 관점을 개발하는 것을 방해한다면, 해로울 수도 있다. 일상이 가장 위험한 것은 우리의 인식과 인지가 일상에 의해 유도되는 정도를 우리가 가장 적게 의식할 때이다. 때때로 우리의 습관은 우리의 사고에 매우 통합되어 있어서 우리는 그것을 습관으로 식별하지 못하고 대신에 그것을 '사물이 이루어지는 방식'으로 간주한다. 따라서, 우리에게서 정신적인 패턴을 털어 내기 위해서는 우리에게 이따금 충격이 필요하다. 나는 이 충격을 '머리의 옆을 강타하는 일'이라고 부르는데, 그것은 우리를 새로운 대답으로 이끄는 질문을 하도록 자극할 수 있다.

Solution Guide |

(A) 일상의 유익함을 이야기한 후 일상이 새로운 관점을 개발하는 것을 방해한다면 해로울 수 있다는 내용으로 이어지므로 however가 가장 적절하다.

(B) 우리의 사고에 습관이 통합되어 있어 습관을 식별하지 못하므로 우리에게서 정신적인 패턴을 털어 내는 것이 필요하다는 내용이므로 Thus가 가장 적절하다.

Structure in Focus |

- They are most dangerous [when we are least conscious of the extent {to which our perception and cognition are guided by them}].

  [ ]로 표시된 부분은 때를 나타내는 부사절이고 { }로 표시된 부분은 the extent를 수식하는 관계절이다.

- I call this shock ["a whack on the side of the head,"] and it can stimulate us to ask the questions [that lead us to new answers].

  첫 번째 [ ]로 표시된 부분은 call의 목적격 보어 역할을 하고 두 번째 [ ]로 표시된 부분은 the questions를 수식하는 관계절이다.

20 | 사회과학

Gateway 본문 128~129쪽

정답 | ③

소재 | 기업의 소셜 미디어 활용

해석 | 조직이 소셜 미디어로 실험하는 것을 처음 고려할 때 범하는 가장 일반적인 실수 중 하나는 너무 지나치게 소셜 미디어 도구와 플랫폼에 중점을 두고 조직 자체의 사업 목표에는 충분히 중점을 두지 않는 것이다. 사업을 위한 소셜 웹에서의 성공의 실제는 소셜 미디어 프로그램을 고안하는 것이 최신 소셜 미디어 도구와 채널에 대한 통찰력에서가 아니라 조직 자체의 목적과 목표에 대한 철저한 이해에서 시작된다는 것이다. 소셜 미디어 프로그램은 그저 '다른 모든 이가 하고 있기' 때문에 인기 소셜 네트워크상에서 '존재'를 관리해야 할 막연한 필요를 이행하는 것이 아니다. '소셜 미디어에 있다는 것'은 그 자체로는 아무 쓸모도 없다. 조금이라도 어떤 쓸모가 있으려면, 소셜 미디어상의 존재는 조직과 조직의 고객을 위해 문제를 해결하거나 어떤 종류의 개선이라는 결과(될 수 있으면 측정 가능한 결과)를 가져와야 한다. 어떤 일이든, 목적이 성공을 이끌어낸다. 소셜 미디어의 세계도 다르지 않다.

Solution Guide |

조직이 소셜 미디어 프로그램을 고안할 때 소셜 미디어 도구나 플랫폼 또는 채널에 중점을 두는 것은 아무 쓸모도 없는 것이며, 오직 조직 자체의 목표에 대한 철저한 이해를 기반으로 해야만 문제 해결이나 어떤 종류의 개선을 이룰 수 있다는 내용의 글이므로, 필자가 주장하는 바로 가장 적절한 것은 ③이다.

Structure in Focus |

- [The reality of success in the social web for businesses] is [that creating a social media program begins **not** {with insight into the latest social media tools and channels} **but** {with a thorough understanding of the organization's own goals and objectives}].

  첫 번째 [ ]로 표시된 부분은 문장의 주어인 명사구이며 두 번째 [ ]로 표시된 부분은 주격 보어인 that절이다. 두 번째 [ ]로 표시된 부분 안에서 두 개의 { }로 표시된 부분은 '~가 아니라 …'라는 의미의 「not ~ but …」에 의해 대등하게 연결되어 begins에 이어진다.

- In order to serve any purpose at all, a social media presence must **either** [solve a problem for the organization and its customers] **or** [result in an improvement of some sort (preferably a measurable one)].

  두 개의 [ ]로 표시된 부분은 '~ 또는 …'라는 의미의 「either ~ or …」에 의해 연결되어 must에 이어지는 동사구이다.

Exercises 본문 130~133쪽

| **01** ④ | **02** ⑤ | **03** ④ | **04** ② |

01

정답 | ④

소재 | 남의 행동을 그대로 따라 하는 것

해석 | 대부분의 경우, 우리는 무의식적으로 순응한다. 우리는 우리가 다른 사람들을 주시하여 (행동을) 그들에게 맞추고 있다는 사실에 대해 생각할 필요조차도 없다. (C) 예를 들면 많은 사람이 깨닫지는 못하지만, 자기 상사처럼 옷을 입기 시작한다. 사람들이 비슷한 손동작을 사용하거나 같은 쪽의 다리를 꼬는 등의 자기 상사가 회의 중에 하는 비언어적 행동을 무의식적으로 그대로 따라 하는 경우는 훨씬 더 빈번하다. (A) 이것은 얼빠진 행동이 아니다. 사실 다른 사람을 그대로 따라 하는 사람들에게는 정말 진화의 이점이 있는 것처럼 보인다. (B) 자기 상사처럼 옷을 입는 사람들은 실제로 더 많은 보수를 받고 더 빨리 승진한다. 우리가 다른 사람들을 그대로 따라 하면, 그들은 우리를 더 많이 좋아한다. 불행하게도 부정적인 점은 우리가 더 체제 순응적인 방식으로 행동한다는 것이다.

Solution Guide |

우리는 무의식적으로 순응한다는 주어진 글의 사례에 해당하는 것이 (C)이므로 주어진 글 뒤에는 (C)가 이어져야 한다. (A)의 첫 문장에 나온 This는 (C)에서 언급된, 상사의 비언어적 행동을 무의식적으로 그대로 따라 하는 것을 가리키므로 (C) 뒤에는 (A)가 와야 한다. 그리고 (A)에 언급된 an evolutionary advantage의 사례를 언급하고 있는 (B)가 (A) 뒤에 이어져서 글을 마무리해야 글의 흐름이 자연스럽다.

Structure in Focus |

- We don't even have to think about the fact [that we are monitoring others and adapting to them].

  [ ]로 표시된 부분은 the fact와 동격 관계이다.

- Indeed, there **does** appear to be an evolutionary advantage for **those** [**who** mirror others].

  does는 appear를 강조한다. [ ]로 표시된 부분은 관계절로 those를 수식하고, 「those who ~」는 '~하는 사람들'이라는 의미이다.

02

정답 | ⑤

소재 | 정보화 시대에서의 단순 노동의 증가

해석 | 가장 기본적인 기술을 가진 사람들에게조차 높은 급여를 주는 직장이 풍부할 것이라고 즐겁게 예측했던 '정보화 시대'의 예언자들과 대조적으로, 정신이 번쩍 들게 하는 진실은 많은 정보 처리 직장들이 쉽사리 일상적인 생산 서비스의 범주에 꼭 들어맞는다는 것이다. 정보 경제의 보병들은 '뒤쪽 사무실'의 전 세계의 정보은행에 연결된 컴퓨터 단말기에 배치된 데이터 처리자이다. 그들은 일상적으로 데이터를 컴퓨터에 입력하거나 그것을 다시 가져오는데, 그것은 신용 카드 구매와 지불의 기록, 신용 보고서, 교환된 수표, 소비자 계좌, 소비자 편지, 급여 지불 명부, 병원비 계산서, 환자 기록, 의료비 청구, 법원 결정, 구독자 명단, (직원) 총인원, 도서관 색인 목록 등이다. '정보 혁명'은 우리 중 몇몇을 더욱 생산적으로 바꿨을 수도 있지만, 그것은 또한 조립 라인의 노동자들이, 그리고 그들 이전에는 직물 노동자들이, 다른 미가공 재료의 더미를 처리하던 것과 거의 같은 단조로운 방식으로 처리되어야 하는 거대한 미가공 데이터의 무더기도 또한 만들어 냈다.

Solution Guide |

정보화 시대가 도래했지만, 많은 정보 처리 직장은 사실상 일상적인 생산 서비스의 범주에 걸맞는 단순하고도 반복적인 미가공 데이터의 처리 업무를 포함한다는 내용의 글이다. 그러므로 글의 제목으로 가장 적절한 것은 ⑤ '정보화 시대 또한 단순한 반복적인 일을 필요로 한다'이다.

① 숙련되고 전문화된 노동자: 항상 수요가 많음
② 미가공 데이터: 새로운 경제의 부의 원천
③ 데이터 처리: 투자할 가치가 있는 새로운 서비스 부문
④ 정보 경제에서 전체 일자리의 수는 감소한다

Structure in Focus |

- Contrary to prophets of the "information age" [who joyfully predicted an abundance of high-paying jobs even for people with the most basic of skills], the sobering truth is [that many information-processing jobs fit easily into the category of routine production services].

  첫 번째 [ ]로 표시된 부분은 prophets of the "information age"를 수식하는 관계절이다. 두 번째 [ ]로 표시된 부분은 주절의 주격 보어인 that절이다.

- The "information revolution" may have rendered some of us more productive, but **it** has also produced huge piles of raw data [which must be processed in much the same monotonous way {that assembly-line workers and, before them, textile workers processed piles of other raw materials}].

  it은 The "information revolution"을 가리키는 대명사이다. [ ]로 표시된 부분은 huge piles of raw data를 수식하는 관계절이고 { }로 표시된 부분은 much the same monotonous way를 수식하는 관계절이며, 이 안에서 that은 관계부사로 사용되었다.

03

정답 | ④

소재 | 추구하던 목표의 타당성

해석 | 나는 항상 딸에게 어떤 일이 타당하지 않을 때까지 그것을 추구하라고 말해 왔다. 그것은 내가 직업상으로 사용했던 개념이었고, 그 개념으로 인해 결국 나는 내 사업에 있어서 매우 혁신적이고 전향적인 사고를 하게 되었다. 그것은 또한 새로운 상황과 경험에 대해 더 열린 마음과 열린 정서를 갖도록 나를 격려하는 개념이기도 하다. 하지만, 어느 시점에서는, 여러분이 추구하는 일이 더 이상 타당하지 않을 수도 있다. 그러면 여러분은 죽은 말에서 뛰어내리는 법을 배울 필요가 있다. 벽에 머리를 찧는 것을 멈추고, 그냥 내버려 두어라. 때때로, 특히 여러분이 감정적으로 몰입되어 있을 때, 그렇게 하기는 매우 어렵지만, 장기적으로는, 여러분은 죽은 말이 여러분을 목적지로 데려가지 않는다는 것을 실제로 깨닫게 된다.

Solution Guide |

여러분이 추구하던 일이 더 이상 타당하지 않을 경우 죽은 말에서 뛰어내릴 필요가 있고, 내버려 두어야 한다는 내용이므로, 필자의 주장으로 가장 적절한 것은 ④이다.

Structure in Focus |

- It was a concept [I used professionally] [which resulted in **me** {being very innovative and forward thinking in my business}].

  두 개의 [ ]로 표시된 부분은 관계절로 a concept를 각각 수식한다. 두 번째 [ ] 내에서 { }로 표시된 부분은 전치사 in에 이어지는 동명사구이며, me는 동명사의 의미상의 주어이다.

- However, at some point, the thing [you're pursuing] may no longer make sense, and you need to learn to jump off the dead horse.

  [ ]로 표시된 부분은 관계사가 생략된 관계절로 the thing을 수식한다.

04

정답 | ②

소재 | 집적 경제

해석 | 집적 경제의 원인은 제품을 비교하고자 하는 개인들의

욕구에서 찾을 수 있다. 개인들은 더 적게 이동해서 4~5개의 서로 다른 가게의 상품을 비교할 수 있기 때문에 지역 쇼핑몰에서 신발 사는 것을 선호할지 모른다. 유사한 제품을 판매하는 회사들은 어떤 상황에서는 서로를 밀어낼지[배척할지]도 모르지만, 소비자들이 전시품의 다양성에 대한 요구를 할 때는 유사한 경쟁 시설들이 함께 자리를 잡을 수 있다. 지역 쇼핑몰에 추가로 신발 가게가 하나 더 생기면 그 쇼핑몰이 신발 구매에 더 좋은 장소가 되게 해 주어서 모든 신발 가게에 사실상 이익이 될 수 있다. 추가로 생긴 가게는 기존의 각 가게에서 구매하는 쇼핑몰 신발 구매자의 비율을 낮출 수 있지만, 구매자의 수가 더 많아지기 때문에 전체 매출은 증가할 수 있다. 상호 보완적인 제품을 판매하는 소매업장 또한 모이는 경향이 있다. 예를 들어, 극장과 식당은 종종 함께 자리 잡는데, 이는 사람들이 영화를 보기 전이나 후에 외식하는 것을 좋아한다는 사실을 반영한다.

Solution Guide |

이 글은 소비자들은 여러 가지 상품을 비교하며 구매하기를 원하기 때문에 유사한 상품을 판매하는 업체들이 모여서 자리 잡는다는 내용이므로, 빈칸에는 소비자들이 ② '전시품의 다양성'에 대한 요구가 있다고 하는 것이 가장 적절하다.

① 최신 유행 스타일
③ 주차 시설
④ 더욱 저렴한 제품
⑤ 맞춤형 서비스

Structure in Focus |

- The additional store may lower the percentage of mall shoe shoppers [who make purchases at each existing store], but total sales may increase **due to** the greater number of shoppers.

  [ ]로 표시된 부분은 mall shoe shoppers를 수식하는 관계절이다. due to는 '~ 때문에'라는 의미이다.

- Retail establishments [selling complementary products] may also tend to cluster.

  [ ]로 표시된 부분은 Retail establishments를 수식하는 분사구이다.

21 | 자연과학 및 테크놀로지

Gateway

본문 134~135쪽

정답 | ④

소재 | 자극에 대한 동물의 습관화

해석 | 동물이 무해한 자극 앞에서 움직일 수 있게 하는 것은 학습의 거의 보편적인 기능이다. 대부분의 동물은 선천적으로 이전에 마주치지 않은 대상을 피한다. 익숙하지 않은 대상은 위험할 수 있으므로, 그것을 조심해서 다루는 것은 생존가(生存價)를 갖는다. 그러나 그러한 신중한 행동이 지속된다면, 그 행동은 조심해서 얻는 이익이 소실될 정도로 먹이 섭취와 다른 필요한 활동을 방해할 수도 있다. 바람이 조금 불 때마다, 또는 구름이 그림자를 드리울 때마다 등딱지 속으로 움츠리는 거북은 게으른 토끼와의 경주라도 결코 이기지 못할 것이다. 이 문제를 극복하기 위해, 거의 모든 동물은 자주 발생하는 안전한 자극에 익숙해져 있다. 낯선 대상에 직면하면, 경험이 없는 동물은 얼어붙거나 숨으려고 할 수도 있지만, 불쾌한 일이 일어나지 않으면 그것은 머잖아 활동을 계속할 것이다. 익숙하지 않은 대상이 유용할 가능성도 있으므로, 그것이 즉각적인 위협을 주지 않는다면, 더 자세히 살펴보는 것이 가치가 있을 수도 있다.

Solution Guide |

자극에 대한 동물의 습관화(habituation)에 관한 내용의 글이다. 동물은 새로운 자극을 조심해서 다루지만, 그 자극이 해롭지 않다면 거기에 익숙해져 활동을 계속할 수 있게 된다. 따라서 빈칸에 들어갈 말로 가장 적절한 것은 ④ '무해한 자극 앞에서 움직일'이다.

① 익숙한 것을 조심해서 다루는 것의 이점을 따져 볼
② 있을 법한 공격을 예측한 이후에 퇴로를 계획할
③ 생존을 위해 반복된 먹이 섭취의 실패를 극복할
⑤ 주변 지역을 정기적으로 모니터할

Structure in Focus |

- [If persisted in], however, such careful behavior could interfere with feeding and other necessary activities **to the extent that** the benefit of caution would be lost.

  첫 번째 [ ]로 표시된 부분은 조건의 부사절이다.

- [Confronted by a strange object], an inexperienced animal may freeze or attempt to hide, but [if nothing unpleasant happens], sooner or later it will continue its activity.

  첫 번째 [ ]로 표시된 부분은 an inexperienced animal을 의미상의 주어로 삼아 조건의 의미를 나타내는 분사구문이다. 두 번째 [ ]로 표시된 부분은 조건의 부사절이다.

Exercises

01 ⑤   02 ⑤   03 ⑤   04 ⑤

01

정답 | ⑤

소재 | 빅데이터의 원천

해석 | 빅데이터는 자주 기계에 의해 자동으로 생성된다. 새로운 데이터를 만들어 내는 데 사람이 연관되는 대신, 그것은 자동적인 방식으로 순수하게 기계에 의해 생성된다. 여러분이 전통적인 데이터 원천을 생각한다면, 항상 연관된 사람이 있었다. (C) 소매나 은행 거래, 전화 통화의 세부 내용 기록, 제품 배송, 혹은 송장 지불을 생각해 보라. 이러한 모든 것은 데이터 기록이 만들어지기 위해 뭔가를 하는 사람을 수반한다. (B) 누군가는 돈을 예치하거나 구매하거나, 전화하거나, 배송품을 보내거나, 혹은 지불을 해야 했다. 각각의 경우, 새로운 데이터가 만들어지는 과정의 일부로서 동작하는 사람이 있었다. 많은 경우 빅데이터에는 이것이 적용되지 않는다. (A) 빅데이터의 많은 원천은 인간의 상호작용이 전혀 없이도 생성된다. 예를 들어, 엔진에 설치된 센서는 아무도 그것을 만지거나 그것에게 그렇게 하도록 요구하지 않아도 그것의 주변 환경에 관한 데이터를 뽑아낸다.

Solution Guide |

빅데이터의 생성을 다룬 글이다. 주어진 글은 빅데이터가 기계에 의해 자동으로 생성된다는 점을 제시하고, 전통적인 데이터의 원천은 사람이었다고 언급한다. 다음으로 (C)에서 이 내용을 발전시켜 사람이 움직여야 데이터가 생성되는 과거의 방식을 설명하고 (B)에서 (C)의 내용을 부연한 다음, 빅데이터에는 이것이 적용되지 않는다고 언급한다. (A)에서 (B)의 내용을 받아 이것을 구체화하여 그 예시로 빅데이터가 기계의 센서에서 자동으로 생성되는 데이터를 포함한다고 마무리해야 글의 흐름이 논리적으로 연결될 수 있다.

Structure in Focus |

▪ In each case, there is a person [who is taking action as part of the process of {**new data** being created}].

[ ]로 표시된 부분은 a person을 수식하는 관계절이다. { }로 표시된 부분은 new data를 의미상의 주어로 하는 동명사구로 전치사 of의 목적어 역할을 한다.

▪ All of those involve a person [doing something {**in order** for a data record **to be** generated}].

[ ]로 표시된 부분은 a person을 수식하는 분사구이다. { }로 표시된 부분은 「in order to *do*」의 표현이 사용되어 목적의 의미를 나타내는데 for a data record가 to be generated의 의미상의 주어를 나타낸다.

02

정답 | ⑤

소재 | 유전적 요인과 초기 경험에 영향을 받는 스트레스 반응

해석 | 성체 동물들의 스트레스 반응은 태어나기 전의 스트레스와 어미의 돌봄의 차이에 크게 영향을 받는다. (C) 어미의 돌봄 차이가 주는 영향은, 높은 어미 돌봄을 경험하여 더 낮은 스트레스 반응을 보이며 스스로 더 높은 어미 돌봄을 제공하는 새끼들과 함께 세대를 넘어 전달된다. 그러한 영향은 새끼가 그 어미와 유사한 환경을 경험할 때 적응성을 가질 것이다. (B) 낮은 어미 돌봄을 제공하는 어미들은, 그 새끼들도 성체가 되었을 때 그러하듯이, 높은 스트레스 반응성을 가지는 경향이 있다. 하지만, 다른 어미들과 교차하여 길러진 새끼들은 그 수양어미들의 스트레스 반응과 더 유사한 스트레스 반응 형태를 보인다. (A) 이런 결과는 스트레스 반응과 어미의 돌봄이 유전적 요인뿐만 아니라 초기 경험에 영향을 받는다는 것을 보여 준다. 이러한 조절은 다른 포유류나 심지어 식물에서도 보인다.

Solution Guide |

성체 동물들의 스트레스 반응이 어미 돌봄의 차이에 영향을 받는다는 주어진 글 다음에, 높은 어미 돌봄을 경험하는 새끼가 높은 어미 돌봄을 세대에 전달한다는 내용의 (C)가 이어진다. 이어서 낮은 어미 돌봄을 제공하는 어미가 높은 스트레스 반응성을 가지는 경향이 있다는 내용과 다른 어미들과 교차하여 길러진 새끼들은 그 수양어미와 유사한 스트레스 반응 형태를 보인다는 (B)가 온 후, 스트레스 반응과 어미의 돌봄이 유전적 요인뿐만 아니라 초기 경험에 영향을 받는다고 결론을 짓는 (A)로 이어지는 것이 자연스럽다.

Structure in Focus |

▪ Such results suggest [that stress responsivity and maternal care are influenced by early experiences as well as genetic factors].

[ ]로 표시된 부분은 suggest의 목적어 역할을 한다.

▪ The effects of variations in maternal care are transmitted across generations with offspring [who experience high maternal care {exhibiting lower stress responses} and {providing high maternal care themselves}].

[ ]로 표시된 부분은 offspring을 수식하는 관계절이고 두 개의 { }로 표시된 부분은 관계절의 주어인 who의 부수적인 상황을 설명하는 분사구문이다.

03

정답 | ⑤

소재 | 흑인 발명가 Granville T. Woods

해석 | Granville T. Woods는 1856년 4월 23일에 Ohio 주 Columbus에서 자유인인 흑인 부모에게서 태어났다. 그는 단지 몇 년 동안만 학교에 다니다가 학교를 중퇴하고 일을 하며 시간을 보냈다. 십 대 때 Woods는 제강소 노동자, 철도 노동자, 기계 공장 견습생을 포함해서 다양한 일을 했다. 하지만 Woods가 매우 좋아했던 것은 전기 공학이었다. Woods는 그 주제를 끊임없이 읽으면서 공부했다. 그러나 다른 많은 흑인 발명가들처럼, 그는 자신의 능력에 걸맞은 일을 찾는 데 어려움을 겪었다. 1880년대에 수년간의 좌절 후에 Woods는 자신의 삶을 새로운 방향으로 끌고 가 보기로 결정했다. 그는 하고 싶은 일을 자신에게 줄 고용인을 찾지 못했기 때문에, 대신에 스스로 사업을 시작했다. 그는 Cincinnati에서 작업장을 개업하고 즉시 발명을 시작했다.

Solution Guide |

그는 Cincinnati에서 작업장을 개업하고 즉시 발명을 시작했다(Opening a workshop in Cincinnati, he immediately started inventing.)고 했으므로, 글의 내용과 일치하지 않는 것은 ⑤이다.

Structure in Focus |

- Since he could not find an employer [who would give him the work {he wanted to do}], he went into business for himself instead.

  [ ]로 표시된 부분은 an employer를 수식하는 관계절이고, 그 안의 { }로 표시된 부분은 the work를 수식하는 관계절이다.

- [Opening a workshop in Cincinnati], he immediately started inventing.

  [ ]로 표시된 부분은 주절의 상황에 선행하는 상황을 나타내는 분사구문이다.

04

정답 | ⑤

소재 | 관찰하기 어려운 것을 연구하는 것의 중요성

해석 | 몇몇 학자들은 답하기 쉬운 문제들에 우리들이 초점을 맞추기를 권유한다. 이 기준은 논리가 없는 것이 아니다. 근본적으로 알 수 없는 것들의 연구는 쓸데없으니 피해야 한다는 것이다. 그러나 찾고 있는 대상이 어둠 속에 놓여 있지만 노력하면 발견될 수 있는데도, 무의미하게 '빛이 비치는 아래를 보는 것'에 더 큰 위험이 있다. 사회과학의 많은 부분은 이미 자신들의 초점을 중요한 것으로부터 쉽게 관찰될 수 있는 것으로 돌렸고, 그것에 의해서 하찮은 것으로 이동했다. Einstein의 일반 상대성 이론은 검증하기 어려운 것으로 밝혀졌다. 그러니 그가 그것을 고안하는 것을 스스로 제한해야 했을까? 과학 프로그램의 구조는 연구자들이 그 답을 찾기 어렵기 때문에 논리적인 다음 문제를 피할 때 왜곡된다. 더 좋은 해결책은 관찰이 덜 가능한 것을 연구하는 더 어려운 과업을 떠맡는 학자들에게 추가적인 인정을 해 주는 것이다.

Solution Guide |

답을 찾기 어려운 문제의 연구를 피하라는 조언은 자칫하면 중요한 문제를 간과하는 위험성을 가지고 있으며 근본적인 문제에 대한 연구가 중요하다는 내용이 앞서 제시되므로 빈칸에 들어갈 말로 ⑤ '관찰이 덜 가능한 것을 연구하는 더 어려운 과업을 떠맡는'이 가장 적절하다.

① 인간 본성의 어두운 면을 설명하려고 애쓰는
② 순수한 사고 실험에서 논리로 작업하는
③ 다양한 과학의 분야를 통일된 것으로 통합하는
④ 다른 과학자들에 의해 제시된 가설의 증거를 발견하는

Structure in Focus |

- However, the larger danger lies in pointlessly "looking under the light" when [the object sought] **lies** in darkness but **could** with effort **be found**.

  [ ]로 표시된 부분은 when으로 시작되는 부사절의 주어이다. lies와 could be found는 이 주어에 연결되는 술어 동사 부분이다.

- Large parts of social science have already diverted their focus from the important to the easily observed, [thereby drifting into trivia].

  [ ]로 표시된 부분은 앞선 절에 부수적인 결과의 동작을 표현하는 분사구문이다.

22 | 예술, 스포츠 및 엔터테인먼트

Gateway

정답 | ④

소재 | 스포츠의 정의

해석 | 스포츠에 대한 공식적인 정의는 중요한 함의를 갖는다. 정의가 규칙, 경쟁, 높은 기량을 강조할 때 많은 사람이 참여에서 배제되거나 '이류'로 정의되는 다른 신체 활동을 피하게 될 것이다. 예를 들어 12세의 선수가 상위 클럽 축구팀에서 탈락하면 그 선수는 지역 리그에서 뛰고 싶지 않을 수도 있는데, 그 이유는 그 선수가 그것을 진정한 스포츠가 아닌 '레크리에이션 활동'으로 보기 때문이다. 이것은 소수의 사람이 많은 수의 팬을 위해 상대적으로 높은 수준의 시합을 하는 것과 동시에 대부분의 사람이 신체적으로 활동적이지 않은 상황, 즉 건강에 부정적인 영향을 주고 사회나 공동체에 의료비를 증가시키는 상황을 만들 수 있다. 스포츠가 즐거움을 위해 행해지고 사회생활의 지역적인 표현들로 융합되는 광범위한 신체 활동을 포함하도록 정의될 때, 신체 활동 비율이 높을 것이고 전반적인 건강상의 이점이 있을 수 있다.

Solution Guide |

스포츠의 정의에는 중요한 함의가 담겨 있어 스포츠를 어떻게 정의하느냐에 따라 신체 활동에의 참여 정도와 건강에 대한 영향이 다를 수 있다는 내용의 글이다. 따라서 ④가 글의 요지로 가장 적절하다.

Structure in Focus |

- When a definition emphasizes rules, competition, and high performance, many people will [be excluded from participation] or [avoid other physical activities {that are defined as "second class}]."

  두 개의 [ ]로 표시된 부분은 or로 대등하게 연결되어 조동사 will에 이어지는 동사구이다. { }로 표시된 부분은 other physical activities를 수식하는 관계절이다.

- This can create a situation [in which most people are physically inactive at the same time {that a small number of people perform at relatively high levels for large numbers of fans}] — a situation [that negatively impacts health and increases health-care costs in a society or community].

  두 개의 [ ]로 표시된 부분은 각각 앞에 쓰인 a situation을 수식하는 관계절이다. 첫 번째 [ ] 안의 { }로 표시된 부분은 the same time을 수식하는 관계절이며, 관계절에서 that은 관계부사로 사용되었다.

Exercises

01 ③	02 ③	03 ②	04 ④

01

정답 | ③

소재 | 긍정적인 경험의 연장선

해석 | 우리가 기분 좋게 여기는 소리, 리듬, 그리고 음악적인 조화의 유형은 일반적으로 우리가 살면서 음악과 함께했던 이전의 긍정적인 경험의 연장선이다. 이러한 이유는 좋아하는 노래를 듣는 것이 다른 어떤 기분 좋은 감각적인 경험—초콜릿이나 갓 딴 라즈베리를 먹는 것, 아침에 커피 냄새를 맡는 것, 예술 작품을 보거나 사랑하는 사람의 잠든 평화로운 얼굴을 보는 것—을 갖는 것과 많이 비슷하기 때문이다. 우리는 감각적인 경험을 즐기고, 그것의 친숙함과 그 친숙함이 가져다주는 안전함에서 편안함을 찾는다. 나는 익은 라즈베리를 보고, 냄새를 맡으면, 그 맛이 좋고, 그 경험이 안전할—아프지 않을—것이라고 예상할 수 있다. 내가 전에 로건베리를 본 적이 없더라도, 라즈베리와 공통점이 매우 많아서 나는 운에 맡기고 그것을 먹어 볼 수 있으며 그것이 안전할 것이라고 예상할 수 있게 된다.

Solution Guide |

좋아하는 노래를 듣는 것이 다른 어떤 기분 좋은 감각적인 경험을 갖는 것과 많이 비슷한 점, 그리고 전에 본 적이 없는 로건베리를 먹어도 안전하다고 예상할 수 있는 점은 우리가 이미 긍정적인 경험을 가졌기 때문이라는 내용이다. 따라서 빈칸에 들어갈 말로 가장 적절한 것은 ③ '이전의 긍정적인 경험'이다.

① 임의의 개인적인 휴식
② 잠재적으로 심각한 문제
④ 흥미로운 의학적 치료법
⑤ 의미 있는 어린 시절의 성공

Structure in Focus |

- The types of sounds, rhythms, and musical textures [we find **pleasing**] are generally extensions of previous positive experiences [we've had with music in our lives].

  두 개의 [ ]로 표시된 부분은 관계사가 생략된 관계절이며, 첫 번째 [ ]로 표시된 부분에서 pleasing은 목적격 보어이다.

- If I've never seen a loganberry before, there are **so** many points in common with the raspberry **that** I can take the chance in eating it and anticipate [that it will be safe].

  「so ~ that ...」 구문은 '매우 ~해서 …하다'라는 의미를 나타낸다. [ ]로 표시된 부분은 명사절로 anticipate의 목적어이다.

02

정답 | ③

소재 | 운동선수의 훈련 목표 설정

해석 | 엘리트 운동선수를 위한 훈련의 모든 측면은 분명한 목표를 가지고 있다. 그들이 훈련장 안과 밖에서 하는 모든 것은 목표 지향적이다. 코치로서, 여러분은 선수들이 두 가지를 하도록 돕고 싶을 것인데, 그것은 목표 지향적이 되는 것과 그들 자신의 목표를 세우는 것이다. 여러분의 선수와 연습할 때, 그들에게 일간, 주간, 월간 목표를 만들어 주어라. 그것들을 적어서 선수들에게 줄 수 있다. 예를 들어, 내가 중국에서 훈련을 관찰했을 때, 나는 코치가 다이빙 선수 각각에게 그날의 개인적 훈련과 목표를 적은 종이 한 장씩을 주곤 하는 것을 보았다. 목표를 신체적 훈련만으로 제한하지 말 것을 기억하라. 몸풀기 과정이나 정신적 훈련, 컨디션 조절과 같은 다른 훈련 영역에 대한 목표 또한 포함해야 한다. 더불어, 여러분의 선수들이 운동을 집까지 가지고 가도록 하라. 그들로 하여금 그들의 훈련과 대회에서의 수행을 돌아보고 새로운 훈련 목표를 세우고, 그들의 단기적이고 장기적인 목표를 평가하는 등을 하는 일지를 작성하도록 독려하라.

Solution Guide |

(A) they do inside and outside the practice venue는 Everything을 수식하는 관계절로, 주어의 핵이 Everything이므로 단수 동사 is가 적절하다.

(B) 접속사 when이 있지만 주어가 없어 분사구문의 되어야 하므로, working을 써야 한다.

(C) 관계절의 선행사인 a journal이 관계절 속에서 '일지에서'라는 뜻으로 사용되어야 하므로 관계대명사 앞에 전치사 in이 있어야 한다.

Structure in Focus |

- Also, **have** your athletes [**take** their sport home with them].

  have가 사역동사이므로 [ ]로 표시된 목적격 보어로는 동사의 원형인 take가 사용되었다.

- Encourage them to keep a journal [in which they {reflect on their practices and competition performances}, {set new practice goals}, {evaluate their short-term and long-term goals}, and so on].

  [ ]는 a journal을 수식하는 관계절로, 그 안의 { }로 표시된 세 개의 동사구가 and로 연결되어 주어 they의 술어를 이루고 있다.

03

정답 | ②

소재 | 연주자와 듣는 사람의 차이

해석 | 연주자들은 (작곡된) 작품을 통해 자신들의 길을 찾기 위해 소리의 안내서에 의존한다. 그것은 모든 음악 장르나 스타일에 적용된다. 듣는 사람들도 도로 지도를 사용한다. 연주자들의 도로 지도와 가벼운 마음으로 듣는 사람의 도로 지도의 가장 큰 차이는 복잡성의 수준이다. 연주자들의 지도는 필연적으로 다층적이고 다면적이다. 그것은 음악적인 요구에 따라 서로 다른 수준으로 접근되는 많은 서로 연관된 층으로 구성된다. 이러한 층은 멜로디와 화음, 리듬과 (여러 요소의) 조화 등 기본적인 요소들을 포함한다. 그에 비해, 듣는 사람의 지도는 처음에 아마도 단지 노래의 가사, 혹은 그것(노래)이 나타내 주는 전반적인 감정적인 느낌, 혹은 박자 같은 일반적인 윤곽선과 기대만을 포함할 수도 있다. 음악적인 전경의 세부사항을 채우기 위해서는 열중해서 들어야 한다.

Solution Guide |

연주자들의 지도는 다층적이며 이러한 층은 음악의 기본적인 요소들을 포함하는 것이지만, 듣는 사람의 지도는 처음에는 가사나 전반적인 느낌, 박자와 같은 일반적인 윤곽선만을 포함하는 것이라고 언급되었으므로, 두 지도의 가장 큰 차이를 밝히는 문장의 빈칸에 들어갈 말로 가장 적절한 것은 ② '복잡성의 수준'이다.

① 창작 동기

③ 상징의 통일성

④ 표현의 강도

⑤ 공연 기간

Structure in Focus |

- [The biggest difference between a performer's road map and a casual listener's road map] **is** the level of complexity.

  [ ]로 표시된 부분은 문장의 주어이고 is가 술어 동사이다. 주어의 핵이 difference이므로 술어 동사는 단수 주어에 맞추어 is로 쓰였다.

- **It takes** engaged listening **to fill** in the details of a musical landscape.

  '…하려면 ~가 필요하다'라는 의미의 「it takes ~ to do」가 사용되었다.

04

정답 | ④

소재 | Joy Batchelor의 생애

해석 | Joy Batchelor는 John Halas와 함께 Halas와 Batchelor 스튜디오를 설립한 영국계 만화 영화 제작자이다. Batchelor의 아버지는 그녀가 어렸을 때 그림 그리는 기술을 장려했다. 어린 시절의 어려움에도 불구하고, Batchelor는 학

교 장학금을 받아 Watford에 있는 예술 학교에 다녔다. 그녀의 학업은 성공적이었지만 돈이 부족해서 학업을 계속할 수 없었고 대신 일을 하기 시작했다. 그녀는 만화 영화 스튜디오에서 그 회사가 문을 닫을 때까지 3년 동안 일을 잘했고, 그 후에는 포스터 디자이너로서 인쇄 회사에서 일을 했다. 그녀는 6개월 동안 포스터 회사에 남았고 John Halas를 만났다. John의 고향인 헝가리로의 짧은 여행 이후, 그들은 영국으로 돌아왔고 그곳에서 1940년에 Halas와 Batchelor 스튜디오를 설립했고 그 이후에 결혼했다. 1950년대에 이 스튜디오는 '동물농장'의 작업을 시작했는데, 이 작품은 영국 최초의 장편 만화 영화이자 그 회사의 가장 잘 알려진 영화 중 하나가 되었다.

Solution Guide |

Joy Batchelor는 스튜디오를 설립한 후에 John Halas와 결혼했다고 했으므로, 글의 내용과 일치하지 않는 것은 ④이다.

Structure in Focus |

- Despite some difficulties in her childhood, Batchelor won a school scholarship, [attending art school in Watford].

  [　]로 표시된 부분은 주절의 상황에 이어지는 상황을 부가적으로 설명하는 분사구문이다.

- After a short trip to John's native Hungary, they returned to Britain [where in 1940 they founded Halas and Batchelor studio], and later married.

  [　]로 표시된 부분은 Britain을 수식하는 관계절이다.

23 | 환경 및 보건

Gateway

본문 146~147쪽

정답 | ①

소재 | 환경 위험 요인

해석 | 환경 위험 요인에는 생물학적, 물리적, 화학적 위험 요인과 함께 노출을 조장하거나 허용하는 인간의 행동이 포함된다. (오염된 공기의 호흡, 화학적으로 오염된 공공 식수의 음용, 개방된 공공장소에서의 소음처럼) 일부 환경 오염 물질은 피하기가 어렵고, 이러한 상황에서 노출은 대개 자기도 모르게 이루어진다. 이러한 요인의 감소 또는 제거에는 대중의 인식 및 공중 보건 조치와 같은 사회적 조치가 필요할 수도 있다. 많은 국가에서, 일부 환경적 위험 요인이 개인 수준에서 피하기 어렵다는 사실은 피할 수 있는 그 위험 요인보다 도덕적으로 더 매우 나쁜 것으로 느껴진다. 어쩔 수 없이 매우 높은 수준의 비소로 오염된 물을 마실 수밖에 없는 것이나, 식당에서 담배 연기를 수동적으로 들이마시도록 강요당하는 것은 개인이 담배를 피울지 말지에 대한 개인적인 선택보다 더 사람들을 화나게 한다. 이러한 요인들은 변화(위험 감소)가 어떻게 일어나는지를 고려할 때 중요하다.

Solution Guide |

개인이 피하기 어려운 환경 위험 요인을 줄이거나 제거하기 위해서는 대중의 인식 제고와 공중 보건 조치와 같은 사회적 대응이 필요하다는 내용의 글이다. 따라서 글의 요지로 가장 적절한 것은 ①이다.

Structure in Focus |

- Environmental hazards include [biological, physical, and chemical ones, along with the human behaviors {that promote or allow exposure}].

  [　]로 표시된 부분은 include의 목적어 역할을 하는 명사구이며, {　}로 표시된 부분은 the human behaviors를 수식하는 관계절이다.

- [Having no choice but to drink water contaminated with very high levels of arsenic], or [being forced to passively breathe in tobacco smoke in restaurants], **outrages** people more than the personal choice of [whether an individual smokes tobacco].

  첫 번째와 두 번째의 [　]로 표시된 부분은 or로 대등하게 연결되어 문장의 주어 역할을 하는 동명사구이다. outrages는 문장의 술어 동사이고, 세 번째 [　]로 표시된 부분은 of의 목적어 역할을 하는 명사절이다.

Exercises

01 ③   **02** ⑤   **03** ②   **04** ③

01

정답 | ③

소재 | 뇌졸중의 두 가지 종류

해석 | 두 가지 종류의 뇌졸중이 있는데, 작은 것과 큰 것이다. 그것들 사이의 유일한 차이점은 전자가 후자의 전조라는 것이다. 본격적인 뇌졸중이 발병하기 전인 수년 전에, 몇몇 환자들은 신체가 일시적으로 급격히 허약해질 수 있는데, 이들은 '경미한' 혹은 '작은' 뇌졸중이라고 불리는 것이다. 흔히 사람의 목숨을 앗아가는 것은 바로 큰 뇌졸중이고, 그런 이유로 그것들이 더 흔히 이야기되기 때문에 사람들은 그것들(작은 뇌졸중)에 대해 덜 듣는다. 어떤 사람들에게는 중대한 사건(큰 뇌졸중)이 생기기 전에 수년간 작은 뇌졸중이 생긴다. 그 뇌졸중은 본래 경미하고 강도가 다양하다. 여러 번 이것들을 놓치는데, 그 증상이 매우 특이하고 강도가 다양하기 때문이다. 조기 진단과 관리가 큰 뇌졸중의 발병을 예방할 수도 있기 때문에 그것들을 찾는 것은 매우 중요하다.

Solution Guide |

③ they는 the big strokes를 가리키고 동사 talk의 대상이므로 수동형인 are talked로 바꾸어야 한다.

① 두 개 중 나머지 하나를 가리켜야 하므로 the other를 쓰는 것은 적절하다.

② 뒤에 이어지는 불완전한 문장을 관계절로 이끌면서 앞의 동사 are의 주격 보어의 역할도 해야 하므로 선행사를 포함한 관계사인 what을 쓰는 것은 적절하다.

④ 형용사 peculiar를 강조하는 부사로 so를 쓰는 것은 적절하다.

⑤ 앞의 It이 형식상의 주어이므로 내용상의 주어로 to look을 쓰는 것은 적절하다.

Structure in Focus |

■ One hears less about them since **it is** the big strokes **which** often kill ~.

「it is ~ which ...」 강조구문이 사용되어 the big strokes가 강조되고 있다.

■ The strokes are [minor in nature] and [of varying intensity].

두 개의 [ ]가 and로 연결되어 주어를 설명하는 주격 보어로 사용되었다.

02

정답 | ⑤

소재 | Chicago의 철새 보호 캠페인

해석 | 비록 많은 (새의) 종이 도시 지역에서 감소하고 있지만, 도시는 인상적으로 다양한 텃새와 철새 모두에게 거처를 제공하고 있다. Chicago에서는 가을과 봄의 이주 절정기에 약 250종의 500~700만 마리의 새들이 도시를 통과한다. 그 도시는 Mississippi Flyway의 한복판에 정면으로 배치되어 있는데, 그것은 북반구와 남반구를 연결하는 놀라운 공중의 초고속도로이다. 지나가는 새들이 너무나 많아서 고층 건물과의 충돌 우려로 인해 그 도시는 '불 끄기' 캠페인을 시작하게 유도되었는데, 그것은 방향감각을 교란하는 이러한 조명을 끄거나 어둡게 하는 것이 목적이었다. Chicago Field Museum의 연구는 그 프로그램이 이주하는 새들의 사망률을 상당히 줄이는 데 효과가 있었다는 것을 보여 주며, 그 프로그램에의 참여는 자율적이지만, 회사와 건물주들은 분명 새들을 돌볼 동기를 부여받고 있다. 그리고 물론, 에너지 소비와 온실가스 배출량을 줄이고, 특히 돈도 절약하는 것을 포함한 다른 이득도 있다.

Solution Guide |

Chicago는 이주하는 새들을 위해 '불 끄기' 캠페인을 전개하고 있는데, 이것은 새의 사망률을 낮추는 데 효과적이었고, 회사와 건물주들은 이 캠페인에 참여할 동기가 부여되고 돈도 절약할 수 있다는 내용이므로, 글의 제목으로 가장 적절한 것은 ⑤ '이주하는 새와 경제를 위한 새 친화적인 노력'이다.

① 도시의 새들을 구하기 위해 어떤 조치가 취해져야 한다

② 새와 인간의 건강을 위해 불을 꺼라!

③ 매년 Chicago로 이주하는 새들이 돌아오는 이유

④ 이주하는 새들을 위한 공중의 경로: 연구자들에게 수수께끼

Structure in Focus |

■ There are **so** many birds passing through [**that** {concerns about collisions with high-rise buildings} have prompted the city to initiate a "lights out" campaign, {aimed at turning off or dimming these disorienting lights}].

[ ]로 표시된 부분은 '너무 ~하여 …하다'의 의미를 갖는 「so ~ that ...」의 구조에서 결과를 나타내는 that절이다. 첫 번째 { }로 표시된 부분은 that절의 주어이고 두 번째 { }로 표시된 부분은 a "lights out" campaign을 부연 설명하는 분사구이다.

■ Studies by the Chicago Field Museum show [that the program is effective in significantly reducing the mortality of migrating birds], and [although participation in the program is voluntary], companies and building owners are clearly motivated to care for the birds.

첫 번째 [ ]로 표시된 부분은 show의 목적어 역할을 하는 명사절이고 두 번째 [ ]로 표시된 부분은 양보의 부사절이다.

03

정답 | ②

소재 | 미래 환경을 위한 화석 연료 사용 제한

해석 | 우리 모두가 같은 공기를 공유하기 때문에, 우리 모두가 하는 모든 일이 다른 모든 사람, 모든 곳에 실제로 영향을 미친다는 것은 반박할 수 없는 우리 세상의 특징이다. 정크 메일의 재활용, 에너지 효율이 높은 전구 설치, 식료품 봉지 재사용과 같은 작은 것들은 겉보기에는 작은 것 같지만 모두 차이를 만든다. 하지만 작은 변화와 함께, 더 나은 미래를 만들기 위해서는 거대한 아이디어와 거대한 행동이 필요할 것이다. 우리는 크게 생각할 필요가 있다. 왜냐하면 우리는 하나의 사회로서 큰 조치를 취해야 할 것이기 때문이다. Rick Smalley가 말했듯이 "우리는 적은 것으로 더 많은 것을 해야 한다." 우리는 더 많은 식량, 더 많은 물, 더 많은 에너지를 더 많은 사람들에게 제공해야 한다. 단지 지구의 자원을 덜 사용하는 것이 아니라 즉, 단지 화석 연료를 덜 사용하는 것이 아니라, 화석 연료를 전혀 사용하지 않고 말이다. 우리는 탄소 족쇄에서 벗어나야 한다. 우리가 에너지와 그것의 생산이 어떻게 대기에 영향을 미치는지를 이해한다면, 우리는 그 모든 것을 할 수 있을 것이라고 확신한다.

Solution Guide |

더 나은 미래를 만들기 위해서는 작은 변화와 함께 거대한 아이디어와 거대한 행동이 필요하다는 내용이므로 필자의 주장으로 가장 적절한 것은 ②이다.

Structure in Focus |

- **It** is an irrefutable feature of our world [that everything {each and every one of us does} affects everyone else, everywhere, because we all share the same air].

  It은 형식상의 주어이고, [ ]로 표시된 부분이 내용상의 주어이다. { }로 표시된 부분은 관계사가 생략된 관계절로 everything을 수식한다.

- We have to provide more food, more water, and more energy to more people, [using not just less of Earth's resources — not just less fossil fuel, but no fossil fuel at all].

  [ ]로 표시된 부분은 We를 의미상의 주어로 하는 분사구문으로 주절이 기술하는 상황에 부수적으로 일어나는 상황을 기술한다.

04

정답 | ③

소재 | 에너지 음료가 미치는 영향

해석 | 에너지 음료는 단기적으로 기분과 (과제) 수행에 힘을 불어넣어 줄 뿐만 아니라 정신적, 신체적 에너지 수준을 높일 수 있다고 공표하며 흔히 청소년들을 대상으로 판매된다. (B) 그러나, 일부 에너지 음료는 보통 탄산음료의 거의 세 배나 되는 카페인을 함유하고 있다. 에너지 음료 소비와 관련된 단시간의 기분상 효과는 종종 긍정적이지만, 잦은 에너지 음료 소비는 불안, 우울, 어쩌면 감정 장애와 같은 달갑지 않은 정신 건강 효과와 관련이 있다. (C) 136명의 대학생에 기반한 한 연구에서 저자들은 남학생들이 일반적으로 여학생보다 에너지 음료를 더 많이 소비하는 것을 관찰하였다. 게다가, 학생들은 스트레스를 받을 때 에너지 음료를 소비했다. 그러나, 자주 에너지 음료를 소비하는 것은 학업 성취가 낮아지는 결과와 연관이 있었다. (A) 502명의 젊은 남성과 567명의 젊은 여성을 기반으로 한 또 다른 연구에서 저자들은 에너지 음료 소비(하루에 100밀리리터)가 남성에게 있어 (우울은 아니다 하더라도) 불안과 상당한 관련이 있었지만 여성의 경우에는 그렇지 않았다는 것을 발견하였다.

Solution Guide |

주어진 글에서 에너지 음료가 기분을 좋게 하고 정신적, 신체적 에너지를 향상시킬 수 있다며 청소년에게 판매된다고 하였는데, 그 뒤에 However로 시작하며 사실 에너지 음료는 카페인 함량이 높으며 정신 건강에 부정적인 영향을 미칠 수 있다는 내용의 (B)가 오고, 부정적인 영향을 구체적으로 보여 주는 연구의 예시가 (C)에서 제시된 다음, 추가적으로 또 다른 연구(another study)를 통해 남성에서 더 부정적인 영향을 미칠 수 있음을 설명하는 (A)가 오는 것이 자연스럽다.

Structure in Focus |

- Energy drinks are frequently marketed [targeting young adults] with declarations of [increasing mental and physical energy levels] **as well as** [providing a short-term boost to mood and performance].

  첫 번째 [ ]로 표시된 부분은 분사구문으로 주절이 기술하는 상황에 동반하여 나타나는 상황을 기술한다. 두 번째와 세 번째 [ ]로 표시된 부분은 '~뿐만 아니라 …도'라는 의미의 as well as로 연결되어 declarations of 뒤에 이어진다.

- [Although the acute mood effects {associated with consuming energy drinks} are often positive], regular consumption of energy drinks is associated with undesirable mental health effects such as anxiety, depression, and possibly mood disorders.

  [ ]로 표시된 부분은 양보의 부사절이다. 그 안에서 { }로 표시된 부분은 the acute mood effects를 수식하는 분사구이다.

Part Ⅲ 테스트편

본문 154~175쪽

01 ②	**02** ①	**03** ③	**04** ⑤	**05** ①
06 ①	**07** ⑤	**08** ④	**09** ⑤	**10** ④
11 ③	**12** ⑤	**13** ③	**14** ②	**15** ③
16 ②	**17** ②	**18** ③	**19** ③	**20** ⑤
21 ③	**22** ④	**23** ①	**24** ②	**25** ④
26 ⑤	**27** ②	**28** ④		

01

정답 | ②

소재 | 머릿니 발견을 학부모에게 알림

해석 | 부모님 귀하

우리 학교 학생들의 양질의 건강을 장려하고 전염성 질병을 통제하고 제어하는 것은 항상 저희의 관심사였습니다. 귀하의 자녀 교실에서 머릿니가 발견되었습니다. 머릿니는 병을 옮기지는 않지만, 그럼에도 불구하고 그것들은 성가신 것이며 심한 가려움과 불편을 유발할 수 있습니다. 이 상황은 전혀 창피하게 여기실 만한 것은 아닙니다. 개인 위생 상태와 관계없이 누구나 머릿니에 옮을 수 있습니다. 여러분 자녀의 머리에 머릿니 혹은 비듬처럼 보이는 작은 하얀 서캐(그것들은 쉽게 빗질로 떨어지지 않습니다.)가 있는지 면밀히 확인해 주십시오. 서캐를 없애려면 특별하고 빗살이 가늘고 촘촘한 빗이 필요합니다. 여러분이 자녀의 머리에서 머릿니를 발견하시면 치료법을 찾으시고 학교에 즉시 알려주십시오. 여러분의 협조는 저희가 이 상황을 계속 통제하는 데 도움이 될 것입니다.

Hunter 올림

Solution Guide |

편지를 받아본 학부모의 자녀가 있는 교실에서 머릿니가 발생한 것을 알리고(Head lice have been discovered in your child's classroom.) 학부모가 해야 할 것(머리를 확인해 보기, 치료법 찾기, 학교에 알리기)을 설명하고 있으므로 글의 목적으로 ②가 가장 적절하다.

Structure in Focus |

- **It** has always been our concern [to promote quality health of the students in our school] and [to control and manage communicable diseases].

  It은 형식상의 주어이고 [ ]로 표시된 두 부분이 내용상의 주어이다.

- [Although head lice do not transmit diseases], they **are**, nevertheless, a bother and **can cause** intense itching and discomfort.

[ ]로 표시된 부분은 양보의 의미를 나타내는 부사절이고 are와 can cause는 주절의 주어 they의 술어 동사이다.

Words & Phrases in Use |

communicable 전염성의

transmit 옮기다

nevertheless 그럼에도 불구하고

bother 성가신 것

intense 심한

itching 가려움

embarrassed 창피한, 당혹스러운

regardless of ~와 관계없이

fine-toothed 빗살이 가늘고 촘촘한

comb 빗

treatment 치료, 치료법

notify 알리다

cooperation 협조

02

정답 | ①

소재 | 수영장에서의 물놀이 기구 탑승

해석 | 나는 심호흡을 하고 대형 원뿔 (모양의 물놀이 시설) 속으로 몸을 던졌다. 어린아이처럼 나는 원뿔 안에서 빙글빙글 돌았다. 오랜만에 처음으로 나는 소리 내어 웃으며 낄낄거렸다. 이것은 재미있었다. 빙글빙글 도는 것을 멈추자, 나는 숨을 참고 수영장으로 떨어질 준비를 했다. 내가 떨어져 물에 부딪쳤을 때, 흥분의 비명이 목에서 터져 나왔다. 차가운 물이 나에게 부딪쳤을 때, 나는 아이들이 하는 것을 본 대로 물에 떠 있기 위해 걸어가는 움직임으로 양팔을 움직였다. 그때 갑자기 나는 내가 수영을 하지 못한다는 것이 생각났다. 몇 분이 안 되어 나는 목까지 물에 잠겼다. 필사적으로 나는 물에 떠 있으려는 헛된 시도로 팔을 휘저었지만, 휘저을수록 나는 더 깊이 가라앉았다. 발 닿는 곳이 없다는 것을 내가 깨달았을 때, 얼음처럼 차가운 공포가 내 마음을 얼려붙게 했다.

Solution Guide |

필자가 수영장에서 원뿔 모양의 물놀이 시설 속으로 뛰어들었을 때는 소리 내어 웃으며 낄낄거리고, 흥분의 비명을 지르다가, 수영장 물에 빠져서는 허우적거리며 물에 더 깊이 빠지면서 겁에 질려 당황하고 있으므로, 필자의 심경 변화로 가장 적절한 것은 ① '즐거운 → 겁에 질려 당황해하는'이다.

② 질투하는 → 부끄러운

③ 긴장한 → 안심한

④ 걱정하는 → 후회하는

⑤ 좌절한 → 감사하는

Structure in Focus |

- ~ but **the more** I flapped, **the deeper** I sank.

  「the + 비교급 ~, the + 비교급 ...」 구문은 '~할수록 더 …하다'라는 의미이다.

- A fear [**as** cold **as** ice] froze my heart when I realized that there was no foothold.

  [ ]로 표시된 부분은 A fear를 수식하는 형용사구이다. 그 안의 「as ~ as ...」는 '…처럼 ~한'이라는 의미이다.

Words & Phrases in Use |

spin 돌다

giggle 낄낄거리다

erupt 터져 나오다, 분출하다

stride 큰 걸음으로 걷다

afloat (물에) 뜬

neck-deep 목까지 잠기는

desperately 필사적으로

attempt 시도

fear 공포

freeze 얼어붙게 하다

foothold 발 닿는 곳, 발판

03

정답 | ③

소재 | 일을 하는 것의 가치

해석 | 나의 아들이 아주 어렸을 때 내가 받은 가장 좋은 조언 중 하나는 그의 보육원 선생님에게서 받은 것인데, 그 선생님은 부모들에게 작은 곤충과 벌레를 좋아하는 척하라고 말했다. 그 이유는 이렇다. 내 아들의 학급은 지구 과학 단원을 하고 있었는데, 그녀는 거의 모든 아이들이 흙을 파서 가지고 노는 것을 좋아한다는 것을 알았다. 다시 말해, (아이들을) 태우러 오는 시간에 그들의 부모님들이 "웩, 벌레는 역겨워!"라고 비명을 지를 때까지는 그랬는데, 그것은 흔히 생물학에 대한 아이들의 흥미를 꺾는다. 아이들은 그들의 어린 시절의 생각과 편견의 많은 부분을 우리에게서 얻는다. 그래서 여러분이 자신의 일에 대해 어떻게 느끼는지, 그리고 여러분의 아이 앞에서 그것에 대해 어떻게 말하는지는 아이가 일에 대해 전반적으로 어떻게 생각하는지에 영향을 미친다. 여러분이 일을 즐긴다면 그렇게 말하라. 여러분이 일을 사랑하지 않더라도, 여러분은 일을 '갖는 것'을 좋아한다고 말할 수 있을 것이다. 일은 자부심을 가질 만한 어떤 것이라는 생각을 전달하는 것이 중요하다.

Solution Guide |

일을 하는 것이 자부심을 가질 만한 것이라는 것을 자녀가 알게 하라는 내용이므로, 필자가 주장하는 바로 가장 적절한 것은 ③이다.

Structure in Focus |

- [One of the best pieces of advice I got when my son was really little] **was** from his nursery school teacher, [who told parents to pretend that we liked bugs and worms].

  첫 번째 [ ]로 표시된 부분은 문장의 주어 역할을 하고 주어의 핵이 One으로 단수이므로 단수 동사 was가 이어진다. 두 번째 [ ]로 표시된 부분은 his nursery school teacher를 부연 설명하는 관계절이다.

- **It**'s important [to relay the idea {that a job is something to take pride in}].

  It은 형식상의 주어이고 [ ]로 표시된 부분이 내용상의 주어이다. { }로 표시된 부분은 the idea와 동격 관계이다.

Words & Phrases in Use |

nursery school 보육원

pretend ~인 척하다

bug 작은 곤충

worm 벌레

dig 파다

dirt 흙

gross 역겨운

prejudice 편견

relay 전달하다

04

정답 | ⑤

소재 | 디자인의 본질

해석 | 완벽한 디자인은 없을지 모르지만, 우리는 여전히 좋은 디자인에 대해 말할 수 있다. 우리는 그 훌륭한 해결책에 감탄하고 그 독창적인 도구를 감상하고 그 기발한 장치를 즐길 수 있다. 그것들이 완벽하지 않을 수 있지만, 그것들은 사물의 세계에 대한 인간 정신의 승리를 나타내며, 뛰어난 디자이너들의 업적은 우리 모두의 정신을 고양시킨다. 신기록을 세우는 장대 높이뛰기 선수는 다음 높이의 바를 뛰어넘지 못한다는 이유로 대수롭지 않은 챔피언이 되는 것은 아니다. 그는 자신의 달리기, (바닥에) 장대를 꽂는 것, 그리고 몸의 둥근 모양을 그 운동 경기를 위해 그가 할 수 있는 최고의 방법으로 생각해 내고 실행했으며, 적어도 당분간은 그가 이룬 최고의 것은 최고이다. 언젠가 그 혹은 어떤 다른 선수가 더 나은 장대나 뛰어넘는 기술을 고안하고 그래서 신기록을 세울 거라는 기대를 가지고 우리는 그가 정말로 성취한 것에 박수를 보낸다. 그것이 디자인의 본질이다.

Solution Guide |

신기록을 세운 장대높이뛰기 선수는 자신이 할 수 있는 최고의 기술을 통해 그 기록을 세웠기 때문에 최고라고 여겨질 수 있지만 언젠가 그 혹은 다른 사람이 더 나은 기술을 통해서 신기록을 세울 것이라는 예를 통해서 기존의 최고의 것이 더 나은 형태로 발전할 수 있는 디자인의 본질을 설명하고 있는 글이다. 그러므로 the nature of design이 의미하는 바로 가장 적절한 것은 ⑤ '더 발전된 디자인으로 기존의 최고의 것을 대체하는 것'이다.

① 미적 특질을 위해 계속적으로 새로움을 추구하는 것
② 디자인의 미적 특질과 그것의 실용성을 조화시키는 것
③ 다양한 실패를 통해 완벽한 디자인을 완성하는 것
④ 더 나은 디자인을 만들어 내기 위해 기존 디자인의 장점을 찾는 것

Structure in Focus |

- [Imperfect as they may be], they represent the triumph of the human mind over the world of things, ~.

  [ ]로 표시된 부분은 양보를 나타내는 도치구문으로 Though they may be imperfect로 이해할 수 있다.

- He had conceived and executed his run, the planting of his pole, and the arc of his body in the best way [that he **could** for that meet], and for the time being, at least, his best is the best.

  [ ]로 표시된 부분은 the best way를 수식하는 관계절이다. could 뒤에는 conceive and execute his run, the planting of his pole, and the arc of his body가 생략된 것으로 이해할 수 있다.

Words & Phrases in Use |

design 디자인; 고안하다
admire 감탄하다
brilliant 훌륭한
appreciate 감상하다
device 장치
clever 기발한, 교묘한
triumph 승리
achievement 업적
accomplished (기예 등에) 뛰어난
uplift 고양시키다
clear (닿지 않고) ~을 뛰어넘다
conceive 생각해 내다
execute 실행하다
plant 꽂다, 찌르다, 심다
pole 장대
arc 둥근 모양, 호

meet (운동) 경기
for the time being 당분간
at least 적어도
athlete 운동선수
vault 뛰어넘다
technique 기술
nature 본질, 본성
aesthetic 미적 특질
practicality 실용성
existing 기존의, 현존하는

05

정답 | ①

소재 | 문제를 정밀하게 정의하는 것의 중요성

해석 | '과거에 우리가 그것을 어떻게 해결했는가'에 대한 즉각적이고 빠른 결론, 해결책, 제안, 진술은 좋은 문제 해결의 적이다. 아주 자주, 좋은 것은 더 좋은 것의 적이다. 문제를 정의하고 조치를 취하는 것은 대부분의 사람들에게 거의 동시에 일어난다. 정신적으로 민첩한 생존자는 역설적으로 (문제를) 더 창의적으로 정의하면서 문제를 정신적으로 만지작거리는 데 더 많은 에너지를 쏟는다. 문제 해결에 대한 방대한 연구는 사람들이 문제 해결 과정의 가장 앞부분에 더 많은 노력을 기울일수록 좋은 해결책을 생각해 내기가 더 쉽다는 것을 단정적으로 보여 준다. 이것은 소극적이라는 것을 의미하지 않는다. 그것은 문제를 보다 정확하게 정의하는 데 매우 인지적으로 적극적인 것을 의미한다.

Solution Guide |

문제의 좋은 해결책을 찾기 위해 과거의 해결책에 의존하지 말고 먼저 문제를 정확하게 정의하는 것이 중요하다는 내용이므로, 글의 요지로 가장 적절한 것은 ①이다.

Structure in Focus |

- [Instant and early conclusions, solutions, suggestions, and statements about "how we solved that in the past"] **are** the enemies of good problem solving.

  [ ]로 표시된 부분은 문장의 주어 역할을 하고 주어의 핵에 여러 개의 명사가 나와 복수이므로 복수 동사 are가 이어졌다.

- Voluminous research on problem solving shows conclusively [that **the more effort** one puts into the front end of the problem-solving process, **the easier** it is to come up with a good solution].

  [ ]로 표시된 부분은 shows의 목적어 역할을 하고 「the + 비교급 ~, the + 비교급 ...」 구문은 '~할수록 더 …하다'라는 의미이다.

Words & Phrases in Use |

conclusion 결론

statement 진술

enemy 적

simultaneously 동시에

paradoxically 역설적으로

voluminous 방대한, 아주 큰

conclusively 단정적으로

come up with ~을 생각해 내다

cognitively 인지적으로

rigorously 정확하게, 정밀하게, 엄격하게

06

정답 | ①

소재 | 혁신적인 기술의 발전에서의 교역로의 역할

해석 | 인간 사회에 가장 큰 영향을 미친 많은 혁신적인 기술은 교역로를 따라 들어선 촌락에서 생겨났는데, 그곳에서는 여러 다른 문화가 많이 뒤섞여 새로운 아이디어에 불을 붙였다. 예를 들어 모든 사회 계층에 지식을 전파하는 데 도움을 준 인쇄기는 1440년경 독일인 Johannes Gutenberg에 의해 발명되었다. 이 발명품은 종이와 잉크를 포함한 중국의 여러 혁신적인 기술에 의존했다. 종이는 중국에서 바그다드로 교역로를 따라 전해졌는데, 바그다드에서 그것의 대량 생산을 위한 기술이 개발되었다. 그러고 나서 이 기술은, Gutenberg에 의해 유성 잉크로 바뀐 중국의 수성 잉크와 마찬가지로 유럽으로 확산되었다. 인쇄기에 대해서 감사해야 할 대상은 다양한 문화의 교류이고, 다른 중요한 발명품에 대해서도 같은 말을 할 수 있다.

Solution Guide |

교역로를 따라서 여러 다른 문화가 많이 뒤섞이면서 혁신적인 기술의 발전이 가능했다는 내용의 글이므로, 글의 주제로 가장 적절한 것은 ① '혁신적인 기술의 발전에서의 교역로의 역할'이다.

② 주변국과의 문화 교류를 저해하는 요인

③ 혁신적인 기술을 얻기 위한 문화 간의 경쟁

④ 교역로를 따라 촌락이 성장하는 이유

⑤ 역사상 성공적인 발명가의 전형적인 특징

Structure in Focus |

- Paper traveled along trade routes from China to Baghdad, [where technology was developed for its mass production].

  [ ]로 표시된 부분은 관계절로 Baghdad에 대해 부가적으로 설명한다.

- This technology then migrated to Europe, [as did water-based ink from China, {which was modified by Gutenberg to become oil-based ink}].

[ ]로 표시된 부분은 '~처럼'이라는 의미의 접속사 as가 이끄는 부사절이고, 그 안의 did는 migrated to Europe을 대신한다. { }로 표시된 부분은 관계절로 water-based ink from China에 대해 부가적으로 설명한다.

Words & Phrases in Use |

innovation 혁신(된 것)

profound 아주 큰, 심오한

originate 생기다, 비롯되다

settlement 촌락, 부락

printing press 인쇄기

rely on ~에 의존하다

mass production 대량 생산

migrate 확산되다, 퍼지다

water-based 수성의

modify 바꾸다, 수정하다

oil-based 유성의

diverse 다양한

07

정답 | ⑤

소재 | 물체의 크기 지각에 대한 우리의 항등성

해석 | 여러분이 극장에서 큰 화면으로 영화를 처음 보고 그런 다음 작은 비디오 화면으로 보면, 여러분은 큰 화면에서 거인을 보고 작은 화면에서 소인국 사람을 보는가? 물론 아니다. 차이에도 불구하고 색상을 동일하게 보도록 만드는 색의 항등성처럼, 우리의 지각은 크기 항등성에 의해 지배되는데, 그것은 사람들과 환경이 먼 거리에서 촬영한 형태로 나타나든지 혹은 큰 영화 화면이나 작은 비디오 화면상에서 근접거리에서 촬영한 형태로 나타나든지 간에, 또는 우리가 그 화면으로부터 비교적 가깝든지 아니면 멀든지 간에 우리가 그것들을 정상적인 크기로 지각한다는 것을 의미한다. 우리가 경험으로 한 물체가 얼마나 크거나 혹은 작아야 한다는 것을 아는 한, 우리는 그것을 화면 크기, 상대적인 이미지 크기, 혹은 지각된 물체의 거리에 관계없이 정상적인 크기로 지각한다.

Solution Guide |

화면의 크기와 촬영 거리, 그리고 보는 사람과 화면의 거리로 인한 이미지의 실제 크기와 관계없이, 일단 어떤 물체의 크기를 경험을 통해 알게 되면 그 물체를 정상 크기로 인식하는 크기 항등성에 관한 글이므로, 글의 제목으로 ⑤ '어떻게 우리가 화면에 나온 것을 정상 크기로 지각하는가'가 가장 적절하다.

① 더 큰 물체는 화면에서 더 강력하게 느껴진다

② 왜 우리는 더 작은 화면보다 더 큰 화면을 선호하는가

③ 화면의 이미지는 잘못된 것을 믿도록 우리를 속인다

④ 물체의 크기: 거리를 인식하는 열쇠

Structure in Focus |

- As with color constancy, [which makes us see colors as uniform despite variations], our perception is guided by size constancy, [which means we perceive people and their environments as normal sized regardless of {**whether** they appear in a long shot **or** a close-up on a large movie screen or a small video screen}, or {**whether** we are relatively close to **or** far away from the screen}].

[ ]로 표시된 첫 번째 부분은 color constancy를 부연 설명하는 관계절이다. 두 번째 [ ]로 표시된 부분은 size constancy를 부연 설명하는 관계절로, 그 안에 { }로 표시된 두 부분은 모두 「whether A or B」(A든 B든)의 구조를 가지고 있다.

- [So long as we know by experience {how large or small an object should be}], we perceive it as its normal size regardless of [screen size, relative image size, or perceived object distance].

[ ]로 표시된 첫 번째 부분은 '~하는 한'의 의미를 나타내는 부사절이다. 그 안의 { }로 표시된 부분은 know의 목적어인 명사절이다. 두 번째 [ ]로 표시된 부분은 regardless of의 목적어인 명사구이다.

Words & Phrases in Use |

constancy 항등성
uniform 동일한
despite ~에도 불구하고
variation 차이, 변화
perception 지각, 인식
relatively 비교적
perceive 지각하다

08

정답 | ④
소재 | 미국 실용주의의 창시자 Charles Sanders Peirce
해석 | 미국만의 독특한 철학인 실용주의의 창시자인 Charles Sanders Peirce('펄스'라고 발음됨)는 매사추세츠 주, 케임브리지에서 태어났다. 그의 아버지 Bemjamin은 그 당시 손꼽히는 수학자였고, 자신의 아들의 지적 발달에 특별한 관심을 가졌다. 그의 지도하에, Charles는 12살에 논리학을 포함한 대학 수준의 글을 읽고 있었고, Benjamin은 Charles가 자신의 힘으로 풀어내곤 했던 매우 복잡한 문제들로 아들의 도전 의식을 북돋우곤 했다. 그의 가장 중요한 교육이 아버지로부터 나오기는 했지만, Charles는 하버드 대학으로 진학했고, 그곳에서 1863년에 화학으로 이학사 학위를 받았다. 그러나, 그는 성공

적인 학생은 아니었다(그는 보통 자신의 학급에서 하위권에 위치했다). 그 이유는 부분적으로 자신을 가르치기에 충분히 자격을 갖추지 못했다고 교수님들을 깔보았기 때문이다. 이러한 오만함이 Peirce가 힘겨운 삶을 살았던 주요 이유인 것 같다. 그는 74세에 당시에는 외딴 도시였던 펜실베니아 주의 밀포드에서 빈곤한 상태로 사망하였다.

Solution Guide |

그가 대학에서 성공적인 학생은 아니었고, 학급에서 하위권에 속했다(he was not a successful student (he usually placed in the lower quarter of his class))고 하였으므로, ④가 글의 내용과 일치하지 않는다.

Structure in Focus |

- Under his direction Charles was reading college-level material, including logic, at age twelve, and Benjamin would challenge the boy with highly complex problems [that Charles would solve on his own].

[ ]로 표시된 부분은 highly complex problems를 수식하는 관계절이다.

- This arrogance is likely the main reason [Peirce lived a difficult life].

[ ]로 표시된 부분은 the main reason을 수식하는 관계절이다.

Words & Phrases in Use |

founder 창시자, 설립자
unique 독특한, 고유의
philosophy 철학
leading 손꼽히는, 주요한
scorn 무시, 경멸
inadequately 불충분하게, 부적당하게
qualified 자격이 있는
arrogance 오만
isolated 외딴, 고립된

09

정답 | ⑤
소재 | 애완동물 입양
해석 | 　　　　애완동물을 입양하는 날
집으로 가족의 새로운 애완동물을 데려오세요! Snow 방송사와 Johns 전기 통신 회사가 행사를 주최하고 있습니다.
날짜 및 시간
4월 15일 오전 10시~오후 6시
입양비
참여하는 전국의 동물 보호소는 4월 15일에 애완동물 입양을

늘리기 위한 노력으로 입양비를 낮출 것입니다.
- 개 한 마리당 20달러
- 고양이 한 마리당 10달러

Snow 방송사와 Johns 전기 통신 회사는 전국의 100개 이상의 도시에 있는 거의 400개의 동물 보호소와 팀을 이루었고 수천 마리의 집 없는 애완동물들을 새로운 가정과 연결시키기 위해 노력할 것입니다.

sbc.com 또는 johnstelecom.com에서 가장 가까운 참여 보호소를 찾으십시오.

Solution Guide |
전국의 100개 이상의 도시에 있는 거의 400개의 동물 보호소가 참여할 예정이라는 내용이 있으므로 ⑤는 안내문의 내용과 일치하지 않는다.

Structure in Focus |
- Participating animal shelters [across the country] will have reduced adoption fees on April 15 in an effort to increase pet adoptions.

  [ ]는 Participating animal shelters를 수식한다.
- ~, and will work [to match up thousands of homeless pets with new homes].

  [ ]로 표시된 부분은 목적의 의미를 나타내는 to부정사구이다.

Words & Phrases in Use |
adopt 입양하다
telecommunication 전기 통신
host 주최하다
adoption 입양
fee (각종의) 요금, 납부금, 수수료
shelter 보호소
reduce 낮추다, 줄이다
in an effort to *do* ~하기 위한 노력으로
team up with ~와 팀을 이루다
match up A with B A와 B를 연결시키다
homeless 집 없는

10
정답 | ④
소재 | 로봇 공학 캠프
해석 |

Legend 로봇 공학 캠프
Lakeside 공공 도서관
(8월 1일 ~ 8월 5일)

- 12세 ~ 16세 학생을 위한 5일 동안의 캠프
- 시간: 오전 9시 ~ 오전 11시
- 비용: 무료

참가자들은 Legend 로봇 공학 플랫폼을 사용하여 로봇을 코드화하고 제작하고 조작하는 방법을 배울 것입니다. 참가자들은 팀을 이루어 수학, 컴퓨터 과학, 공학 기술을 활용하여 만들고, 테스트하고, 문제를 해결할 것입니다.

- 5일 동안 전 과정의 이수를 권고하지만 이수증을 발급하지는 않습니다.
- 수업은 Lakeside 공공 도서관 2층 컴퓨터실에서 진행됩니다.
- 공간이 제한되어 있어 등록이 요구됩니다. 등록 신청서는 chris@lpl.org에 이메일로 보내져야 합니다.
- 이 프로그램은 지역 사회 기금의 보조금으로 운영됩니다.

자세한 내용은 www.lpl.org에 방문해 주세요.

Solution Guide |
수업은 Lakeside 공공 도서관 2층 컴퓨터실에서 진행된다고 했으므로, 안내문의 내용과 일치하는 것은 ④이다.

Structure in Focus |
- Participants will learn how to code, build, and manipulate a robot [using the Legend robotics platform].

  [ ]로 표시된 부분은 주절이 기술하는 상황과 동시에 일어나는 상황을 나타내는 분사구문이다.

Words & Phrases in Use |
robotics 로봇 공학
participant 참가자
manipulate 조작하다
engineering 공학
recommend 권고하다
certificate 이수증, 자격증
registration 등록
grant 보조금

11
정답 | ③
소재 | 2016년 미국 내 4개 인종 중 선택된 백분위수에서의 연간 소득
해석 | 위의 도표는 2016년 미국 내 4개 인종의 선택된 백분위수에서 각각의 연간 소득을 보여 준다. 아시아계의 중간 계층의 연간 소득은 5만 1,288달러로 백인, 흑인 그리고 히스패닉계 각각의 연간 소득보다 많았다. 또한, 90분위 아시아인의 소득은 13만 3,529달러 대 11만 7,986달러로 90분위 백인 소득보다 많았다. 같은 백분위수에서, 흑인과 히스패닉계의 소득이 비슷했고, 각각은 그 백분위수의 아시아계 소득의 2배 이상을 벌었다. 반면 소득분배의 10분위 아시아인은 1만 2,478달러로 10분위 백인 소득보다 적었다. 흑인과 히스패닉계는 10분위수에서 각각 8,201달러와 9,900달러의 소득으로 훨씬 많이 뒤

처져 있었다.

Solution Guide |
90분위 흑인과 히스패닉계의 연간 소득은 각각 8만 502달러와 7만 6,847달러로 소득이 비슷했으나, 90분위 아시아계 연간 소득은 13만 3,529달러이기 때문에 ③은 도표의 내용과 일치하지 않는다.

Structure in Focus |
- [The median annual income for Asians] was $51,288, [which was more than the respective median annual incomes of whites, blacks and Hispanics].

  첫 번째 [ ]로 표시된 부분은 문장의 주어이고, 주어의 핵은 The median annual income이다. 두 번째 [ ]로 표시된 부분은 선행사인 $51,288을 부가적으로 설명하는 관계절이다.

- Blacks and Hispanics were behind by **even** more in the 10th percentile, with incomes of $8,201 and $9,900, respectively.

  even은 비교급의 의미를 강조한다.

Words & Phrases in Use |
respective 각각의
annual 연간의
income 수입
percentile 백분위수
ethnic 인종의
distribution 분배

12
정답 | ⑤
소재 | 표본 크기의 중요성
해석 | 가령 특정 브랜드의 땅콩버터를 좋아하는지의 여부에 관해 100명의 사람을 인터뷰해서 38명이 좋아한다는 것을 알아내면, 우리는 38%의 사람들이 그 브랜드를 좋아한다는 말을 듣게 된다. 물론 이것이 전 세계 모든 사람에게 물어보았다는 것을 의미하지는 않지만, 연구자는 표본의 38%가 그 브랜드를 좋아했다면, 그것은 사람들의 의견을 전반적으로 반영할 것 같다고 추정한다. 그러나 이 추정에 중대한 것은 표본의 크기이다. 만약 여러분이 단지 두 사람에게만 그 브랜드의 땅콩버터를 좋아하는지 물어서 한 사람이 좋아한다면, 그것은 50%의 사람들이 그것을 좋아한다는 증거로는 취약할 것이다. 여러분은 두 사람의 견해가 전체 인구와 일치할 것이라고 추정할 수 없다! 일반적으로 표본이 클수록 조사의 신뢰도가 더 높아질 가능성이 있다. 만약 연구 논문에 얼마나 많은 사람이 참여했는지 나와 있지 않으면, 의심하라.

Solution Guide |
⑤ If ~ involved가 부사절이므로 주절에서 is의 주어가 없다. 따라서 주어가 없는 명령문이 되어야 하므로 is를 be로 바꾸어야 한다.

① do는 like a particular brand of peanut butter를 대신하는 대동사이므로 do를 쓰는 것은 적절하다.

② everyone in the world가 동사 ask의 대상이므로 was asked로 쓰는 것은 적절하다.

③ the size of the sample is crucial to this assumption이라는 원래 문장에서 crucial to this assumption이 문장 앞으로 나가면서 주어(the size of the sample)와 동사(is)의 순서가 뒤바뀐 것이므로 crucial을 쓰는 것은 적절하다.

④ 앞의 weak evidence와 동격 관계를 이루는 절을 이끌어야 하므로 that을 쓰는 것은 적절하다.

Structure in Focus |
- If you asked just two people [if they liked that brand of peanut butter] and one **did**, ~.

  [ ]로 표시된 부분은 asked의 직접목적어로 쓰인 명사절이다. did는 liked that brand of peanut butter를 대신한다.

- Generally **the larger** the sample **the more reliable** the survey is likely to be.

  「the+비교급 ~, the+비교급 ...」 구문은 '~할수록 더 …하다'라는 의미이다.

Words & Phrases in Use |
assume 추정하다
be likely to *do* ~할 것 같다, ~할 가능성이 있다
reflect 반영하다
crucial 중대한, 결정적인
assumption 추정
evidence 증거
match 일치하다
reliable 신뢰할 수 있는
survey 조사
suspicious 의심하는

13
정답 | ③
소재 | 디지털 혁명이 가져온 변화
해석 | 언젠가 컴퓨터칩을 자세히 보라. 여러분은 그것이 축소된 크기의 밀집한 도시를 닮았으며, 아마도 훨씬 더 조밀하고 상호작용하는 세계를 향한 우리의 움직임을 상징하고 있는 것 같다는 것을 알아차릴 것이다. 마이크로칩이 더 많은 의사소통 경로를 제공함으로써 힘을 증가시키는 것과 같은 방식으로, 우리는 사람들 사이의 직접적인 의사소통의 힘, 그리고 전통적인

관료주의적 계급제도의 붕괴를 보고 있다. 이것은 우리가 훨씬 더 많이 그리고 더 깊은 방식으로 의사소통하는 것을 금지한다 (→ 자유롭게 해 준다). 예를 들어, 한 세기 전에, 자신의 군 밖으로 여행한 사람들은 거의 없었다. 오늘날, 일부 아이들은 지역의 동네와 학교에서 가지는 친구들보다 인터넷을 통해 '만난' 더 많은 친구들을 전 세계에 갖고 있다. 그것은 우리가 상상하지 못했던 상호작용적 의사소통 기술을 가지고 자라났기 때문이다.

Solution Guide |

컴퓨터 통신 기술의 발달로 사람들 사이의 의사소통이 증가하고 세계 속의 상호작용이 증가하며, 아이들은 이미 이런 환경에서 자란다는 내용의 글이므로 ③의 forbids는 적절치 않고 frees나 enables 등의 말로 바꾸어야 한다.

Structure in Focus |

- In the same way [that microchips are increasing in power by providing more communication pathways], we are seeing [the power of direct people-to-people communication], and [the collapse of traditional bureaucratic hierarchies].

  [ ]로 표시된 첫 번째 부분은 the same way를 수식하는 관계절이고 두 번째와 세 번째 [ ]로 표시된 부분은 and로 대등하게 연결되어 seeing의 목적어 역할을 하는 명사구이다.

- That's because they have grown up with technologies of interactive communication [we never imagined].

  [ ]로 표시된 부분은 technologies of interactive communication을 수식하는 관계절이다.

Words & Phrases in Use |

resemble 닮다
dense 밀집한
in miniature 축소된 크기로, 소형으로
symbolize 상징하다
compact 조밀한
interactive 상호작용하는
pathway 경로, 길
collapse 붕괴
forbid 금지하다
profound 깊은, 심오한
via ~를 통해

14

정답 | ②

소재 | 문제 상황에서 자신을 제외시킴으로써 창의력을 발휘하는 방법

해석 | New York 대학교와 Tel Aviv 대학교의 연구는 여러분이 문제나 상황에서 벗어난 자신을 상상했을 때 창의적으로

생각하는 경향이 더 강하다는 것을 보여 주었다. 예를 들어, 여러분 자신이 다른 사람의 마음속에 있다고 상상하는 것은 여러분의 뇌를 속여 새로운 방식으로 상황을 보도록 하는 간단한 방법이다. 사람들을 관찰하는 행위는 단지 그것을 하는 하나의 방법이다. 낯선 사람을 보면서 그들이 어떤 상황에 어떻게 대처할지 상상할 수 있다. 그 사고 과정은 그렇지 않으면 여러분의 개인적인 사고방식으로는 비현실적이거나 제한적일 수 있는 아이디어를 허용한다. 결국, '여러분'은 어떤 식으로 행동하지 않을 수도 있지만, 낯선 사람은 그렇게 할 수 있다. 낯선 사람이 어떻게 행동할지 상상하는 것은 여러분이 익숙한 것보다 더 급진적이고 상상력이 풍부한 아이디어를 생각해 내는 것을 가능하게 한다. 단순히 그것을 행동으로 옮기는 것은 '여러분'이 아니라 여러분이 보고 있는 다른 사람이기 때문이다.

Solution Guide |

개인적인 사고방식으로는 비현실적이거나 제한적일 수 있는 아이디어를 허용하기 때문에 자신이 아닌 낯선 사람이 어떻게 행동할지 상상하는 것이 더 급진적이고 상상력이 풍부한 아이디어를 생각해 내는 것을 가능하게 한다고 했으므로, 빈칸에 들어갈 말로 가장 적절한 것은 ② '문제나 상황에서 벗어난'이다.

① 항상 마감 시간에 직면한
③ 일상적인 업무의 순환에서 해방된
④ 낯선 사람과의 브레인스토밍에 열중하고 있는
⑤ 다른 사람들의 기대에 부응하려고 강요받은

Structure in Focus |

- Research from New York University and Tel Aviv University has shown that you're more inclined to think creatively when you imagine [yourself] [removed from a problem or situation].

  첫 번째 [ ]로 표시된 부분이 imagine의 목적어이고, 두 번째 [ ]로 표시된 부분은 imagine의 목적격 보어 역할을 하는데 목적어인 yourself가 벗어나게 되는 대상이므로 과거분사 removed가 사용되었다.

- [Imagining {how a stranger might act}] makes **it** possible [for you to think of more radical and imaginative ideas than you might be used to], simply because it's not *you* acting them out, but someone else you're watching.

  첫 번째 [ ]로 표시된 부분은 문장의 주어 역할을 하는 동명사구이고, { }로 표시된 부분은 Imagining의 목적어 역할을 하는 명사절이다. it은 형식상의 목적어이고, 두 번째 [ ]로 표시된 to부정사구가 makes의 내용상의 목적어이다.

Words & Phrases in Use |

inclined to *do* ~하는 경향이 있는
trick 속이다
handle 대처하다

otherwise 그렇지 않으면
unrealistic 비현실적인
radical 급진적인
imaginative 상상력이 풍부한
be used to ~에 익숙하다

Words & Phrases in Use |

integral 필수적인
identify 찾다, 발견하다, 확인하다
address 다루다, 본격적으로 착수하다
insight 통찰력, 이해
reflection 심사숙고, 반영
brainstorming 창조적 집단 사고, 브레인스토밍
inquiry 조사, 탐구
ultimate 궁극적인, 최종적인
modification 수정, 변경

15

정답 | ③

소재 | 과학, 기술, 공학, 수학에서 공감의 중요성

해석 | 과학, 기술, 공학, 수학(STEM) 수업에서 공감은 당연한 위치를 차지한다. 그것은 디자인 사고를 가르치는 데 있어 필수적인 부분인데, 그것은 문제를 깨닫고 해결하는데 창의력을 적용하는 것에 초점을 둔다. 다루어야 하는 문제를 떠올리거나 찾아내기 위해 학생들은 다른 사람들의 삶과 환경에 자신을 놓아보아야 한다. 그들은 스스로에게 "이 사람은 어떻게 느끼지?" "그의 상황은 어떻고, 우리가 어떻게 그를 위해 더 좋게 만들 수 있지?"를 물어야 한다. 그들은 해법 기반의 사고를 하기 위해 그러한 생각들로부터 얻은 통찰력을 활용한다. 다양한 과정들(브레인스토밍, 조사 등)을 통해 학생들은 문제를 해결할 수 있는 특정 방법을 찾아낸다. 그들은 궁극적인 사용자를 생각하고 그 사용자를 마음에 담고 수정을 하면서, 자신들의 원형을 구안하고 시험해 본다.

Solution Guide |

과학, 기술, 공학, 수학에서 문제를 찾아내고 해법을 찾기 위해 다른 사람들의 상황을 생각해 보고, 그것을 적용하게 된다는 내용의 글이므로, 빈칸에 들어갈 말로 가장 적절한 것은 ③ '공감'이다.
① 논리
② 열정
④ 객관성
⑤ 창의력

Structure in Focus |

- It is an integral part of teaching design thinking, [which centers on applying creativity to realize and solve problems].
  [ ]로 표시된 부분은 관계절로 design thinking을 부연 설명하고 있다.

- They design and test their prototype, [still thinking about the ultimate user and making modifications with the user in mind].
  [ ]로 표시된 부분은 주절이 기술하는 상황에 동반하여 나타나는 상황을 기술하는 분사구문이다.

16

정답 | ②

소재 | 저물어 가는 산업이 직면한 문제

해석 | 저생산성 회사들은 수요가 침체되거나 감소하고 있는 산업에 종종 위치하고 있다. 이것은 부분적으로 새로운 수요에 맞추기 위해 새로운 공장들을 지을 필요가 없다는 사실 때문이기도 하지만, 그것은 또한 인간적인 문제 때문이기도 하다. 저물어 가는 산업은 절대로 성장하는 산업만큼 효율적으로 운영될 수 없다. 성장하는 산업들은 그들의 회사와 함께 빠르게 발전하기를 원하는 총명하고 공격적인 관리자들을 끌어들인다. 저물어 가는 산업에서는 승진이 흔치 않다. 영리한 젊은 관리자들은 그것들(저물어 가는 산업들)을 피해야 한다는 것을 안다. 기본적인 문제가 매일 누구를 해고해야 하는지를 결정하는 것이고 새롭고 흥미진진한 투자가 일어나지 않는 직업을 누가 원하는가? 저물어 가는 산업에서 모든 사람들은 더 나은 무언가를 만들기 보다는 그들이 가지고 있는 것을 보호하려고 애쓰고 있다.

Solution Guide |

저물어 가는 산업에서 승진이 흔치 않고 해고가 일상화되어 있으며 새로운 투자가 일어나지 않으므로 아무도 오려고 하지 않을 것이다. 이러한 문제는 인간적인 문제라고 볼 수 있으므로 주어진 빈칸에 들어갈 말로 가장 적절한 것은 ② '인간적인 문제'이다.
① 기술의 부족
③ 불공정한 분배
④ 현명하지 못한 투자
⑤ 치열한 경쟁

Structure in Focus |

- This is partly due to the fact [that new plants do not need to be built {to meet new demands}], but it is also due to a human problem.
  [ ]로 표시된 부분은 the fact와 동격 관계에 있는 that절이다. 그 안에서 { }는 목적의 의미로 사용된 to부정사구이다.

- Who wants a job [where the basic problem is to decide {who to fire each day}] and [where new, exciting investments are not happening]?

두 개의 [ ]로 표시된 부분은 a job을 수식하는 관계절이며, { }는 decide의 목적어 역할을 하는 「의문사＋to부정사」 형태의 명사구이다.

Words & Phrases in Use |

low-productivity 저생산성

firm 회사

locate 위치시키다

demand 수요

plant 공장, 식물

meet 맞추다

dying 저물어 가는

efficiently 효율적으로

attract 끌어들이다

bright 총명한

aggressive 공격적인

advance 발전하다

rapidly 빠르게

promotion 승진

few and far between 흔치 않은

fire 해고하다

investment 투자

be out to *do* ~하려고 애쓰는 중이다

17

정답 | ②

소재 | 꽃가루 매개자를 끌어들이는 이유

해석 | 수분 활동과는 거의 관련이 없고 그들이 먹이사슬의 일부라는 사실과 관련이 많은 꽃가루 매개자를 끌어들여야 할 중요한 이유가 있다. 자연계에서는 모든 것이 살아남기 위해 다른 어떤 것을 먹는다. 우리의 꽃을 수분시키는 그런 동종의 곤충들은 또한 다양한 해충들을 잡아먹고 그들을 통제하는 데 도움을 줄 수 있다. 그들은 차례차례 새, 개구리, 도마뱀의 먹이가 된다. 예를 들어, 꽃 내부의 꿀을 먹으면서 꽃을 수분시키는 꿀 먹는 새들은, 또한 나무껍질 아래에서 곤충들을 잡아먹고 그들 자신은 더 큰 새들의 먹이가 될 수도 있다. 뿌리 덮개 안의 도마뱀들은 다양한 정원 해충을 먹고 있고 결국 까치에게 잡아먹힐지도 모른다.

Solution Guide |

곤충과 꿀 먹는 새의 예 등을 통해 꽃가루 매개자를 끌어들이는 것은 매개자가 먹이사슬의 일부이기 때문이라는 내용이다. 따라서 빈칸에 들어갈 말로 가장 적절한 것은 ② '그들이 먹이사슬의 일부이다'이다.

① 그들이 희귀하고 드물다

③ 그들이 같은 종을 좋아하지 않는다

④ 그들이 자신의 환경을 바꾸어야 한다

⑤ 그들이 자신을 모방하도록 설계되었다

Structure in Focus |

- There is an important reason to attract pollinators [that has little to do with their pollination services and a lot to do with the fact {that they are part of a food chain}].

[ ]로 표시된 부분은 an important reason to attract pollinators를 수식하는 관계절이고 { }로 표시된 부분은 the fact와 동격 관계이다.

- Those same insects [that pollinate our flowers] can also [prey on a range of pest insects] and [help keep them under control].

첫 번째 [ ]로 표시된 부분은 Those same insects를 수식하는 관계절이고 두 번째와 세 번째 [ ]로 표시된 부분은 and에 의해 대등하게 연결되어 can에 이어진다.

Words & Phrases in Use |

pollinator 꽃가루 매개자

survive 살아남다, 생존하다

pest 해충

lizard 도마뱀

honeyeater 꿀 먹는 새

nectar (꽃의) 꿀

magpie 까치

18

정답 | ③

소재 | 주장을 설득력 있게 표현하는 것의 중요성

해석 | 이상적인 세상에서는 모든 주장이 그것들의 표현이 아니라 그것들의 진가에 따라 결정될 것이다. 하지만 우리는 이상적인 세상에 있지 않다. 주장의 표현이 중대하다는 사실을 회피하는 것은 불가능하다. 광고는 여러분이 그렇지 않다면[광고가 설득하지 않으면] 사지 않을 제품을 사도록 설득하는 것에 전적으로 기반을 두고 있으며, 대부분의 광고는 그럴듯한 의견 제시가 실체를 이기고 거둔 승리이다. (아이들은 사회의 가장 순진하고 쉽게 영향을 받는 연령대에 속하기 때문에 광고주들에게 주요 목표 대상이 된다.) 많은 사람이 자신의 주장을 잘 입증했기 때문에 불충분한 근거에 기반해서도 논쟁에서 이겼다. 그리고 훌륭한 주장을 가진 많은 사람이 자신의 주장을 설득력 있게 입증하지 못했기 때문에 논쟁에서 졌다.

Solution Guide |

주장을 설득력 있게 표현해서 입증해야 논쟁에서 이길 수 있다는 내용의 글이다. 하지만 ③은 아이들이 순진하고 쉽게 영향을 받기 때문에 광고주들이 아이들을 광고의 주요 목표 대상으로 삼는다는 내용이므로 글의 전체 흐름과 관계가 없다.

Structure in Focus |

- There's no getting away from the fact [that presentation of an argument is crucial].

  [ ]로 표시된 부분은 the fact와 동격 관계에 있다.

- Advertising is all based on persuading you to buy a product [that you would not otherwise buy], ~.

  [ ]로 표시된 부분은 관계절로 a product를 수식한다.

Words & Phrases in Use |

argument 주장, 논쟁
on one's merits ~의 진가[장점]에 따라
presentation 표현, 표시
there is no -ing ~하는 것은 불가능하다
crucial 중대한, 결정적인
otherwise 만일 그렇지 않다면
triumph 승리
substance 실체, 본질
naive 순진한
make one's point[case] 자신의 주장을 입증하다
attractively 설득력 있게, 보기 좋게

19

정답 | ③

소재 | 상형문자로서의 한자의 이점과 불리한 점

해석 | 부분적으로나마 그림으로 보여 주는 글의 이점과 불리한 점을 모두 설명하기 위해, 중국 문자는 좋은 사례를 제공한다. (B) 글자의 많은 수가 있다. (지금 약 26개의 글자를 사용하는 라틴 알파벳과 비교했을 때) 일상적으로 사용하는 글자는 3천 자에서 4천 자이고, 고전 텍스트를 연구하는 학자들을 위한 글자는 5만 자가 있다. (C) 그렇다면 왜 중국 문자는 4천 년이 훨씬 넘는 세월 동안 비교적 극히 소수의 사소한 개조 외에 지속되면서 그토록 성공적이었을까? 그것은 표의문자로서 중국어는 구어에 의존하지 않기 때문이다. (A) 이것은 그것(중국 문자)을 중국 역사를 통틀어, 사람들이 수많은 서로 다른 방언을 사용하지만 동일한 중심에 의해 모두가 다스려졌던 제국에서 이상적인 의사소통 수단으로 만들었다.

Solution Guide |

주어진 글은 그림으로 보여 주는 글, 즉 상형문자의 이점과 불리한 점을 중국 문자의 사례를 들어 보여 주겠다는 내용이고 (B)에서 상형문자의 불리한 점, 즉 중국 문자의 수가 많다는 점을 제시한 다음 (C)에서 이러한 중국 문자가 4천 년이 넘는 시간 동안 성공적으로 유지된 이유를 구어에 의존하지 않아서라

고 설명하고 (A)에서 그로 인한 이점을 제시하는 순서로 글이 이어지는 것이 가장 자연스러운 흐름이다.

Structure in Focus |

- This made **it**, throughout Chinese history, [an ideal means of communication] in an empire [whose people spoke a large number of different dialects yet were all ruled by the same centre].

  it은 made의 목적어이고 [ ]로 표시된 첫 번째 부분은 목적격 보어이다. [ ]로 표시된 두 번째 부분은 an empire를 수식하는 관계절이다.

- Why then **has** the Chinese script **been** so successful, lasting, apart from comparatively few minor remodellings, well over 4,000 years?

  「have + 과거분사」의 현재완료 표현이 사용되어 현재까지 지속된 상황을 나타냈다.

Words & Phrases in Use |

illustrate 설명하다
advantage 이점
disadvantage 불리한 점
script 문자
ideal 이상적인
means 수단, 방법
empire 제국
dialect 방언
rule 다스리다
character 글자, 부호
scholar 학자
apart from ~ 외에는, ~을 제외하고
comparatively 비교적
minor 사소한
remodelling 개조, 리모델링

20

정답 | ⑤

소재 | 창의성에 영향을 주는 요인

해석 | 감성 지능이라는 개념에 많은 관심이 있었다. 많은 사람들이 자신의 감정을 깨닫지 못해서 자신의 감정을 표현할 수 없다고 느낀다. (C) 도처에 있는 결과는 명백하고 비극적이다. 부분적으로, 이것은 학업이 초래한 착각이라는 유산이다. 관습적인 교육은 지성과 감정을 구분하고 오직 전자의 특정한 측면에만 집중한다. (B) 이런 이유로 고등 교육을 받는다는 것이 감성 지능을 보장하는 것이 되지 못한다. 그러나 알고 느끼는 것 사이에는 밀접한 관계가 있는데, 즉 우리가 어떻게 느끼는지는 우리가 알고 있고 생각하는 것과 직접적으로 관련이 있다. (A) 창의성

은 순전히 지적 과정은 아니다. 그것은 다른 능력, 특히 감정, 직관에 의해 그리고 장난스러운 상상력에 의해 질이 높아진다.

Solution Guide |

주어진 글은 많은 사람들이 자신의 감정을 깨닫지 못해서 자신의 감정을 표현할 수 없다고 느낀다는 내용이다. 이러한 현상의 결과가 비극적이라고 말하면서 원인으로 관습적인 교육이 지성에만 집중했다고 설명하는 (C)가 오고 지성에만 집중하는 것이 감성 지능을 보장해 주지 못하며 감성과 지성은 밀접한 관련이 있음에 대해 설명하는 (B)가 온 다음, 이에 대한 부연 설명으로 창의성이 단순히 지적 과정이 아니라 감정에 의해 강화될 수 있음을 설명하는 (A)가 와야 가장 자연스러운 흐름이 된다.

Structure in Focus |

- Yet there is an intimate relationship between knowing and feeling: [how we feel] is directly related to [what we know and think].

  첫 번째 [ ]로 표시된 부분은 문장의 주어이고, 두 번째 [ ]로 표시된 부분은 전치사 to의 목적어이다.

- Conventional education [separates intelligence from feeling], and [concentrates only on particular aspects of the first].

  두 개의 [ ]로 표시된 동사구가 and로 연결되어 주어 Conventional education의 술어를 이룬다.

Words & Phrases in Use |

emotional intelligence 감성 지능

be in touch with ~을 깨닫다

creativity 창의성

purely 순전히

intellectual 지적인

process 과정

enrich 질을 높이다, 풍요롭게 하다, 강화하다

intuition 직관

playful 장난스러운

highly educated 고등 교육을 받은

guarantee 보장하는 것

intimate 밀접한, 친밀한

obvious 명백한

academic 학업의, 학문의

illusion 착각, 오해

conventional 관습적인

particular 특정한

aspect 측면

21

정답 | ③

소재 | 실험 학습

해석 | 실험 학습의 중요성은 활동의 성격에 따라 크게 좌우된다. 즉, 달성해야 하는 '정상적인 성과'와 상충될 수 있기 때문에 담당자가 실험을 제한해야 하는 고위험 활동이 있다. 항공사 조종사나 외과 의사는 이런 식으로 배울 수 없다. 마찬가지로, 철도 조차장(操車場)을 관리하거나 지하철 교통의 흐름을 조절하는 사람들은 그들의 정상적인 업무 과정에서 어떤 형태의 실험도 피할 것이다. 대조적으로 교사는 교육 실험을 수행할 수 있고, 공예가는 생산 과정 동안 특정한 문제에 대한 새로운 해결책을 찾을 수 있다. 그들의 전문적인 시행착오의 오류 요소는 적어도 결과가 신속하게 평가되고 방법이 조정되는 한 그 결과로 나타나는 경우는 드물다. 이러한 유형의 학습을 수행할 수 있다는 사실은 위험의 성격과 효과의 신속성(또는 지연)에 달려 있다. 그러므로, 명백하게 인지적인 학습은 계획적이지만 약하게 통제되는 일련의 실험으로 구성된다.

Solution Guide |

주어진 문장은 교사와 공예가가 실험이나 생산 과정 중에 해결책을 찾을 수 있다는 내용인데, ③ 앞에서는 고위험 활동으로 인해 실험이 가능하지 않은 경우를 설명하고 있으므로 By contrast로 시작하여 내용의 전환을 가져오는 주어진 문장이 ③에 들어가는 것이 가장 적절하다.

Structure in Focus |

- The importance of experimental learning depends strongly on the nature of the activity: there are high-risk activities [in which the agents have to limit their experiments] because they could conflict with the "normal performance" [that has to be achieved].

  두 개의 [ ]로 표시된 부분은 각각 high-risk activities와 the "normal performance"를 수식하는 관계절이다.

- [The fact of {being able to carry out this type of learning}] depends on the nature of the risk and the immediacy (or delay) of the effect.

  [ ]로 표시된 부분은 문장의 주어 역할을 하고 { }로 표시된 부분은 The fact와 동격 관계이다.

Words & Phrases in Use |

carry out 수행하다

craftsman 공예가

agent 담당자, 중개인, 대리인

performance 성과

pilot 조종사

surgeon 외과 의사

regulate 조절하다, 조정하다

avoid 피하다

trial-and-error 시행착오

consequential 결과로 나타나는[일어나는]

insofar as ~하는 한
assess 평가하다
adapt 조정하다, 적응시키다
immediacy 신속성, 직접성
cognitive 인지적인, 인지의

22

정답 | ④

소재 | 갑작스럽게 생각이 나지 않는 현상

해석 | 갑작스럽게 생각나지 않는 것은 다양한 상황에서 발생할 수 있다. 일상적인 대화를 할 때, 여러분은 문장 중간에서 한 단어가 갑작스럽게 생각나지 않는다. 연극배우들은 무대에서 대사를 하는 중간에 갑작스럽게 생각나지 않는 비교적 드물지만 당혹스러운 그러한 순간들을 두려워한다. 그리고 학생들은 부지런히 공부했던 시험 답안 작성 중에 갑작스럽게 생각나지 않았고 아마도 심지어 시험이 끝나고 난 다음 자연스럽게 기억나는 그런 끔찍한 실감을 두려워한다. 그러나 갑작스럽게 생각나지 않는 것은 사람들의 이름에서 가장 자주 발생한다. 일상생활 속에서 나타나는 다양한 종류의 망각을 조사한 연구에서, 친숙한 사람들의 이름이 갑작스럽게 생각나지 않는 것은 목록의 가장 위쪽이나 그 근처에서 항상 나타난다. 이름이 갑작스럽게 생각나지 않는 것은 나이가 더 많은 성인에게 특히 골치 아픈 일이다. 50세가 넘은 성인들의 인지적 어려움에 대한 단연코 가장 큰 유일한 불평은 친숙한 사람들의 이름을 기억하는 것의 문제와 관련되어 있다.

Solution Guide |
주어진 문장은 But으로 시작하여 앞선 문장으로부터 화제를 전환하며 갑작스럽게 생각나지 않는 것, 즉 연상의 일시적 중단 현상이 사람들의 이름에서 가장 자주 발생한다는 점을 제시한다. ④의 앞까지는 대화, 연극배우, 시험 상황에서 일어나는 갑작스럽게 생각나지 않는 현상을 제시하고 ④ 뒤부터는 이름이 갑작스럽게 생각나지 않는 것을 다루고 있으므로 주어진 문장은 ④에 들어가는 것이 가장 적절하다.

Structure in Focus |

- And students are afraid of the awful realization [that they {have blocked on an exam answer they studied diligently}, and {might even recall spontaneously after finishing the test}].

  [ ]로 표시된 부분은 the awful realization과 동격이고, { }로 표시된 두 부분은 that절의 주어 they의 술어를 이룬다.

- In surveys [that probe different types of memory failures in everyday life], [blocking on the names of familiar people] invariably emerges at or near the top of the list.

첫 번째 [ ]로 표시된 부분은 surveys를 수식하는 관계절이고, 두 번째 [ ]로 표시된 부분은 문장의 주어이다.

Words & Phrases in Use |

engaged in ~을 하는
conversation 대화
sentence 문장
rare 드문
embarrassing 당혹스러운
awful 끔찍한
realization 실감, 이해, 깨달음
diligently 부지런히
spontaneously 자연스럽게, 자발적으로
probe 조사하다
invariably 항상
emerge 나타나다
troublesome 골치 아픈
complaint 불평
by far 단연코

23

정답 | ①

소재 | 최종 기한 설정이 목표를 성취하려는 동기에 미치는 효과

해석 | 목표가 달성되어야 하는 기한인 날짜나 시간은 명시되어야 한다. 최종 기한의 유무는 모든 목표 설정 활동의 중요한 특성이다. 최종 기한은 행동을 자극해서, 최종 기한이 가까울수록 행동할 동기가 많아진다. 최종 기한이 없으면 목표의 긴급성이 불명확해져서 동기를 덜 부여하게 된다. 예를 들어 축구 경기의 마지막 몇 분 동안 (전과 비교해서) 지나치게 많은 수의 플레이 동작이 생기는데, 그 이유는 지고 있는 팀이 더 많은 득점을 하지 않으면 경기에서 지게 되는 최종 기한에 직면하기 때문이다. 뉴욕 증권 거래소에서 매일 거래 시간이 끝나갈 무렵에 활동의 비슷한 증가가 발생한다. 시험일이 빠르게 다가오고 있어서 여러분이 자신의 준비 활동을 늘리기 시작할 때 여러분 자신의 행동에 대해 생각해 보라.

→ 최종 기한의 설정은 목표를 성취하고자 하는 동기를 높인다.

Solution Guide |
목표가 성취되어야 하는 최종 기한이 설정되어 있는 경우에 최종 기한이 다가오면 그 목표를 성취하려는 동기가 높아져서 목표 성취를 위한 활동이 증가한다는 내용의 글이므로, 빈칸 (A), (B)에는 각각 establishment, achieve가 들어가야 한다.

② 설정 — 변경하다

③ 제거 — 성취하다

④ 연장 — 변경하다

⑤ 연장 — 무시하다

Structure in Focus |

- A date or time [by which the goal is to be accomplished] should be specified.

  [ ]로 표시된 부분은 관계절로 A date or time을 수식한다.

- The absence of a deadline makes the urgency of the goal [indefinite] and hence [less motivating].

  두 개의 [ ]가 and hence로 연결되어 the urgency of the goal의 상태를 설명하는 목적격 보어로 쓰였다.

Words & Phrases in Use |

accomplish 성취하다

specify 명시하다

presence 존재, 출석

absence 부재, 결석

critical 중대한, 결정적인

attribute 특성, 속성

stimulate 자극하다

motivation 동기 (부여)

urgency 긴급, 위급

indefinite 불명확한, 막연한

disproportionately (전과 비교해서) 지나치게 많은[적은]

stock exchange 증권 거래소

rapidly 빠르게

[24~25]

정답 | 24 ② 25 ④

소재 | 새로운 습관을 형성하기 어려운 이유

해석 | 여러분이 새로운 습관을 들이느라 바쁠 때, 여러분이 반드시 알아야 하는 함정이 하나 있다. 왜냐하면 여러분이 알지 못하면, 실패를 거듭할 것이기 때문이다. 예를 하나 들어 설명해 보겠다. 테니스에서 여러분이 새로운 동작을 배우기를 원한다고 가정해 보자. 초기에, 여러분의 새로운 동작은 더 나은 결과를 가져올까 아니면 더 나쁜 결과를 가져올까?

여러분은 당연히 더 나쁜 결과를 얻을 것이다. 그래서 결과 곡선은 내려갈 것이고 오직 일정 시간이 지난 후에야 그것은 수평이 되고 그러고 나서 여러분의 결과는 오래된 습관 이상으로 향상할 것이다. 자, 이제 다시 시작점으로 돌아가 보자. 새로운 동작, 그것은 이전 동작보다 더 많은 에너지가 들까 아니면 더 적은 에너지가 들까?

그것은 새로운 동작이기 때문에, 물론 더 적은(→ 더 많은) 에너지가 들 것이다. 잠시 후 여러분은 익숙해져, 그것은 습관이 되고 더 적은 에너지가 들 것이다. 이제 결과의 하향 곡선과 에너지의 상향 곡선 사이의 영역을 살펴보자. 여러분이 'X' 지점에 있다고 가정하자. 여러분은 새 습관으로 한동안 바빴다. 결과는

내내 더 나빠지고 있다. 여러분은 이전보다 그것에 더 많은 에너지를 투입해야 한다. 여러분의 결론은 무엇인가?

Solution Guide |

24 테니스의 새로운 동작을 배울 때 초기에 더 나쁜 결과를 얻고 더 많은 에너지가 필요하다는 예를 통해 새로운 습관을 형성할 때 실패를 거듭하는 이유를 설명하는 글이므로, 글의 제목으로 가장 적절한 것은 ② '새로운 습관을 형성하기 어려운 이유'이다.

① 무엇이 습관을 더 가치 있게 만드는가?

③ 작은 습관은 어떻게 우리의 삶을 향상시키는가?

④ 유지할 수 없는 것을 놓아주는 방법

⑤ 습관을 만들 때와 습관을 바꿀 때

25 테니스의 새로운 동작을 배울 때는 익숙해져 습관이 된 이후에야 더 적은 에너지가 든다고 했으므로 익숙해지기 전에는 더 많은 에너지가 필요할 것이다. 그러므로 (d) less(더 적은)를 more(더 많은)로 고쳐야 한다.

Structure in Focus |

- When you **are busy creating** a new habit, there is a pitfall [you should know about], because if you don't, you will fail again and again and again.

  「be busy+-ing」 구문은 '~하느라 바쁘다'는 의미이며, [ ]로 표시된 부분은 a pitfall을 수식하는 관계절이다.

- So the result curve will go down and [only after a certain amount of time] **will it become** level and then your results may improve beyond your old habit.

  [ ]로 표시된 only가 이끄는 시간의 부사어구가 문두에 나와 「조동사(will)+주어(it)+동사(become)」의 어순으로 도치되었다.

Words & Phrases in Use |

illustrate 설명하다

suppose 가정하다

improve 향상하다

get used to ~에 익숙해지다

conclusion 결론

[26~28]

정답 | 26 ⑤ 27 ② 28 ④

소재 | Linda의 신체 부위 기증

해석 | (A) Linda Birtish가 28살이었을 때, 그녀의 의사들은 그녀가 엄청난 뇌종양을 가지고 있다는 것을 발견했다. 그들은 그녀에게 수술에서 살아남을 그녀의 가능성이 약 2%라고 말했다. 그들은 6개월을 기다리기로 선택했다. 그녀는 자신이 내부에 뛰어난 예술적 재능을 가지고 있다는 것을 알았다. 그래서

그 6개월 동안 그녀는 열심히 글을 쓰고 그림을 그렸다. 그녀의 모든 시가 출판되었다. 그녀의 모든 그림들이 한 작품만을 제외하고는 (사람들에게) 보이고 팔렸다.

(D) 6개월이 끝나갈 때에 그녀는 수술을 받았다. 수술 전날 밤, 자신이 죽을 경우에 대비해서 그녀는 자신의 모든 신체 부위를 필요한 사람들에게 기증한다는 '유언장'을 썼다. 그녀의 수술은 죽음을 초래했다. 그녀의 눈은 Maryland 주 Bethesda에 있는 눈은행을 거쳐 South Carolina 주에 있는 한 수령인에게 갔다. 28세의 젊은이가 암흑에서 나와 볼 수 있게 되었다. 그는 눈은행에 감사의 편지를 썼다.

(C) 뿐만 아니라, 그는 기증자의 부모에게 감사하고 싶었다. 그는 Birtish 가족이라는 이름을 받았고 Staten Island에 사는 그들을 보기 위해 비행기를 타고 갔다. 그는 미리 알리지 않은 채 도착했다. 그가 그의 소개를 한 후, Birtish 부인은 그를 껴안았다. 그녀는, "젊은이, 당신이 갈 곳이 없다면, 제 남편과 저는 당신이 주말을 우리와 함께 보내기를 바랍니다."라고 말했다. 그는 머물렀고, Linda의 방을 둘러보면서 그녀가 플라톤의 책을 읽은 적이 있었다는 것을 알게 되었다. 그는 점자로 플라톤의 책을 읽은 적이 있었다. 그녀는 헤겔의 책을 읽은 적이 있었다. 그는 점자로 헤겔의 책을 읽은 적이 있었다.

(B) 다음 날 아침, Birtish 부인은 그를 바라보며, "있잖아요, 나는 분명 당신을 전에 어딘가에서 본 적이 있지만 어디에서 봤는지 모르겠어요."라고 말했다. 갑자기 그녀는 기억이 났다. 그녀는 위층으로 달려가 Linda가 그린 마지막 그림을 잡아당겨 꺼냈다. 그것은 그녀의 이상적인 남자의 초상화였다. 그 그림은 Linda의 눈을 받은 이 젊은이와 거의 똑같았다.

Solution Guide |

26 (A)는 뇌종양 판정을 받은 Linda가 6개월 뒤에 있을 수술을 기다리며 글을 쓰고 그림을 그렸다는 내용이다. 6개월이 끝나갈 때에 수술을 받기 전 Linda는 자신의 신체 부위를 기증한다는 유언장을 썼는데, 수술 후 Linda는 죽게 되고 그녀의 눈이 한 젊은이에게 가게 되었다는 내용의 (D)가 온 다음, 그 젊은이가 감사를 표하고자 Linda의 집에 찾아와 그녀의 집에 머물면서 Linda의 방에서 Linda의 독서 취향에 대해 알게 된다는 내용의 (C)가 오고, 다음 날 아침 Birtish 부인이 젊은이를 본 적이 있다고 하면서 Linda가 그린 그 젊은이와 거의 똑같은 초상화를 보았다는 내용의 (B)가 와야 가장 자연스러운 흐름이 된다.

27 (b)는 Birtish 부인을 가리키지만 나머지는 Linda를 가리킨다.

28 Linda는 생전에 플라톤과 헤겔의 책을 읽은 적이 있었고 젊은이도 그 책을 읽은 적이 있었다는 내용이 나왔으므로 ④는 윗글에 관한 내용으로 적절하지 않다.

Structure in Focus |

■ The next morning Mrs. Birtish was looking at him and said, "You know, I'm sure I've seen you somewhere before, but I don't know **where**."

where 뒤에는 문맥상 I've seen you before가 생략된 것으로 로 이해할 수 있다.

■ She ran upstairs and pulled out the last picture [Linda **had drawn**].

[ ]로 표시된 부분은 관계대명사 that이 생략된 관계절로 the last picture를 수식하며, Linda가 그림을 그린 것이 그녀(Birtish 부인)가 그림을 꺼낸 것보다 앞선 일이기 때문에 과거완료 표현(had drawn)이 사용되었다.

Words & Phrases in Use |

enormous 엄청난
operation 수술
artistry 예술적 재능
eagerly 열심히
all of a sudden 갑자기
portrait 초상화
ideal 이상적인, 상상으로 만들어진
virtually 거의, 사실상
identical 똑같은, 동일한
donor 기증자
unannounced 미리 알리지 않은
embrace 껴안다
will 유언(장)
fatal 죽음을 초래하는, 치명적인
recipient 수령인, 수취인

memo

EBS

수능특강 풀기 전
부담 없는 분량으로 가볍고 상큼하게 ~

내신에서 수능으로

수능의 시작, 감부터 잡자!

내신에서 수능으로 연결되는 포인트를 잡는 학습 전략

내신형 문항
내신 유형의 문항으로
익히는 개념과 해결법

**동일한
소재·유형**

수능형 문항
수능 유형의 문항을
통해 익숙해지는 수능

고1~2, 내신 중점

구분	고교 입문 >	기초 >	기본 >	특화	+ 단기
국어		윤혜정의 개념의 나비효과 입문 편 + 워크북 / 어휘가 독해다! 수능 국어 어휘	기본서 올림포스	**국어 특화** 국어 독해의 원리 / 국어 문법의 원리	
영어	고등예비 과정 / 내 등급은?	정승익의 수능 개념 잡는 대박구문 / 주혜연의 해석공식 논리 구조편	올림포스 전국연합 학력평가 기출문제집 / 유형서 올림포스 유형편	**영어 특화** Grammar POWER / Listening POWER / Reading POWER / Voca POWER — **영어 특화** 고급영어독해	단기 특강
수학		기초 50일 수학 + 기출 워크북 / 매쓰 디렉터의 고1 수학 개념 끝장내기		**고급** 올림포스 고난도 — **수학 특화** 수학의 왕도	
한국사 사회			기본서 개념완성	고등학생을 위한 多담은 한국사 연표	
과학		50일 과학	개념완성 문항편	**인공지능** 수학과 함께하는 고교 AI 입문 / 수학과 함께하는 AI 기초	

과목	시리즈명	특징	난이도	권장 학년
전 과목	고등예비과정	예비 고등학생을 위한 과목별 단기 완성		예비 고1
국/영/수	내 등급은?	고1 첫 학력평가 + 반 배치고사 대비 모의고사		예비 고1
	올림포스	내신과 수능 대비 EBS 대표 국어·수학·영어 기본서		고1~2
	올림포스 전국연합학력평가 기출문제집	전국연합학력평가 문제 + 개념 기본서		고1~2
한/사/과	단기 특강	단기간에 끝내는 유형별 문항 연습		고1~2
	개념완성&개념완성 문항편	개념 한 권 + 문항 한 권으로 끝내는 한국사·탐구 기본서		고1~2
국어	윤혜정의 개념의 나비효과 입문 편 + 워크북	윤혜정 선생님과 함께 시작하는 국어 공부의 첫걸음		예비 고1~고2
	어휘가 독해다! 수능 국어 어휘	학평·모평·수능 출제 필수 어휘 학습		예비 고1~고2
	국어 독해의 원리	내신과 수능 대비 문학·독서(비문학) 특화서		고1~2
	국어 문법의 원리	필수 개념과 필수 문항의 언어(문법) 특화서		고1~2
영어	정승익의 수능 개념 잡는 대박구문	정승익 선생님과 CODE로 이해하는 영어 구문		예비 고1~고2
	주혜연의 해석공식 논리 구조편	주혜연 선생님과 함께하는 유형별 지문 독해		예비 고1~고2
	Grammar POWER	구문 분석 트리로 이해하는 영어 문법 특화서		고1~2
	Reading POWER	수준과 학습 목적에 따라 선택하는 영어 독해 특화서		고1~2
	Listening POWER	유형 연습과 모의고사·수행평가 대비 올인원 듣기 특화서		고1~2
	Voca POWER	영어 교육과정 필수 어휘와 어원별 어휘 학습		고1~2
	고급영어독해	영어 독해력을 높이는 영미 문학/비문학 읽기		고2~3
수학	50일 수학 + 기출 워크북	50일 만에 완성하는 초·중·고 수학의 맥		예비 고1~고2
	매쓰 디렉터의 고1 수학 개념 끝장내기	스타강사 강의, 손글씨 풀이와 함께 고1 수학 개념 정복		예비 고1~고1
	올림포스 유형편	유형별 반복 학습을 통해 실력 잡는 수학 유형서		고1~2
	올림포스 고난도	1등급을 위한 고난도 유형 집중 연습		고1~2
	수학의 왕도	직관적 개념 설명과 세분화된 문항 수록 수학 특화서		고1~2
한국사	고등학생을 위한 多담은 한국사 연표	연표로 흐름을 잡는 한국사 학습		예비 고1~고2
과학	50일 과학	50일 만에 통합과학의 핵심 개념 완벽 이해		예비 고1~고1
기타	수학과 함께하는 고교 AI 입문/AI 기초	파이선 프로그래밍, AI 알고리즘에 필요한 수학 개념 학습		예비 고1~고2